金融市场的联动分析与传染检验

叶五一　郭冉冉　著

科学出版社

北京

内 容 简 介

在经济全球化的今日，研究金融市场之间的联动性以及金融危机的传染性是一项意义重大的课题。

本书从研究方法、金融联动性实证分析和金融危机传染检验实证分析三个方面为读者构建一套研究金融市场联动性和金融危机传染性的完整框架。本书提供了大量的基础模型和改进模型，并通过大量实证分析案例对上述模型进行应用，帮助读者更好地掌握本书所介绍的研究方法和应用技巧。

本书对金融市场联动性和金融危机传染性的研究框架进行全面深入的探讨，需要读者对金融学、经济学、数学模型和统计分析有一定的了解。本书主要面向金融学、经济学、国际贸易等领域的学者，金融从业者、相关领域的专业人士以及有志于从事金融市场联动性和金融危机传染性研究的人员。

图书在版编目（CIP）数据

金融市场的联动分析与传染检验 / 叶五一，郭冉冉著. -- 北京 ：科学出版社，2025.6

ISBN 978-7-03-077603-7

Ⅰ.①金… Ⅱ.①叶… ②郭… Ⅲ.①金融市场—研究 Ⅳ.①F830.9

中国国家版本馆 CIP 数据核字(2024)第 014959 号

责任编辑：徐　倩/责任校对：杨　赛
责任印制：张　伟／封面设计：有道设计

科学出版社 出版

北京东黄城根北街 16 号
邮政编码：100717
http://www.sciencep.com

北京富资园科技发展有限公司印刷
科学出版社发行　各地新华书店经销

*

2025 年 6 月第　一　版　开本：720 × 1000　1/16
2025 年 6 月第一次印刷　印张：17 1/2
字数：353 000

定价：188.00 元
（如有印装质量问题，我社负责调换）

前　　言

　　21 世纪的金融市场高度全球化，资本市场为实体经济的投资和增长提供了动力，整合了世界范围内的资金、信息和技术，但同时也让金融危机传染成为一种全球性现象。正如 2008 年美国次贷危机、2019 年新型冠状病毒疫情冲击以及 2022 年俄乌冲突对全球市场的影响，一旦危机在重要的经济体内部迸发，它就有极高的可能性蔓延至全球各个角落的金融市场。在这个背景下，对金融市场联动性和金融危机传染性进行深入研究显得尤其重要。

　　本书的宗旨在于对现行金融市场中联动与传染现象的分析方法和模型进行系统的梳理，并结合实证研究与案例分析展示它们的应用与效果。通过这样的形式，我们意图为研究人员、政策制定者和投资者提供一套科学的分析工具，帮助他们深入理解金融市场的危机传染过程。

　　本书共精心规划了四部分，以期将理论与实证完美结合，为读者层层深入地揭示金融市场联动性与危机传染性的丰富内涵。

　　首先从第一部分——引言开始，引言由三章组成，梳理本书的研究范式及其意义，对金融市场联动性和金融危机传染性进行明确定义与背景分析，并回顾现有研究的演变与进展情况。该部分对于初涉金融市场研究的读者来说，是理解全书研究线索的宝贵入口。

　　随后将进入第二部分——研究方法，第二部分汇集 Copula 模型与分位点回归模型等危机传染分析的基本模型，以及基于各种优化方法对其进行拓展后得到的改进模型，对模型的深度解析旨在使读者能够掌握这些工具并借此分析金融市场波动下的运行规律。

　　在充分理解模型结构与方法后，本书的第三部分和第四部分分别以金融市场联动与危机传染作为主线，展开详细的实证研究分析。这两部分共计十二章内容。第三部分聚焦市场间联动现象的检测与分析，覆盖股票、商品以及外汇等多个市场，旨在解答市场间相互作用的机制与影响。第四部分则将视角转向金融危机传染的现象，特别是在金融危机事件前后市场波动率的传递路径与溢出效应，希望以此洞察危机在全球金融系统中的传播过程。

  本书的研究不局限于理论模型，更注重于实证数据的挖掘与应用，经过层层严谨的分析，各个章节将理论与现实联系起来，试图为理解复杂金融现象揭示更多的可能性与规律。通过对各种金融危机事件的深入分析，希望建立起一个站在现实基础之上、能够对金融市场趋势提供及时预警与科学诊断的研究框架。

  在撰写本书的过程中，我们意识到金融市场的连续研究与监控是一项长期且艰巨的任务，我们希望本书能成为金融风险管理与决策的有力工具，也希望它能鼓励并指引更多专业人士加入金融市场联动性与危机传染性研究的行列，共同为金融市场的健康发展贡献力量。

  最后，诚挚感谢所有在本书写作过程中提供帮助与支持的同事、学者和家人。也衷心希望读者在阅读本书的过程中能有所收获，无论在金融实务中寻求灵感，还是在学术探究上寻找突破，希望能从这些篇章中获得启示。

叶五一

2024 年 12 月

目　　录

第三部分　金融联动性实证分析

第四部分　金融危机传染检验实证分析

第一部分

引　言

第1章 导 读

1.1 背 景 部 分

随着世界经济不断发展、经济全球化的趋势不断加深，世界各国在政治、经济、金融、贸易往来、文化等领域的合作不断增多。主要经济体的股票、大宗商品等市场存在着关联运动的现象，市场的联动性问题得到了人们的关注。以国际股票市场为例，一个国家或地区的股票市场走势在受到国内政策、经济环境影响的同时，也会受到其他国家或地区股票市场波动的影响。金融市场的联动性越强，代表资本的流动程度越高。流动资本在全球范围内的流动逐渐自由化，为了规避风险，投资者会将资产分散投资于各个市场，这进一步推动了资本市场的一体化。

随着全球经济一体化和金融自由化的不断推进，世界经济、金融创新、信息化水平飞速发展，在经济与金融的联系更加紧密的同时，不断增强的金融市场联动性也加快了金融危机的蔓延和传染速度，大规模的金融危机开始频繁发生。金融危机是指跨越市场边界的各种金融指标由于某种负面金融冲击而出现强烈的波动并在短时间内出现严重的负面表现。在此期间，投资者对于金融投资前景会产生非理性的悲观预期以及恐慌情绪，同时实体经济环境复杂多变，失业率增加，以及出现伴随经济下行的经济大萧条。

纵观近几十年来的金融危机，可以发现危机一旦触发，就会出现波及整个系统的多米诺骨牌效应。金融负面冲击伴随着恐慌情绪从一个金融市场通过多种渠道传播到其他金融市场乃至其他行业体系，并且往往无视各个市场以及行业经济基本面是否健康，将原本并不严重的经济问题的影响程度放大数倍，这种非理性的风险溢出或者称为危机传染也是历次金融危机对实体产业和整个金融系统造成破坏的源头。更为重要的是，金融危机的爆发不仅在爆发频率、波及范围、破坏性及影响程度上均有增强的迹象，还会带来各国货币制度、汇率体系、国际贸易、分工格局等一系列的格局性的重大变化。

如今，在经济下行和国际环境复杂多变等多重因素的影响下，当前经济形势不容乐观。随着全球央行同时加息以应对持续的通胀，全球经济可能正逐渐滑向衰退。世界银行在2022年的报告中指出，全球经济当前正处于1970年以来最严重的放缓之中，消费者信心持续下降。另外，发展中国家的集体崛起正在引发国际政治经济秩序的重大变革，而大国间的竞争和博弈也在促使国际政治经济力量进行重大调整。由过去以合作为主的关系转至以大国战略竞争与意识形态竞争为主的关系趋势进一步增强。在全球化与逆全球化的对峙中，战略机遇与风险挑战并存，百年未有之大变局加速演进，在风险溢出效应持续增强的宏观大背景下，金融市场的联动及金融危机传染的研究显得尤为重要。

1.2　本书框架

世界经济不断发展，跨国业务不断增多，各国之间的金融市场的联系也日益紧密，在全球范围内，没有任何一个经济体能够在大危机前独善其身，一场严重的经济危机能够从方方面面对全球市场产生深远的影响。进入21世纪后，由于经济全球化的程度不断提高，全球各大金融市场之间的相关性也越来越显著，金融风险能够很容易地在市场之间传递。2008年美国次贷危机席卷全球；2019年新型冠状病毒暴发，导致世界经济受到冲击；2022年俄乌冲突搅动全球市场。历史经验说明，如果在全球重要经济圈内部出现危机，那么危机极有可能蔓延到全球的金融市场，因此，对全球金融市场的联动性以及金融危机的传染性进行研究是一项非常有意义的课题。本书对研究金融市场联动性和金融危机传染性的方法和模型进行了较为全面的总结，并基于这些方法及模型对金融市场联动性和金融危机传染性进行了实证研究，总的来说，本书分为四个部分，按照导读、模型和实证三大块内容的顺序依次进行阐述。图1.1是对本书框架的简单列示。

第一部分是本书的引言部分，介绍本书的研究背景、框架结构以及现有研究状况。第一部分分为三章，第1章对研究背景和本书框架进行说明。第2章和第3章则分别阐述金融市场联动性和金融危机传染性的背景和定义，以及现有研究状况的分析。

第二部分则从模型角度出发，详细介绍金融市场联动性以及金融危机传染性常用的模型基础。本书的第4~7章，首先介绍Copula模型和分位点回归模型两大典型的危机传染以及尾部捕捉的模型类型。然后，从模型优化方式的视

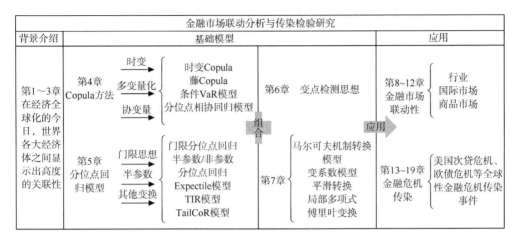

图 1.1　本书框架

角出发，为读者提供常见的变点识别、时变等一系列优化方法，可以结合基础的模型进行优化研究。具体来说，第 4 章着重介绍 Copula 的基础知识以及 Copula 函数一系列拓展模型，包括时变 Copula、藤 Copula 以及分位点相协回归模型。金融现象往往是随时间变化的，时变 Copula 能够为刻画金融现象在不同时点所表现出来的联合特征提供更精准的度量，而藤 Copula 则偏向于利用不同的藤结构解决金融市场中的多变量相依问题，本书介绍了 C 藤、D 藤和 R 藤三种常见的藤结构，并提供了相应模型的估计方法。考虑到 Copula 多样的分布选择以及难以引入协变量的性质，本书还介绍了与 Copula 模型成正比的分位点相协回归模型，用于度量两个随机变量在特定分位点的相依关系。分位点回归模型的优势在于其不需要对随机扰动项进行任何分布上的假设，在估计上也不受异常值影响，具有很好的稳健性，而且能够在模型中引入协变量，进而提高相依关系度量的精准度。第 5 章着重于分位点回归模型。分别通过单变量——条件自回归风险值（conditional autoregressive value at risk，CAViaR）、多变量——多变量多分位点条件自回归风险值（multivariate multi-quantile conditional autoregressive value at risk，MVMQ-CAViaR）、半参数/非参数估计等多样的方式介绍现有分位点回归模型的常见建模形式。另外，还介绍了基于分位点回归思想拓展的 Expectile 模型、尾部指数回归（tail index regression，TIR）模型以及尾部条件风险预期（tail conditional expectation of risk，TailCoR）模型。第 6、7 章则从模型优化的角度出发，为读者提供一些常见的模型优化的思路，构建更加灵活、高拟合的模型。第 6 章介绍模型的变点检测的思想，变点检测主要检验模型是否发生了结构性的变化，即是否存在变点，如果存在变点则表明在变点前后可能发生了危机。此外，该章还以阿基米德 Copula 和线性 Expectile 模型为例给出了相应变点检测的应用。第 7 章则介绍相依结构的动态化建模，包括马尔可夫机制转换模型、变系数模型、平滑转换、局部多项式以及傅里叶变换，并且列举基于这些方法结合条件风险价值（conditional value at risk，CoVaR）和分位点回归等模型进行优化拓展的例子，以帮助读者理解如何应用这些模型和方法。

第三部分和第四部分则是实证研究部分，从金融市场联动性和危机传染两个角度出发研究。第三部分包括 5 章内容（第 8～12 章），关注金融市场间的联动性。金融市场联动性即各个金融市场之间因为某些公共事件的发生存在收益率上的同向波动或反向波动。该部分不仅研究最为经典的话题如股票市场行业间联动、国际股票市场联动，也对商品以及外汇市场之间的联动进行检验分析。首先，本书从单个国家中不同行业或不同指数间的联动性入手，分别考虑状态影响（第 8 章）和高频数据（第 9 章）来进行研究分析。由于现今国际市场已达到很高的全球化水平，国际市场联动引发了大量学者的关注。本书的第 9～11 章分析研究国际股票市场间的联动，结合外生变量，特别是波动率指数（volatility index，VIX）的影响作用详细分析国际股票间的联动性的影响机制并提供更加精准的风险溢出度量模型。除了股票市场外，其他金融市场也是重要的组成部分。本书的第 12 章选取金融市场中较为重要的商品种类石油来研究其与其他市场间的联动效应。

第四部分的实证集中于金融危机传染，相对于金融市场联动性的研究，该部分更重视金融危机前后的表现。金融危机的传染是指当金融危机在某个或某些金融市场爆发时，由危机所引起的收益率波动会不会从危机产生地的市场扩散到其他非原生危机发生地的市场。本书的模型和实证不仅定性研究了这一点，也从定量方法上进行了说明研究。第四部分覆盖了第 13～19 章，是对金融危机传染性的实证分析。金融危机的传染性即金融危机发生后，波动率的急剧变化在各个市场之间进行传递。该部分运用了大量改进的模型，如 MVMQ-CAViaR 模型、Copula 函数的变点分析等。第四部分首先考量了时变的分位点回归模型，分别利用马尔可夫机制转换、混频滤波方法等方式对传统的模型进行优化后，分别研究国际金融危机传染的现象，并重点分析美国次贷危机以及亚洲金融危机期间的表现。另外，Copula 也是金融危机传染研究中的常见模型，它能够从边际和联合两个角度综合分析金融市场的表现，第 16 章和

第 17 章考虑使用变点分析以及非参数时变等方式考察次贷危机期间各国股票市场与美国市场间存在的风险传染现象。风险传染并不仅仅发生在两个国家之间，风险网络的研究很有必要性。第 18、19 章则是从风险网络的角度出发，利用藤 Copula 来研究国际市场的金融稳定性与金融危机传染性。该部分的研究为政策制定者以及投资者提供了丰富的建模工具以及相关政策建议。

1.3 本 章 小 结

本章对全书的研究背景和结构做出了说明，以方便读者更好地搭建分析框架，同时，本章也对全书的行文逻辑进行了梳理，简要介绍了各章的内容，方便读者能够针对性地查阅自己所需要的内容。

第2章 金融市场联动性研究

在经济全球一体化的大背景下，世界各个国家和经济体之间的联系变得越来越紧密，主要经济体之间的金融市场存在联动运动的现象，某一国家金融市场的波动也会通过世界范围的复杂金融系统传导到其他国家，并引起其他国家金融市场的波动。因此，对各国金融市场联动性的研究就显得尤为重要。

本章具体结构安排为：2.1 节简要介绍金融市场的基本情况，并分别介绍股票市场、大宗商品市场、比特币市场、外汇市场 4 个有代表性的金融市场；2.2 节按照传统研究方法、基于线性相关假设的收益率溢出和波动率溢出两类方法以及基于非线性相关假设的 Copula 方法对金融市场联动性研究进行综述；2.3 节对国内外学者对股票市场联动性问题的研究进行综述；2.4 节对国内外学者对大宗商品市场联动性问题的研究进行综述；2.5 节对国内外学者对比特币市场联动性问题的研究进行综述；2.6 节对国内外学者对外汇市场联动性问题的研究进行综述；2.7 节为本章小结。

2.1 金融市场简介

金融市场通常是基于金融资产进行交易，进而形成相应的供求关系及其机制的统称。如今，世界经济一体化进程不断加快，金融市场对经济活动的影响日益显著，股票和债券的发行与流通、货币政策的调节与实施、汇率的浮动与干预、金融工具的变革与创新、资金的筹划与管理等均与金融市场运行息息相关，且无时无刻不在影响着我国乃至世界范围内的经济运行。

不同分类标准下的金融市场具有不同的特点，考虑到度量金融市场风险时多采用交易类数据，各交易工具价格之间具有一定的关联性，按照交易工具类型划分的金融市场为后续市场间的联动关系和风险传递分析奠定了基础。综合考虑各金融市场的交易情况和发展历程，本章主要介绍股票市场、大宗商品市场、比特币市场、外汇市场这 4 个有代表性的金融市场。

2.1.1　股票市场

股票是一种有价证券。股票市场，即股票发行和交易的场所。股票市场通常划分为股票发行市场和股票流通市场。作为全球经济的晴雨表，股票市场一直是金融市场重要的组成部分，在全球金融市场中具有重要地位。从金融市场的功能来看，股票市场通过信用的方式融通资金，通过股票的买卖活动引导资金流动，促进资源配置的优化，推动经济增长，提高经济效益。从金融市场的运行来看，金融市场体系的其他组成部分都与股票市场密切相关。股票市场的历史最早可追溯到 1551 年，英国成立了世界上第一家股份公司——Muscovy股份公司，最早的股票投资者是喜欢探险的伦敦商人。但西方的商品交易所最早却产生于 1611 年的荷兰，英国和法国也在较早时期建立了证券交易所。美国纽约证券交易所于 1792 年由经纪人按照《梧桐树协议》建立起来并开始运营。较晚建立起来的美国股票市场却是对现代意义上的证券投资最有典型意义的，特别是在第一次世界大战以后，美国的纽约证券交易所逐步变成当时世界上最大、最重要的证券交易市场，美国也成为证券投资的中心。因此，我们主要对美国股票市场进行介绍。

美国证券市场萌芽于 18 世纪末，1792 年美国纽约证券交易所的建立标志着严格意义上的美国证券市场真正形成。这一时期的美国股票市场几乎是一个投机市场，华尔街的交易具有很强的掠夺性，当时美国政府的腐败也助长了股票市场的操纵和掠夺。1886～1929 年，美国股票市场得到了迅速的发展，但市场操纵和内幕交易的情况仍非常严重。直到 1929 年大萧条以后至 1954 年，美国的股市开始进入重要的规范发展期。虽然面临华尔街利益阶层的坚决反对，但罗斯福坚决地推行新政，重构了美国证券市场的监管框架。金融操纵被立法禁止，上市企业的信息透明度和投资者保护成为华尔街监管的主题。1954 年至今，机构投资者迅速发展，美国股票市场进入现代投资时代。1958 年，美国长期政府债券的收益率第一次超过了普通股的股利收入，这一事件标志着传统价值投资时代的终结，成长投资成为主流的投资思想。相比于美国股市的发展，国内股市起步较晚。中国股票市场历经 30 多年的发展，在上市公司数量、成交额、投资规模方面均已形成一定的规模。如今，中国股票市场的总市值位居全球第二位。

2.1.2　大宗商品市场

大宗商品市场，即进行大宗商品交易的场所。大宗商品是指可进入流通领域但非零售环节，具有商品属性，用于工农业生产与消费使用的大批量买卖的物质商品。在金融投资市场，大宗商品指同质化、可交易、被广泛作为工业基础原材料的商品，如原油、有色金属、农产品、铁矿石、煤炭等。大宗商品包括三个类别，即能源商品、基础原材料和大宗农产品。大宗商品市场作为一个市场化程度较高的市场，对国际金融市场体系具有重要的指引和示范作用。

国际大宗商品期货市场最早形成于 1848 年，当时美国的几个农场主在一起形成了芝加哥商品交易场所。1925 年芝加哥期货交易所结算公司成立，标志着现代期货交易制度的基本形成。目前全球三大类大宗商品的定价中心均在国外，分别是纽约商业交易所（New York Mercantile Exchange，NYMEX）西得克萨斯中质（West Texas Intermediate，WTI）原油和洲际交易所（Intercontinental Exchange，ICE）布伦特原油期货为首的能源商品、伦敦金属交易所（London Metal Exchange，LME）为首的有色金属商品和芝加哥期货交易所（Chicago Board of Trade，CBOT）为首的农产品商品定价中心，它们对世界上主要大宗商品的交易价格有决定性作用。为了争夺大宗商品的定价权，以及为实体企业提供更好的套期保值的工具，中国近些年来也在大力发展大宗商品期货市场。我国大宗商品市场的发展主要经历了"市场培育—市场体系初步形成—市场体系高速发展—市场体系规范完善"四个发展阶段，现已成为国际市场中占据重要地位的大宗商品期货市场。

2.1.3　比特币市场

2008 年由美国蔓延至全球的世界性金融危机让更多人意识到货币制度演变对一国经济乃至世界金融的重要影响。在这一历史背景下，比特币（Bitcoin）的概念由中本聪在 2008 年 11 月 1 日提出，并于 2009 年 1 月 3 日正式诞生。与主权货币不同，比特币不依靠特定货币机构发行，它依据特定算法，通过大量的计算产生，比特币使用整个对等（peer-to-peer，P2P）网络中众多节点构成的分布式数据库来确认并记录所有的交易行为，并使用密码学的设计来确保货币流通各个环节的安全性。P2P 的去中心化特性与算法本身可以确保无法通过大量制造比特币来人为操控币值。基于密码学的设计可以使比特币只能被真实的拥有者转移或支付，这同样确保了货币所有权与流通交易的匿名性。比特币总数量有限，具有稀缺性。比特币的波动性远大于标准普尔 500 指数、原油、黄金等传统资产。2020 年之前比特币与标准普尔 500 指数、伦敦金和美元指数的相关性不稳定。2020 年起，比特币更多呈现出风险资产的波动特征。

2.1.4　外汇市场

外汇市场作为世界经济一体化的产物之一，其主要是指在各国进行外汇交易的场所，该场所还可对外汇供求关系进行有效调节，交易对象是各国货币。外汇市场作为国际资本投机市场，是全球规模最大的金融市场之一。外汇市场历史远短于股票、黄金、期货、利息市场，但交易规模已跃居全球首位。国际清算银行的最新统计数据显示，国际外汇市场每日平均交易额为 6 万亿~11 万亿美元，相当于全球股市的 30 倍。在成熟的海外投资市场，每个家庭投资分配的30%属于外汇投资。1994 年 4 月，中国正式成立了全国统一的银行间外汇市场，自此，中国市场便开始实行基于市场供求关系的、单一的、有管理的浮动汇率制度。直至 2005 年 7 月，人民币汇率制度改革，开始实行以市场供求为基础、参照一篮子货币予以调节的、有管理的浮动汇率制，这一制度进一步提升了企业和个人交易外汇的自由度。同时，银行间外汇市场持续推动产品创新，加快进入了高速发展阶段。2015 年，境外央行类机构被允许进入我国银行间外汇市场。次年 10 月，人民币加入特别提款权（special drawing rights，SDR）货币篮子的决定正式生效，不仅为我国外汇市场走向国际提供了极大的助力，也为对外开放打开了新的章程。2017 年 5 月，外汇市场自律机制正式对外发布《中国外汇市场准则》，这意味着我国外汇市场的运行将会更加健全且规范。

2.2　金融市场的联动性

联动，是指若干个相关联的事物，一个运动或变化时，其他的也随之运动或变化。联动性表现为不同个体之间互相影响、相互作用的过程。金融市场联动性研究，顾名思义就是分析与度量金融市场的联动程度。随着世界经济的不断发展，经济全球化的趋势不断加深，世界各国在政治、经济、金融、贸易往来、文化等领域的合作不断增多。主要经济体的股票、大宗商品等市场存在着同方向或反方向运动的现象，市场的联动性问题得到关注。

联动性研究主要有以下方法，传统的一般方法（格兰杰因果检验、斯皮尔曼相关系数及皮尔逊相关系数等）较为常用。然而，金融市场之所以称为"金融复杂系统"，是因为它是由大量元素（个体）构成的复杂动力系统。这些金融市场的构成元素之间存在相互作用，且极为错综复杂，使人们极难准确地描述金融市场的内外运行规律与机制，尤其困难的是在描述金融市场的联动性方面。这是因为复杂性、非线性、动态性等是市场联动性表现出来的固有特性，鉴于此，金融市场领域研究的难点与热点无疑就聚焦在联动性方面。金融市场的联动行为作为一个复杂的研究问题，当前迫切需要解决的就是如何对其非线性、复杂性、动态性等特征进行精准的刻画和度量。目前，学术界关于金融市场联动性的研究，大部分是基于线性相关的假设进行的，且从收益率和波动率两个角度展开。

收益率溢出主要表现为市场或行业间价格或收益的相互影响，常用的研究方法有协整分析、格兰杰因果检验、向量自回归（vector auto-regressive，VAR）模型和向量误差修正模型（vector equilibrium correction model，VECM）等。例如，赵进文和张敬思（2013）利用 VAR 模型研究人民币汇率和股价的相互作用，发现人民币升值会导致股价下跌，反之人民币贬值会引起股价上涨。李政（2017）运用协整分析和 VAR 模型，发现我国"8·11"汇改提升了汇率市场整体的联动性水平。

波动率溢出主要表现为波动率在市场或行业间的传递，常用的研究方法有广义自回归条件异方差（generalized autoregressive conditional heteroskedasticity，GARCH）族模型、随机波动率（stochastic volatility，SV）模型等。例如，Caporale 等（2016）构建 VAR-GARCH-M（VAR-GARCH-in-mean）模型研究了欧洲八国股市联动性，发现正面及负面宏观经济新闻均会加强股市联动性。严伟祥等（2017）使用动态条件相关–广义自回归条件异方差（dynamic conditional correlation-generalized autoregressive conditional heteroskedasticity，DCC-GARCH）模型研究了金融各行业间的动态关系，发现其相互之间存在很强的风险溢出效应。

然而，在现实中，金融时间序列的联动性往往具有非线性和非对称的特征。为了研究非线性相关性并更好地捕捉非对称尾部相依特征，国内外学者开始将 Copula 函数纳入多市场联动性研究过程。Fink 等（2017）研究发现，经过马尔可夫机制转换的 R 藤 Copula-自回归移动平均–广义自回归条件异方差（Copula-autoregressive moving average-generalized autoregressive conditional heteroskedasticity，Copula-ARMA-GARCH）模型能更优地描述亚洲、欧洲和北美股间的联动性。朱鹏飞等（2018）研究了五个国际主要股市间的相依结构，发现 R 藤 Copula 已实现波动率异质自回归模型（regular vine Copula hierarchical autoregressive model of realized volatility，R 藤-Copula-HAR-RV）在拟合优度和投资组合分位点预测方面表现最优。

2.3　股票市场的联动性

2.3.1　国际股票市场的联动性研究

对于世界各国股票市场之间联动性的研究始于 Hilliard（1979）的研究，他以英国、美国、法国、德国、意大利、加拿大、荷兰、澳大利亚、日本和瑞士 10 个国家股票市场的股价指数每日收盘价为数据样本，主要研究了上述 10 个国家股票市场在全球金融危机前后的联动性问题。研究发现，经济金融危机加剧了各国股票市场之间的联动性。20 世纪 80 年代之后，股票市场收益率的波动迅速影响各国资本市场，学者开始以发达国家股票市场为研究对象，对股票收益率的联动性进行研究。Karolyi 和 Stulz（1996）运用 1988～1992 年美国、日本股票市场的数据，研究了两个股票市场的联动效应，结果发现这两个股票市场联动性较强，尤其是在股票价格波动变大时，两个市场的联动性会显著增强。

但上述实证结果都是基于时间序列数据的研究，时间序列数据本身存在的非平稳性使实证结果不稳健，可能存在伪回归情况。为了解决上述问题，学者将协整分析方法融入股票市场联动性研究中。陈向阳和余文青（2019）通过误差修正模型、VAR 模型等方法对欧债危机前后的中国、美国、欧洲股市联动性进行研究，发现欧债危机发生前联动性增强，发生后至我国股市进入牛市时期，联动性处于下降趋势，进入牛市后，联动性又出现加强的趋势。钟熙维和吴莹丽（2020）对 2019 年 10 月至 2020 年 4 月的数据采用协整检验以及 VAR 模型进行研究，结果表明，在疫情的影响下，全球股市联动性更加明显。

2.3.2　新兴市场国家股票市场的联动性研究

随着全球经济一体化的发展、发展中国家金融体系的完善和金融市场的成熟、市场开放性和包容性的增强，越来越多的学者开始对新兴市场国家之间及其与发达国家之间股票市场的联动性进行研究。庞磊和李丛文（2019）选取金砖五国股市与德国、法国、英国和日本的股指数据进行动态时变条件相关Copula（time-varying dynamic conditional correlation Copula，T-DCC-Copula）函数拟合，发现中国股市的传染性不具备连续性，中国股市相比于其他金砖国家与世界股市的联动性要低，但随着全球经济一体化水平的提高，股票市场之间的传染效应逐渐变为一种长期现象。Joyo 和 Lin（2019）运用 DCC-GARCH 模型，研究了巴基斯坦和与它存在贸易往来的其他国家的股票市场之间的时变相关性和波动性，发现金融危机期间存在的联动性较为显著，在金融危机后其联动性有下降的趋势。

2.3.3　股票市场的行业联动性研究

从我国学者的研究来看，曾志坚等（2015）对新能源板块内的 88 只股票运用复杂网络分析方法建立了无向无权联动网络，结果发现联动性显著存在于该板块内的股票之间，某些股票在联动网络中占据着十分重要的位置，对信息的传递起到关键作用。叶巧凤（2016）基于动态条件相关–多变量广义自回归条件异方差（dynamic conditional correlation-multivariate generalized autoregressive conditional heteroscedasticity，DCC-MGARCH）模型对中国股票市场行业间波动的动态关系进行了分析，发现股指收益率波动相关性最高的是制造业与农林渔牧业，而相关性最小的是金融业与农林渔牧业。金秀等（2015）利用基于聚类算法的最小生成树，对不同行业股票的拓扑性结构进行了研究。实证结果表明，中国证券市场存在明显的聚集性。金融保险业和制造业对其他行业股票的影响能力最强。在股票市场中，随着时间的推移，新兴行业逐渐占据行业的主导地位。方意等（2020）运用事件分析法量化得出外资大幅流出 A 股时期的风险跨境传导路径。研究发现：①工业和材料等第二产业受跨境风险传染的影响程度强于信息、电信和金融等第三产业；②港股向沪市的对应行业扩散风险以后，风险会进一步在沪市行业间传导。由于沪市信息与电信行业之间存在较强的互补共振关系，沪市内部的风险放大作用使信息与电信行业具有较高的脆弱性。

学者分别从不同的角度对股票市场行业间的联动性进行了解释，徐晓光等（2017）提出了资金跨境流动机制，指资本市场互联互通引发的资金跨境流动，在资金流动过程中同行业间的风险会发生跨境传导；方意等（2021）总结了跨境风险传导的路径，提出资本市场开放使行业风险通过资金跨境流动渠道发生跨境传导。随后，在共同风险敞口机制、投资者资产配置调整机制和投资者情绪机制的作用下，一方面，同行业间的风险跨境传导作用加剧；另一方面，从外部市场输入的风险向市场中其他行业传导。因此，资本市场开放可能会引发外部市场的金融风险通过各关联机制向 A 股市场传导，进而演变为系统性金融风险。

2.4　大宗商品市场（期货）的联动性

大宗商品有现货交易，也可以设计为期货、期权作为金融工具来交易，可以更好地实现价格发现和规避价格风险。关于大宗商品市场（期货）间是否存在联动性的问题，国内外学者从两个方面进行了研究，一方面是大宗商品期货与现货间的联动性研究，另一方面是大宗商品期货间的联动性研究。

2.4.1　大宗商品期货与现货间的联动性

国内外学者研究了期货与现货之间的价格联系，判断期货市场定价是否有效，能否发挥其价格发现、套期保值的职能。

早期农产品期货是人们关注的重点，其价格是稳定民生问题的基础，对于我国农产品，倪中新和陈思祺（2017）研究了小麦期货价格和现货价格之间的关系，采用了 VAR 模型，发现二者有单向格兰杰因果关系，即小麦的期货价格引导其现货价格。进一步地，原油是世界经济的晴雨表，其现货价格与期货价格间的联动研究也是关注的重点，汪兴瑞（2019）采用向量误差修正模型研究了我国原油期货价格和现货价格序列数据，实证结果显示，原油期货价格单向引导原油现货价格，即原油期货价格是现货价格的格兰杰原因。国外市场中，Liu 和 Wang（2014）采用向量误差修正模型研究了伦敦商品交易所中贵金属的现货价格和期货价格之间的关系，结果显示伦敦期货市场对现货市场价格呈现单向引导关系。回到我国，王吉恒和于东序（2021）研究发现，中国铜期货价格和现货价格互为格兰杰因果原因。

从文献中可以发现，国内外大宗商品期货与现货间均具有联动性，绝大多数情况下均为期货市场价格引导现货市场价格，少数情况下二者相互影响。

2.4.2　大宗商品期货间的联动性

国内外学者也研究了大宗商品期货之间的价格联系，判断同一市场内、不同市场之间，一国内、国际期货市场价格是否具有联动性。

关于同一市场内不同商品期货间的联动性，其中一国内的商品期货市场中，可能由于商品间存在替代性，或受共同宏观因素影响等原因产生联动性。刘帅男（2020）研究了中国玉米期货市场价格和美国玉米期货市场价格的关系，采用 VAR 和 GARCH-BEKK（GARCH-Baba，Engle，Kraft，Kroner）模型发现美国玉米市场单向引导中国玉米市场，得出结论：美国玉米市场具有定价优势。其他市场也有类似结论，例如，对同样必不可少的黑色钢材市场的研究，邓超和袁倩（2016）研究了中国螺纹期货价格和新加坡铁矿石期货价格的关系，采用 VAR 模型发现了中国螺纹期货市场对新加坡铁矿石期货市场呈现单向引导关系。

关于不同市场间商品期货间的联动性，研究发现非同类市场商品期货间也存在价格联动性，Lucotte（2016）采用向量误差修正模型和 GARCH 模型研究了原油期货市场价格和玉米期货市场价格，发现了二者的双向格兰杰因果关系。另外，就黄金市场与其他市场联动性研究来说，Miyazaki 和 Hamori（2016）探究了黄金与其他资产之间的联动关系，发现黄金与股票、美元之间显著存在不对称的条件联动关系，而黄金与债券间没有该种关系。王菲和王书平（2019）从突发事件、战争和投资者情绪角度入手，建立了自回归积分移动平均-广义自回归条件异方差（autoregressive integrated moving average-generalized autoregressive conditional heteroskedasticity，ARIMA-GARCH）模型研究非市场因素对国际黄金价格的影响，利用 VIX 反映投资者情绪，建立了 VAR 模型，通过脉冲响应分析探究 VIX 和国际黄金价格之间的关系，得出当 VIX 受到外部冲击时，会对国际黄金价格产生正向的效应，而国际黄金价格受到外部冲击时，对 VIX 的影响不显著。何红霞等（2019）采用 MVMQ-CAViaR 模型实证研究了我国黄金市场和股票市场的尾部风险相关性，研究发现：两者的尾部风险存在显著的负相关关系且几乎呈镜像，而黄金市场的尾部风险明显低于股票市场，黄金与股票两种资产的替代效应和挤出效应存在非对称性。

研究表明，商品间的替代性、同种宏观因素的影响、不同国家商品市场间千丝万缕的联系都会影响不同国家、不同市场间商品期货之间的价格，使这些商品市场之间的价格联动性复杂多样。

2.5　比特币市场的联动性

随着比特币市场的急速发展壮大，对比特币进行研究的文献越来越多。已有的文献主要集中于比特币与其他传统市场的相关性和与大宗商品尤其是黄金的相关性研究上，由此研究比特币的金融资产能力、风险对冲能力等方面。

一些学者认为比特币与许多传统市场的相关性均较低，可以作为一种对冲资产。例如，研究比特币与股票市场的相关性时，发现比特币与世界主要股票指数不存在相关性或相关性较低。Giudici 和 Abu-Hashish（2019）用 VAR 模型研究了比特币和股票、汇率、黄金等之间的价格波动关联，同样发现它们之间的市场联动性较低。

另一些学者的研究则发现，比特币与许多传统市场存在相关性，Bouri 等（2017）研究了比特币能否作为美元指数、黄金、原油、债券、各国股票等资产的替代工具，通过 GARCH 模型发现比特币的对冲能力仅体现在亚洲金融市场上。杜林丰（2021）在研究比特币市场对我国股票市场和汇率市场的影响时发现，这种影响长期存在。

总的来说，在发展的早期，比特币与其他金融资产的相关性并不显著，但随着加密货币的种类发展、投资者的不断进入，其相关性不断增强。

比特币拥有一定的避险功能，使业界经常将其与黄金相比较。Bouri 等（2017）基于动态条件相关（dynamic conditional correlation，DCC）模型来检验比特币对冲黄金的效果，实证结果表明，相比于比特币用作避险资产，它更适合作为多元化投资的投资品来使用。叶五一等（2020）从比特币和黄金的组合投资以及两者相互之间风险传递的角度进行研究，发现两者在不同协整分位点下的相互影响不同，并且走势大致相反，得出了两者的投资组合可以套期保值这一结论。

比特币与黄金的联系相比于其他传统资产更为紧密，但两者的风险传染关系是动态的，两者的投资组合可以套期保值。

2.6　外汇市场的联动性

一国的汇率制度安排是指货币当局对本国货币汇率变动的基本方式所做的一系列规定和安排。一般来说，汇率政策满足两个目标：稳定性目标和竞争性目标。即将汇率视为稳定国内物价的工具，保障货币在国内的购买力以及将汇率视为提高对外竞争力的工具，通过汇率的调节来促进出口创收、吸引国际资本进入国内市场。外汇市场是以各种货币为买卖对象的交易市场，汇率是在外汇市场上用一种货币购买另一种货币的价格。由此可见，研究各市场对外汇市场的联动性就显得尤为必要。

在汇率和股价的联动性方面，在不同时期的不同研究方法下，各学者众说纷纭。布雷顿森林体系瓦解之后，一些学者主张汇率对股价的单向影响关系，如 Dornbusch 和 Fischer（1980）提出了流量导向模型，指出国家的实际购买能力受汇率影响，之后的学者对该模型进行了拓展，延伸到汇率对上市公司业绩指标的影响，从而影响到股价的确定，并研究发现了由汇率到股价的单向因果关系。然而，Yang（2017）发现亚洲四个经济体中，股票价格冲击会导致四国的汇率逐渐变化，而汇率冲击会引起股票价格的瞬时变化。还有一些学者主张汇率和股市之间存在双向的相互影响机制，张蕾等（2020）通过分位点回归方法测量了汇率波动对股票市场的风险传染效应，发现长期的上证指数受到汇率影响，而短期内两变量相互影响。但是，同样也有一些学者认为汇率和股市之间不存在影响关系或影响关系很弱。例如，方国豪（2016）通过 VAR 模型验证了汇率和股市之间，无论从长期来看还是从短期来看，关系都不显著。

在汇率和利率方面，国内外研究和理论都较为丰富，各种情况下二者关系也不尽相同。Kayhan 等（2013）研究了金砖国家的利率和汇率数据，发现中国利率与汇率的关系在不同时期会有不同的表现，具体来说，短期汇率单向影响利率，而长期利率单向影响汇率。罗艺婷（2019）使用平稳性检验、Jonhansen协整检验、向量自回归模型等，以人民币基准利率为指标变量，发现汇率和利率二者存在联动关系，且长期来看，二者之间还存在协整关系。

在汇率和石油方面，Lizardo 和 Mollick（2010）把石油价格加入汇率的货币模型中，发现石油价格能够在很大意义上解释美元相对于世界上主要货币的价值变化，原油出口国在油价上涨时会出现本国货币升值、美元贬值的现象。此外，还有一些研究分阶段分析了金融市场间的相关性，Hammoudeh 等（2009）加入了能够反映经济周期变化的铝价和与能源密切相关的铜价等经济变量以后，发现美元对欧元汇率、黄金、原油等市场间的波动性溢出效应更加显著。国内外也有很多文献研究了金融危机是否会对金融市场之间的相依性产生影响。龚玉婷（2013）通过向量自回归及广义多元自回归条件异方差模型对比分析了 2008 年次贷危机前后黄金、原油和美元市场的相互联系，研究了次贷危机在这三个市场间的传导机制和波动性溢出效应。

2.7　本章小结

本章着重介绍了股票市场、大宗商品市场、比特币市场、外汇市场的概念并通过相关文献梳理，展示了国内外已有的关于股票市场、大宗商品市场、比特币市场以及外汇市场内部和市场之间的联动性的研究成果。

梳理发现，股票市场中，发达国家、发展中国家内部以及二者之间的市场均存在联动性；大宗商品市场中，期货与现货各自市场内部和两市场间在同一国家内部以及国家之间均存在显著的联动性；同时大宗商品价格不仅受到经济体供需水平的影响，还会受到金融因素的冲击，大宗商品市场与股票市场间也存在联动性；另外，比特币市场与外汇市场也和许多其他金融市场间存在联动性。本书将通过更多方法，进一步对各种金融市场间的联动性问题进行深入研究。

第3章 金融危机传染性研究

3.1 金融危机传染基本定义

"传染"的概念最初来自传染病学，经济学家通过使用这种疾病概念的比喻，用金融危机传染来表达一种经济学上的无序与混乱的状态。刘凯等（2020）指出，不确定性是产生金融危机的来源之一，考虑到金融系统内部错综复杂的联系，当一个市场发生风险波动时，危机极易在市场间传播。因此，探究金融危机的发生原因，以及存在何种传染渠道具有非常重要的意义。

在20世纪90年代之前，危机传染这一说法在经济学文献中还是相当新颖的概念，几乎没有被提及或研究。2007年以来，由美国次贷危机导致的几乎迅速传播至所有发达经济体与新兴经济体的世界级经济危机使人们对金融危机传染产生了全新的认识，它将影响所有存在联系的经济体，最终演变成全球性的经济危机。

目前，金融危机的传染性基本得到了共识，但关于金融危机传染的基本定义仍存在一些分歧。Pericoli 和 Sbracia（2003）对金融危机传染的各种概念进行了总结，得到了关于金融危机传染的五种定义：①金融危机传染是指当一个国家发生金融危机时，另一个国家随之发生金融危机的概率显著增加；②当一个发生金融危机的国家的资产定价波动性的风险溢出到其他国家金融市场时，将会发生金融危机传染；③当资产定价的跨市场联动行为已出现非理性现象，无法用经济基本面解释时，传染就会发生；④当金融危机在一个市场或一系列市场发生时，金融危机传染被定义为跨越市场的资产价格和数量的联动行为的显著增强；⑤当一个市场发生危机后，市场之间的传播机制产生变化时，将会发生危机传染。在 Pericoli 和 Sbracia（2003）对金融危机传染概念的总结的基础上，本章将进一步对金融危机传染的定义进行归纳整理。

（1）从概率角度定义金融危机传染。Goldstein 和 Pauzner（2004）提出，危机在某国发生时，该国遭受了损失的投资者不愿承受其他国家投资者的策略风险，从而产生一国发生危机导致另一国发生危机的可能性增加的结果。

（2）从溢出的角度来定义金融危机传染。Yang 和 Zhou（2017）指出，发达国家股指间存在明显的风险溢出，而美国市场的发酵使市场信息迅速传递到其他关联市场，资产价格波动从一个危机国家溢出到另一个危机国家被称为传染。

（3）从资产价格联动变化原因的角度来定义金融危机传染。这种角度的定义是将不能由经济基本面解释的资产价格跨市场联动也定义为传染，风险厌恶、信息不对称、羊群效应和委托代理等投资者行为因素导致的金融风险在多国（地区）传染。

（4）从平均联动角度定义金融危机传染。在联动理论的基础上，金融危机传染可以被定义为金融危机发生后，国家或地区之间的资产价格或交易量之间的相关性显著增强。只有当危机时期的联动性明显大于危机前时，我们才称它为传染。

（5）从极端联动的角度定义金融危机传染。Costinot 等（2000）提出，传染是指金融市场之间极端收益或损失的联动增加，将传染定义为极端相关性，即相关性远远超过了经济基本面所能决定的应有的程度，认为传染是超越预期的相关性。

（6）从危机传染的内涵角度定义金融危机传染。这种定义无法进行定量研究。刘晓东和欧阳红兵（2019）基于系统性风险研究金融危机传染，认为当一个市场或机构自身发生风险时，其波动会随着基本面联系和投资者情绪等因素传递给其他市场或机构，从而形成体系内金融机构和市场共同波动的局面。

我们习惯性地将某些负面的金融事件作为危机发生后产生危机传染的证据，在本章中，金融危机的定义并不是我们讨论的重点，不论从何种角度，已有的定义都非常符合其目的和宏观经济影响水平，本章关注的重点在于金融危机的形成与传染机制，只有明确这个问题，我们才能真正识别金融危机当中的传染事件，了解金融危机是如何在金融市场中传播的，从而进一步理解金融危机传染的概念，更有助于我们从案例中了解金融危机传染的真实情况。因此，根据已有的研究，我们将金融危机传染直观地定义为当一个经济体金融市场低迷时，另一个经济体金融市场受其影响产生低迷或崩溃概率显著增加的现象。

3.2　金融危机形成理论

金融危机形成理论的研究大体是沿着两条分支发展的：一是经济周期理论，把金融危机看成与经济周期密切相关的一种经济现象，把危机的产生和积累视为市场非理性和非均衡行为的结果，是以"金融脆弱"和"过度负债"等理论为核心组成的一套相对完整的体系；二是货币主义理论，认为市场是理性的，金融危机的产生和积累并不是缘于市场内部的市场恐慌和非理性，而是来自市场外部，尤其是中央银行对宏观经济的干预不当。

从周期的角度来看，马克思理论揭示了经济危机和金融危机的周期性爆发是必然的，而 20 世纪以来，金融危机发生的频率越来越高，影响越来越深远，波及范围越来越广，这似乎提示我们，经济金融系统具有内在的脆弱性是导致危机产生的根本原因。Kindleberger（1974）基于经济周期理论解释了金融动荡和破产浪潮的产生与发展，认为金融系统本身的内在机制决定了当下的经济繁荣孕育着未来的危机。

关于金融系统的脆弱性，Fisher（1933）认为过度负债和通货紧缩是金融系统不稳定的根本原因，并指出 1929 年美国经济大萧条发生的主要原因是企业过度负债。王永桓和姚宁（2016）在研究韩国金融危机时提出，银行体系的脆弱性和融资结构的过度单一是金融危机爆发的重要原因。

有学者认为资产价格泡沫的破灭是导致金融危机发生的重要因素，这方面的相关研究可以分为理性泡沫与非理性泡沫。理性泡沫由 Blanchard（1979）提出，他认为内在或者外在的随机因素导致了理性泡沫的产生和破灭，但资产价格泡沫的形成条件、机制及引起泡沫破灭的事件不能被很好地解释。非理性泡沫与资产的基本经济因素表现为非线性函数，经济人的非理性或非均衡行为导致了资产价格泡沫的产生。

从货币主义的角度来看，自布雷顿森林体系解体之后，国际货币危机频繁爆发，至今已经发展出了四代货币危机理论模型来解释金融危机产生的原因。

第一代货币危机理论模型是由 Krugman（1979）开创的，他提出了国际收支货币危机模型，之后其他学者进行了进一步的扩展和完善。该理论认为，宏观经济政策与汇率制度之间的不协调引发了金融危机。

第二代货币危机理论模型是由 Obstfeld 和 Rogoff（1995）提出的，他们构建了多重均衡博弈模型。由于政府在制定经济政策时有着多重目标，因此存在着多重均衡，外汇市场投资者和央行不断地调整自己的行为，当央行维护固定汇率成本大于放弃固定汇率的成本时，央行就会选择放弃，造成货币危机爆发。

　　第三代货币危机理论模型是针对性解释东南亚金融危机的模型，主要从过度借贷、银行资金流动性不足、公司资产负债表等角度出发。第三代货币危机理论模型在前两代模型基础上运用主流的方法对东南亚金融危机加以解释，目前仍然有待进一步的发展。

　　第四代货币危机理论模型是在已有的三代成熟的货币危机理论模型基础上建立起来的，主要用于解释在没有外部攻击和人为操作，也不存在金融脆弱性的情况下，2007 年的美国次贷危机为何仍然会爆发，然而第四代货币危机理论模型目前尚不成熟，这方面的研究还没有形成统一的理论框架。

　　另外，信息不对称问题也被普遍认为是金融市场动荡的一个重要原因。Caplin 和 Leahy（1992）研究发现，在信息不对称的市场环境下，市场对某一资产价格的崩溃是高度敏感的，危机更易爆发。周宇（2019）指出，现代金融科技的发展通过减弱银企之间的信息不对称，进而降低对资产价值波动的关联性，达到削弱系统性金融风险扩散的目的，预防危机发生与传染。

3.3　金融危机传染机制

　　正如我们从历次金融危机中看到的，金融危机的蔓延造成了金融市场的不稳定，严重影响了各国经济和金融系统的安全，并导致系统性风险。虽然目前关于金融危机传染的基本定义仍存在一些分歧，但许多学者已经在文献中描述了金融危机传染的渠道或机制，他们认为通过这些传染机制，金融危机将会从危机之源蔓延到其他受害者。因此，评估金融危机传染的主要问题就是确定危机的传播渠道，也就是金融危机是如何从一个领域蔓延到另一个领域的。

　　金融危机传染是金融危机理论的重要组成部分，也是本章的重点，金融危机传染理论是说明危机如何在国家或者区域之间进行传递的理论。目前已有的研究成果中关于危机传染机制的理论主要是从宏观经济基本面和投资者行为两个角度研究的。

3.3.1　基于宏观经济基本面的金融危机传染机制

　　基于宏观经济基本面的金融危机传染机制的解释主要可以分为从国家或者地区之间的关联渠道以及金融渠道两个方面对传染机制进行论述。

国家或者地区之间的关联渠道的机制解释是将金融危机传染的机制理解为一种风险溢出效应，这种效应有可能会波及全球，严重影响到许多国家或地区，一般认为经济实力越强的国家，越有可能产生全球性风险效应；金融渠道的机制解释则认为金融危机主要是由某些机构行为导致的，而能够影响全球金融的机构主要包括政府机关、金融机构、投资者以及借贷者。

宏观经济基本面引发的金融危机传染表现为：实体经济衰退通过资本链断裂冲击金融市场，进而通过全球贸易外溢、竞争性贬值及资产价格联动等渠道扩散风险，最终形成系统性冲击。其根源在于宏观经济与金融体系的深度关联。Kenourgios（2014）发现，当美国次贷危机爆发后，国际金融机构被迫开始去杠杆化，导致资本从新兴市场撤离并回流美国，进而引发新兴市场资产价格的恐慌式暴跌，最终导致全球爆发金融危机。

从国家或者地区之间的关联渠道对金融危机传染机制进行论述的金融危机传染理论研究在经济学界已有大量研究成果。Allen 和 Gale（2000）提出，金融危机传染就是金融媒介相互联系的结果，并提供了一般化的均衡模型来解释在一个地区发生的小型流动性偏好冲击会通过金融危机传染行为传播到整个经济体，而传染的概率显著依赖于该区域间结构的完整性。

贸易连接在一定程度上能够解释金融危机期间市场之间的相关性，许多论文为贸易渠道提供了理论支持。一国与危机国的贸易关系越紧密，发生危机传染的可能性越大。Ariu（2016）对 2008 年全球性金融危机爆发后，比利时货物贸易和服务贸易的数据进行研究，发现货物贸易因其外部市场需求弹性较大，受到金融危机的传导程度更大。

国内学者黄薇（2001）从贸易双方之间的关系出发，将贸易渠道传染分为贸易伙伴型传染与竞争对手型传染。贸易伙伴型传染是指有贸易往来的两国或地区之间的传染，一国或地区爆发金融危机后，国内需求减少，导致另一国或地区贸易赤字增加或者商品价格下降，本币贬值，外币升值，资金大量流出，外汇储备减少，引发危机传染；竞争对手型传染是指无直接贸易但在贸易关系中处于相似地位的两国或地区之间的传染。徐飞等（2018）指出，这种贸易联系类型的经济危机传染渠道更多地出现在由某些贸易关系组成的一体化市场中。然而，贸易关联类的传染理论可以解释有贸易往来的国家或者地区之间的传染，却不能很好地解释 1998 年俄罗斯经济危机对于贸易关联并不紧密的巴西的传染。

竞争性贬值也与金融危机传染密切相关。竞争性贬值可以认为是一种货币战争，意味着一些国家通过本国货币的较低汇率来相互竞争以获得竞争利益。文凤华等（2015）发现，在金融危机爆发时，中美投资者的负面情绪在市场之间的扩散加速了危机的传导。在恐慌和不信任情绪的基础上，货币贬值可能导致各国的非理性行为。如果市场参与者预计货币危机将演变成一场竞争性的贬值博弈，他们自然会出售债券，减少贷款，或拒绝偿还债权人的短期贷款。

另一个重要的传染渠道是金融渠道传染，由于流动性问题和投资者激励，货币危机可能通过金融渠道传染，一个或多个国家的危机可能会促使投资者出于风险管理、流动性或其他原因撤回在其他国的投资资金，从而加剧危机传染的程度。在目前已有的金融危机传染的案例中，几乎都出现了避险情绪激增、投资者信心缺乏、金融恐慌等现象。King 和 Wadhwani（1990）认为在具有有关信息渠道时，一个市场的资产价格变化对其他市场的资产价格具有一定的暗示意义，带动其发生变化。资本在各国市场之间流动也将导致危机的传染，具体而言，当跨国投资者在全世界范围内进行资产配置时，信息的流通会使各地区投资者对此做出相应的反应，及时进行投资政策的调整，从而引起金融市场间危机的传染。

Meegan 等（2018）强调了国际债务在金融危机传染当中的重要角色。当国际银行面临危机时，会大量形成不良贷款，为了控制风险，银行通常会选择撤出在其他国家的高风险项目资金来控制风险，大幅度收缩银行信贷，从而造成危机蔓延到其他国家。共同债权人理论很好地解释了 20 世纪 80 年代的拉美债务危机和 20 世纪 90 年代的东南亚金融危机，上述的金融危机发生国家均从同一系列银行借款，最终导致危机的蔓延。刁忠亮（2009）研究了越南、美国金融危机对中国的传染机制，最终得出越南金融危机对中国的影响主要是通过净传染效应影响实现的，贸易和金融渠道传染影响均较小；美国金融危机通过贸易溢出效应对中国的影响显著，而金融溢出效应对中国的影响则十分有限。

在金融危机传染理论的发展中，有学者提出流动性偏好危机传染模型，指出银行间信贷市场的发展程度影响了银行危机在银行之间的传播，市场越完善，传染的可能性越低。在这之后，流动性偏好危机传染模型进一步扩展，引入了保险公司，发现保险公司通过长期资产变现，能够在遭受金融风险时，把风险传染到银行。

目前，基于宏观经济基本面的金融危机传染理论能够较好地解释 1992 年发生的欧洲货币危机、1994 年发生的墨西哥金融危机、1997 年发生的泰国货币危机期间同一地区或者基本面相似国家或地区间的金融危机传染，但对于宏观经济基本面联系薄弱的国家或者地区间发生的传染却无法解释，例如，1997年亚洲金融危机期间向俄罗斯和拉丁美洲国家的传染。

3.3.2　基于投资者行为的金融危机传染机制

Wang 等（2019）指出，在经济全球化、金融自由化的今天，短期资本流动和投资者资产组合调整严重影响各国金融资产价格变化，因此，在以上宏观经济层面原因导致的金融危机传染之外，投资者的行为也引起了研究人员的广泛关注，并被认为是会引起金融危机传染的另一个重要渠道。投资者行为变化在国际金融市场上的重要性逐渐得到研究者的关注，随后产生了基于投资者行为的金融危机传染理论，有三种投资者行为已经成为目前主流观点认同的金融危机传染原因。

（1）基于投资者风险规避行为的危机传染。Kumar 和 Persuad（2002）认为，金融危机传染是投资者风险态度的转变以及为了规避风险对资产组合的调整而引发的。这种情况下的投资者在采取行动之前往往是独立而理性的，然而结果却导致了过度的联动行为，这样的行为将导致其他经济体的股票和不同资产的价格下跌，并进一步导致这些市场货币发生贬值，危机就发生了传染现象，这种传染现象某种程度上无法由真实的经济基本面解释。当信息不对称时，投资者的风险规避行为将更加显著地影响资产价格，当某国发生危机时，套利交易者会坚持其他国家市场的头寸，拉低该国资产价格，由此会使一些长期投资者抛售资产，从而进一步加速受影响国家的资产价格下降，形成危机的传染。风险规避模型解释危机传染机制则首先假定投资者之间的收益是有差异的，当部分投资者发现自己的投资组合收益不理想时，将选择增加在低风险国家的资产持有量，减少高风险国家的资产持有量，从而使风险较高的国家的资产价格下跌，引发危机传染。

（2）基于羊群效应的危机传染。Calvo 和 Mendoza（2000）研究发现，对于国际多元化投资者来说，在禁止卖空的情况下，选择多元化的国家数量与收集和处理信息的成本有关。当有对某一投资组合有利的消息时，他们会选择相同的投资组合调整行为，进一步加剧危机传染，即基于理性羊群行为的传染。Calvo 和 Mendoza（2000）指出，一个国家的货币贬值或资产价格下跌会给一些投资者带来损失。为了确保流动性，明智的投资者将出售其他国家的高质量债券，不知情的投资者误以为该国收益率下降，以低价出售基本面良好的国家资产的行为会导致大量资金撤出，从而导致金融危机传染的发生。

（3）基于理性预期的传染。资产定价理性预期模型指出，投资者重新调整那些暴露在风险因子下的资产会促进危机传染。当预感到市场将发生变化时，投资者将调整他们的投资行为，这可能会进一步导致风险溢出效应，并导致金融危机传染。

此外，还有学者提出了共同冲击、政治传染、地理因素等传染机制。

Ehrmann 和 Fratzscher（2009）提出了共同冲击传染机制，他们认为美国次贷危机的大规模传染是由雷曼兄弟公司倒闭、美国经济衰退等一系列重大事件对全球经济共同冲击而引爆的。经济全球化加剧了共同冲击，危机在邻近危机发源地的国家和地区中传导的强度最大、传导的速度最快，同时将更快地传导至新兴市场国家。

政治传染机制是由 Drazen（2000）通过对欧洲货币体系汇率危机的研究分析提出的。如果一个具有特定发展战略、体制结构或宏观经济情况的国家经济崩溃、货币贬值或者金融市场剧烈波动，可能被视为揭示了相似"类型"国家的脆弱性，从而导致金融危机的传染和蔓延。

地理因素传染机制是由 De Gregorio 和 Valdes（2001）通过检验 1982 年的债券危机、1994 年墨西哥金融危机以及 1997 年的亚洲金融危机对受影响国的传播提出的，他们发现国家的邻近关系是导致多数受到传染的国家惨遭金融危机传染的最显著因素。

国内对金融危机传染理论的研究起步相对较晚。林璐和万玉琳（2008）从贸易关联、金融关联、资本关联、投资者预期和经济全球化五个角度讨论了金融危机的传染机制。此外，还有学者从马克思主义角度来分析金融危机传染，李红梅（2013）从马克思主义角度对美国次贷危机进行了解释，认为与之前发生的历次危机相比，虽然该次金融危机及其传染路径的表现形式具有不同之处，但是本质并无差别。

3.4　金融危机传染研究方法综述

全球经济一体化的快速发展加速了金融一体化、溢出效应和各国股市之间的传染效应。关于金融危机传染的研究，早期的争论主要集中于是否存在传染，然后争论传染的机制和渠道，最近的研究主要聚焦于对不同国家金融危机传染程度的度量。最初研究金融危机传染的方法建立在两个金融市场之间相关性研究的基础上，比较危机发生时期和正常时期的皮尔逊相关系数，如果危机发生时期相关系数明显变大，则金融危机传染存在。近年来，众多学者选择用着重描述尾部或极端尾部相依的分位点回归模型、Copula 方法、极值理论方法、以 VAR 方法为基础的协整检验与格兰杰因果检验等方法来研究金融危机传染。本节将对其中几种研究方法在金融危机传染中的应用进行综述。

3.4.1　基于相关系数方法的金融危机传染研究

金融危机传染的早期研究主要是通过比较两个国家在平静时期和高波动时期的皮尔逊相关系数（Pearson，1895）来获得结论的。然而，这些结果在异方差存在的情况下是有缺陷的，即使传导机制不变，两个变量方差的增加也会导致相关系数的增加。此外，皮尔逊相关系数是用于度量静态线性相关程度的，不能度量非线性关系，并且皮尔逊相关系数描述的是全局相关系数，因此在描述尾部时会存在偏差。为了克服金融收益序列的异方差性和非对称性干扰，Engle（2002）在常数条件相关（constant conditional correlation，CCC）模型的基础上，假定线性相关系数时变，提出了 DCC 模型。Aielli（2013）进一步在 DCC 模型的基础上放松截距项为常数的假定，构建了矫正动态条件相关（corrected dynamic conditional correlation，cDCC）模型，假定回归函数中的截距项在不同的时间段内是不同的常数，放松了原来 DCC 模型截距项为常数的假定，该模型本质上是分段自回归分析。

DCC-GARCH 模型自提出后被广泛应用于金融领域中，Pragidis 等（2015）应用 cDCC 模型来检验欧洲债券市场的数据，证明了欧债危机中希腊对其他国家的危机传染效应。也有国内学者基于相关系数方法进行了金融危机传染研究。苏海军和欧阳红兵（2013）提出了基于马尔可夫机制转换的动态条件相关（Markov independent switching-dynamic conditional correlation，MIS-DCC）模型，通过观察不同马尔可夫机制下的 DCC 系数以及平滑概率来分析金融危机传染的程度及其发展进程。

3.4.2　基于 Copula 方法的金融危机传染研究

在金融市场中，金融变量通常偏离正态分布，呈现尖峰厚尾的特征，同时，变量之间的相依结构可能是线性或者非线性的，而 Copula 方法可以很好地描述变量间的相依结构，并对变量的联合分布进行建模。因此 Copula 方法在金融危机传染研究领域也受到了广泛的关注。

　　Schweizer 和 Sklar（1983）首先提出了 Copula 这个名词，随后 Copula 被引入金融领域，从此 Copula 在金融领域中得到了很好的应用。Patton（2001）利用条件 Copula 对外汇汇率之间的相依关系进行建模，并提出条件相依关系应该是时变以及非对称的。接着，Patton（2006a）又进一步提出当前 Copula 系数可以由历史 Copula 系数和两个变量累计概率的历史平均值进行解释，从而建立了动态 Copula 模型，并且他认为可以根据相依系数的变化趋势判断是否存在金融危机传染。后来，为了解决在国际股票市场回报率低或波动性高时对不对称依赖性进行建模的问题，Okimoto（2008）同时采用了 Copula 函数方法和马尔可夫机制转换（Markov regime switching，MRS）模型，该组合在实证分析中具有很大的灵活性。考虑到金融收益率往往存在尖峰厚尾的特征，谢赤等（2013）构建了基于 MRS-Copula 的 GJR-Skew-t（Glosten-Jagannathan-Runkle Skew-t）模型来减小设定误差。随后，吴筱菲等（2020）考虑股票波动均值和方差两种结构的变化，建立了马尔可夫机制转换对称 Joe-Clayton Copula（Markov regime switching symmetrized Joe-Clayton Copula，MRS-SJC-Copula）模型。

　　虽然 Copula 理论已经在金融计量的许多领域得到了广泛应用，但是大部分应用依然局限在二维的情况下。对于多维的情况，首先是可供选择的 Copula 函数相比二维少了很多，其次，多维的情况在理论上是可行的，但是实际应用中总会受到边缘分布的限制而不能很好地估计相依结构。因此，Bedford 和 Cooke（2002）首次提出藤这个概念并且提出 Pair Copula 的简单模型，将 Copula 理论推向高维。Aas 等（2009）则第一次给出了藤 Copula 的统计推断方法，为藤 Copula 方法提供了描述高维相依的更加灵活的方法。Morales-Nápoles 等（2010）指出 R 藤 Copula 与 C 藤、D 藤 Copula 相比拥有更加多样和灵活的相依结构，因此 R 藤 Copula 在金融和其他领域中高维变量相依关系建模时也获得了越来越多的应用。后来，韦起和魏云捷（2018）将马尔可夫机制转换和藤 Copula 模型相结合，构建出了 Markov-Vine-Copula 模型。

　　关于 Copula 函数在危机传染文献中的应用，Jayech 和 Ben Zina（2011）将 Copula 方法应用于少数发达国家的外汇市场中，研究了次贷危机期间金融危机传染的影响，他们认为，危机不会影响外汇市场，因为危机期间汇率的依赖结构几乎没有变化。也有一些学者通过构建改进的 Copula 模型来进行研究。申敏（2016）就利用了 R 藤 Copula 对国民经济的 9 大行业的信用风险进行了传染性分析。

3.4.3　基于分位点回归模型的金融危机传染研究

近几年来，随着分位点的广泛应用，它为研究变量间尾部相关性提供了新的思路，且分位点回归不需要假定序列误差项为正态分布，使结果更加可信。分位点回归的思想起源于 1760 年，后来，Koenker 和 Bassett（1978）提出的分位点回归模型避免了分布的估计，可以直接得到分位点的值。此后，分位点回归模型在理论方面得到了快速发展。

考虑到分位点的动态性和聚集效应，Engle 和 Manganelli（2004）开发了适合在动态环境中估计条件分位点的 CAViaR 模型，并用其来估计市场风险。White 等（2015）扩展 CAViaR 模型到 CAViaR 模型的多变量多分位点版本，称为 MVMQ-CAViaR 模型，该模型可以将多个随机变量、多个置信水平以及多个相关滞后分位点纳入研究框架。随后，他们构造了脉冲响应函数，以研究特定风险和系统性冲击对金融机构及市场的影响。

在分位点回归模型的应用中，Ye 等（2016）研究了美国次贷危机的传染效应，在提出马尔可夫机制转换分位点回归模型的基础上，分析次贷危机时期美国对欧洲国家股票市场的传染情况，研究发现确实存在传染效应。曾裕峰等（2017）基于 MVMQ-CAViaR 模型构建了适用于分析证券市场的新模型框架来分析 9 个股票市场对中国 A 股市场的风险传染效应。

3.4.4　其他方法

在研究金融危机传染的文献中，除了相关系数方法、Copula 方法、分位点回归模型之外，还有很多其他的方法可用来研究金融危机传染，如极值理论方法、协整分析、波动率溢出分析、产生危机的条件概率检验、基于 VAR 模型的金融危机传染检验等。例如，Hmida（2014）使用非线性误差修正模型研究了美国次贷危机在 G7 国家中的传染性。王霞等（2020）则基于非参数回归构造了金融危机传染的检验统计量来研究金融危机传染，研究结果表明亚洲金融危机时期，我国金融市场与部分国家（地区）的金融市场之间存在显著的非线性传染效应。另外，也有许多国内学者通过结合不同的模型进行研究，如苑莹等（2020）将极值理论（extreme value theory，EVT）与时变 Clayton Copula 函数相结合构建了时变 Clayton Copula-EVT 模型，分析中国股市对其他三个重要股市的传染效应，研究表明中国股市对日本、美国股市存在风险传染效应，而对韩国股市不存在传染效应。

3.5　本　章　小　结

　　本章梳理并分析了文献中关于金融危机传染最主要的几种基本定义。从经济周期理论、金融系统的内在脆弱性理论、资产价格泡沫理论出发，综述了早期金融危机的形成机制理论，再从货币主义理论出发，对四代货币危机理论模型进行了总结，综述了现代金融危机理论的发展。从宏观经济基本面以及投资者行为两方面对金融危机传染机制理论进行了综述，解释了现代金融危机及其传染现象发生的原因。在对金融危机传染基本定义、金融危机形成和传染机制理论发展的认识的基础上，我们对文献中常用的金融危机传染检验方法进行了综述，并指出了已有检验方法的不足，为后文提出的金融危机传染检验方法做好理论和应用上的铺垫。

第二部分

研 究 方 法

第 4 章　Copula 方法

对金融时间序列的相关性分析与建模研究始终是金融学中一个长期研究的问题，一些传统的计量模型如向量 GARCH 模型、向量 SV 模型、极值理论等在应用上都存在一定的局限性，且以往的研究主要集中在对相关程度的分析上，忽略了对金融市场间的相关性结构的研究。近年来，作为一种新兴的统计方法，Copula 方法能够捕捉到变量之间非线性、非对称的相关关系及其动态变化，特别是尾部的相关关系，被广泛用于金融市场之间危机传染和联动效应的研究中。

本章内容如下：4.1 节介绍 Copula 函数的定义和基本性质，给出常用的 Copula 函数形式以及基于 Copula 的依赖性度量；4.2 节至 4.7 节介绍一些重要的基于 Copula 的模型方法及其估计，包括非线性的时变 Copula、藤 Copula、基于 Copula 方法的条件风险价值（value at risk，VaR）模型、c-D-Copula 以及基于 Copula 的分位点相协回归模型；4.8 节对本章内容进行总结。

4.1　基础 Copula 介绍

4.1.1　Copula 的定义及基本性质

1. Copula 函数与 Sklar 定理

设随机向量 $(X_1, X_2, \cdots, X_N)$ 的联合分布函数为 $F(x_1, x_2, \cdots, x_N)$，且边缘分布为 $F_1, F_2, \cdots, F_N$，则一定存在唯一的 Copula 函数 $C(\cdot)$，满足：

$$F(x_1, x_2, \cdots, x_N) = C\left[F_1(x_1), F_2(x_2), \cdots, F_N(x_N)\right] \tag{4.1}$$

因此，利用 Copula 函数可以避免直接估计联合分布函数 $F(x_1, x_2, \cdots, x_N)$ 的困难，联合分布函数的估计问题可转化为以下两个问题。

（1）确定各随机变量的边缘分布 $F_1(x_1), F_2(x_2), \cdots, F_N(x_N)$。

（2）选取一个适当的 Copula 函数 $C(\cdot)$，确定随机向量 $(X_1, X_2, \cdots, X_N)$ 的相依结构。

2. 条件 Copula 与条件 Sklar

对于多元时间序列，可以基于条件联合分布，借助条件 Copula 来捕捉其相依模式。

1）二元条件 Copula 函数

以二元随机变量 (X, Y) 为例，令 I_{t-1} 表示所有条件变量的信息集，在给定 I_{t-1} 的条件下，$X_t | I_{t-1} \sim F_t$，$Y_t | I_{t-1} \sim G_t$ 表示随机序列 (X_t, Y_t) 的条件边缘分布，因此，$(X_t, Y_t) | I_{t-1}$ 的条件 Copula 函数为 $U_t \equiv F_t(x | I_{t-1})$ 与 $V_t \equiv G_t(y | I_{t-1})$ 的条件联合分布，"$\equiv$"表示恒等于。

因此，二元条件 Copula 函数是时间序列 X_t 和 Y_t 的边缘分布函数 F_t 与 G_t 的条件联合分布函数。条件分布 Sklar 定理指出，条件联合分布可以分解为条件边缘分布和条件 Copula 函数两个部分。

2）条件 Sklar 定理

在上述 X_t、Y_t、F_t、G_t 的定义下，H_t 表示二元随机时间序列 $(X_t, Y_t) | I_{t-1}$ 给定 I_{t-1} 条件下的联合分布，假定 F_t 与 G_t 为连续的分布函数，则存在唯一的条件 Copula 函数 C_t 满足：

$$H_t(x, y | I_{t-1}) = C_t\left(F_t(x | I_{t-1}), G_t(y | I_{t-1}) | I_{t-1}\right) \tag{4.2}$$

相反地，如果令 F_t 与 G_t 为随机变量 X_t 与 Y_t 的条件分布函数，C_t 为连续的 Copula 函数，那么式（4.2）定义的函数 H_t 是两个随机变量的条件联合分布函数，两个随机变量边缘分布分别为 F_t 与 G_t。

4.1.2 基于 Copula 的依赖性度量

1. 秩相关系数

秩相关系数是一个简单标量度量，它不取决于边界分布的依赖性，因此具有比线性相关更吸引人的性质。秩相关系数主要有两类：肯德尔相关系数和斯皮尔曼相关系数，它们都可以理解为二元随机向量一致性的度量指标。

对于随机变量 X 和 Y，肯德尔相关系数由式（4.3）给出：

$$\rho_\tau(X, Y) = E\left(\text{sign}\left(\left(X - \tilde{X}\right)\left(Y - \tilde{Y}\right)\right)\right) \tag{4.3}$$

式中，$(\tilde{X},\tilde{Y})$ 为 (X,Y) 的独立复制（具有相同的分布，但与 (X,Y) 相互独立的向量）；$\operatorname{sign}(x)=I(x>0)-I(x<0)$，$I(x>0)$ 表示当 x 大于 0 时取值为 1，当 x 小于或等于 0 时则取值为 0，$I(x<0)$ 则表示当 x 小于 0 时取值为 1，当 x 大于或等于 0 时则取值为 0。

假设 X 和 Y 有连续的边际分布和唯一的 Copula 函数 C，那么：

$$\rho_\tau(X,Y)=4\int_0^1\int_0^1 C(u_1,u_2)\,\mathrm{d}C(u_1,u_2)-1 \tag{4.4}$$

式中，u 和 v 分别捕捉了 X 和 Y 的边际分布。

对于随机变量 X 和 Y，斯皮尔曼相关系数由式（4.5）给出：

$$\rho_S(X,Y)=3\big(P((X-\tilde{X})(Y-\tilde{Y})>0)-P((X-\tilde{X})(Y-\tilde{Y})<0)\big) \tag{4.5}$$

式中，$\tilde{X}$ 和 $\tilde{Y}$ 为随机变量，满足 $\tilde{X}\triangleq X$ 和 $\tilde{Y}\triangleq Y$，且 (X,Y)、$(\tilde{X},\tilde{Y})$ 都相互独立。

类似地，有

$$\rho_S(X,Y)=12\int_0^1\int_0^1\big(C(u,v)-uv\big)\mathrm{d}u\mathrm{d}v \tag{4.6}$$

式中，u 和 v 分别捕捉了 X 和 Y 的边际分布。

2. 尾部相依系数

与秩相关系数类似，尾部相依系数是对极端尾部依赖关系的度量，依赖于一对具有连续边际分布函数的随机变量 X 和 Y 的 Copula 函数。尾部相依系数能够刻画金融时间序列之间的尾部结构，包括上尾相依系数 λ_U 和下尾相依系数 λ_L，分别定义如下：

$$\lambda_U:=\lambda_U(X,Y)=\lim_{q\to1}P\big(Y>G^{-1}(q)\big|X>F^{-1}(q)\big)=\lim_{q\to1}\frac{1-2q+C(q,q)}{q}$$

$$\lambda_L:=\lambda_L(X,Y)=\lim_{q\to0}P\big(Y\leqslant G^{-1}(q)\big|X\leqslant F^{-1}(q)\big)=\lim_{q\to0}\frac{C(q,q)}{q} \tag{4.7}$$

式中，q 代表分位点水平，$q\to1$ 和 $q\to0$ 分别代表分位点趋近于 1 和趋近于 0。

从尾部相依系数的定义可以看出，尾部相依系数表示当变量 X 发生极端事件时，变量 Y 同时发生极端事件的极限概率测度。其中，上尾相依系数是指当变量 X 发生正向极端事件时，变量 Y 同时发生正向极端事件的概率；而下尾相依系数是指当变量 X 发生负向极端事件时，变量 Y 同时发生负向极端事件的概率。

4.1.3　一些重要的 Copula

在 Copula 的研究中,二元 Copula 是研究最多的,重要的有二元正态 Copula、二元 t-Copula、二元阿基米德(Archimedean)Copula 等。下面分别对各 Copula 的函数形式及尾部相依系数进行介绍。

1. 二元正态 Copula

如果(X,Y)的 Copula 有如下形式:

$$C_N\left(u,v;\rho\right) = \int_{-\infty}^{\Phi^{-1}(u)}\int_{-\infty}^{\Phi^{-1}(v)} \frac{1}{2\pi\left(1-\rho^2\right)^{\frac{1}{2}}} \exp\left\{-\frac{s^2-2\rho st+t^2}{2\left(1-\rho^2\right)}\right\} \mathrm{d}s\mathrm{d}t \quad （4.8）$$

则称 $C_N\left(u,v;\rho\right)$ 为二元正态 Copula,其中,u 和 v 分别捕捉了 X 和 Y 的边际分布,s 和 t 代表对 u 和 v 的积分,$\rho = \mathrm{corr}(X,Y)$ 是通常的线性相关系数,Φ 为标准正态分布函数,它是二元正态随机变量 $N(0,0,1,1,\rho)$ 对应的 Copula。

正态 Copula 是尾部独立的,其上尾和下尾相依系数均为 0。

2. 二元 t-Copula

若 Copula 有如下形式:

$$C_T\left(u,v;\rho,n\right) = \int_{-\infty}^{t_n^{-1}(u)}\int_{-\infty}^{t_n^{-1}(v)} \frac{1}{2\pi\left(1-\rho^2\right)^{\frac{1}{2}}} \left(1+\frac{1}{n\left(1-\rho^2\right)}\left(s^2-2\rho st+t^2\right)\right)^{-(n+1)/2} \mathrm{d}s\mathrm{d}t$$

$$（4.9）$$

则称 $C_T\left(u,v;\rho,n\right)$ 是自由度为 n 的二元 t-Copula。金融工程中最常用的 t-Copula 中,$n=2,3,4$,其中 $t_n\left(u\right)$ 是自由度为 n 的 t-分布。

二元 t-Copula 具有尾部对称相依性,其尾部相依系数为

$$\lambda_{\mathrm{U}} = \lambda_{\mathrm{L}} = 2t_{n+1}\left(-\sqrt{n+1}\sqrt{1-\rho}\,/\,\sqrt{1+\rho}\right) \quad （4.10）$$

3. 二元阿基米德 Copula

阿基米德 Copula 族是当今金融工程中用得最多的一类单参数 Copula 族,被广泛应用于投资组合信用风险建模中。它由不同的生成函数产生,运用阿基米德 Copula 可以较好地拟合大量的二元分布。本节将给出其在二元情况下

的定义。

设 $\varPhi$ 为一组连续的严格递减凸函数 $\varphi:[0,1]\to[0,\infty]$，且 $\varphi(0)=\infty$，$\varphi(1)=0$。对任意 $\varphi\in\varPhi$，定义其逆函数 $\varphi^{-1}:[0,\infty]\to[0,1]$，$\varphi^{-1}(\infty)=0,\ \varphi^{-1}(0)=1$。

由此，可以由 $\varphi(\cdot)$ 生成阿基米德 Copula $C(u,v)=\varphi^{-1}(\varphi(u)+\varphi(v))$，$\varphi(\cdot)$ 也称为 C 的生成器。

阿基米德 Copula 函数可以根据生成器 $\varphi(\cdot)$ 进行分组。常见的单参数阿基米德 Copula 有 22 种，每个生成器都包含一个参数 θ。下面将对一些常用的阿基米德 Copula 进行介绍。

1）Gumbel Copula

作为一种重要的阿基米德 Copula，Gumbel Copula 在许多研究中都被证实能够较好地拟合收益率之间的相依结构。Gumbel Copula 并不要求具有对称的上下尾相依结构，能够准确地描述下尾相依结构，且其参数与尾部相关系数具有对应的函数关系，因而更适合对尾部相关结构进行建模。二元 Gumbel Copula 的函数形式为

$$C_{\mathrm{G}}(u,v;\theta)=\exp\left(-\left((-\ln u)^{\theta}+(-\ln v)^{\theta}\right)^{\frac{1}{\theta}}\right) \tag{4.11}$$

Gumbel Copula 的生成器为 $\varphi_{\theta}(t)=(-\ln t)^{\theta},\theta\geqslant1$。

其尾部相依系数如下：

$$\lambda_{\mathrm{U}}=2-2^{\frac{1}{\theta}},\quad \lambda_{\mathrm{L}}=0 \tag{4.12}$$

2）Clayton Copula

二元 Clayton Copula 的形式为

$$C_{\mathrm{CL}}(u,v;\theta)=\max\left\{\left(u^{-\theta}+v^{-\theta}-1\right)^{-\frac{1}{\theta}},0\right\} \tag{4.13}$$

Clayton Copula 的生成器为 $\varphi_{\theta}(t)=\theta^{-1}(t^{-\theta}-1),\theta>0$。

其尾部相依系数如下：

$$\lambda_{\mathrm{U}}=2-2^{\frac{1}{\theta}},\quad \lambda_{\mathrm{L}}=0 \tag{4.14}$$

3）Frank Copula

二元 Frank Copula 的形式为

$$C_F\left(u,v;\theta\right)=-\frac{1}{\theta}\ln\left(1+\left(\left(e^{-\theta u}-1\right)\left(e^{-\theta v}-1\right)\big/\left(e^{-\theta}-1\right)\right)\right) \qquad （4.15）$$

Frank Copula 的生成器为 $\varphi_\theta\left(t\right)=-\ln\left(\dfrac{\left(e^{-\theta t}-1\right)}{\left(e^{-\theta}-1\right)}\right),\theta\in\left(-\infty,0\right)\bigcup\left(0,\infty\right)$。

Frank Copula 也是尾部独立的，其上尾和下尾相依系数均为 0。

综上所述，表 4.1 总结了本节介绍的重要二元 Copula 函数形式及其尾部相依性。

表 4.1　重要二元 Copula 函数形式及其尾部相依性

Copula 函数	函数形式	参数	尾部相依性
二元正态 Copula	$C_N\left(u,v;\rho\right)=\displaystyle\int_{-\infty}^{\Phi^{-1}(u)}\int_{-\infty}^{\Phi^{-1}(v)}\frac{1}{2\pi\left(1-\rho^2\right)^{1/2}}$ $\cdot\exp\left\{-\dfrac{s^2-2\rho st+t^2}{2\left(1-\rho^2\right)}\right\}\mathrm{d}s\mathrm{d}t$	ρ	尾部独立：$\lambda_\mathrm{U}=\lambda_\mathrm{L}=0$
二元 t-Copula	$C_T\left(u,v;\rho,n\right)=\displaystyle\int_{-\infty}^{t_n^{-1}(u)}\int_{-\infty}^{t_n^{-1}(v)}\frac{1}{2\pi\left(1-\rho^2\right)^{1/2}}$ $\cdot\left(1+\dfrac{1}{n\left(1-\rho^2\right)}\left(s^2-2\rho st+t^2\right)\right)^{-(n+1)/2}\mathrm{d}s\mathrm{d}t$	ρ,n	尾部对称相依： $\lambda_\mathrm{U}=\lambda_\mathrm{L}$ $=2t_{n+1}\left(-\sqrt{n+1}\sqrt{1-\rho}\big/\sqrt{1+\rho}\right)$
Gumbel Copula	$C_G\left(u,v;\theta\right)=\exp\left(-\left(\left(-\ln u\right)^\theta+\left(-\ln v\right)^\theta\right)^{\frac{1}{\theta}}\right)$	$\theta\geqslant 1$	非对称尾部相依： $\lambda_\mathrm{U}=2-2^{\frac{1}{\theta}},\ \lambda_\mathrm{L}=0$
Clayton Copula	$C_{CL}\left(u,v;\theta\right)=\max\left\{\left(u^{-\theta}+v^{-\theta}-1\right)^{-\frac{1}{\theta}},0\right\}$	$\theta>0$	非对称尾部相依： $\lambda_\mathrm{U}=2-2^{\frac{1}{\theta}},\ \lambda_\mathrm{L}=0$
Frank Copula	$C_F\left(u,v;\theta\right)$ $=-\dfrac{1}{\theta}\ln\left(1+\left(\left(e^{-\theta u}-1\right)\left(e^{-\theta v}-1\right)\big/\left(e^{-\theta}-1\right)\right)\right)$	$\theta\in\left(-\infty,0\right)$ $\bigcup\left(0,\infty\right)$	尾部独立：$\lambda_\mathrm{U}=\lambda_\mathrm{L}=0$

4.2　时变 Copula

静态的 Copula 函数不能很好地描述金融变量间复杂的动态相依关系，因此应当用非线性时变 Copula 模型来描述变量之间相关结构的动态变化。

构建时变 Copula 模型的关键在于要给出 Copula 函数的相关参数的演化方

程。由于许多 Copula 函数的参数都与一致性和相关性测度或尾部相依系数有一一对应的关系，可利用这个特性，通过确立相应的一致性和相关性测度或尾部相依系数的演化过程，建立 Copula 函数的参数的动态演进方程。

Patton（2001）最早提出了时变 Copula 模型，用一个类似于自回归移动平均（autoregressive moving average，ARMA）（1，10）的过程来描述二元正态 Copula 函数的相关参数，此外，由于 Joe-Clayton Copula 函数的参数与尾部相关系数有一一对应的关系，因此可以通过定义尾部相关系数随时间演化的过程来确定 Joe-Clayton Copula 函数的参数演化方程。本节主要对正态 Copula、Student's t-Copula、Joe-Clayton Copula、Gumbel Copula、Clayton Copula 和 Frank Copula 的动态演化过程进行详细介绍。

4.2.1　时变的二元正态 Copula

式（4.8）展示了二元正态 Copula 函数的形式，其中 ρ 表示变量之间的相关系数，为了研究变量间的相关关系随时间变化的特性，假定 ρ 为时变参数，则动态二元正态 Copula 的参数 ρ_t 可以表示为

$$\rho_t = \tilde{A}\left(\omega_N + \beta_N \cdot \rho_{t-1} + \alpha_N \cdot \frac{1}{10} \sum_{j=1}^{10} \Phi^{-1}\left(u_{t-j}\right) \cdot \Phi^{-1}\left(v_{t-j}\right) \right) \qquad （4.16）$$

式中，ω_N、β_N、α_N 为待估参数；$\tilde{A}$ 为转换函数：

$$\tilde{A}(x) = \left(1 - \mathrm{e}^{-x}\right)\left(1 + \mathrm{e}^{-x}\right) = \tanh \frac{x}{2}$$

上述变换的目的是保证参数 ρ_t 在区间（−1，1）内。

由于回归变量 ρ_{t-1} 可以捕捉到相关性参数的持续性，而滞后 10 阶的观测值的转换变量 $\Phi^{-1}\left(u_{t-j}\right)$ 与 $\Phi^{-1}\left(v_{t-j}\right)$ 的乘积之和的均值可以捕捉到相关性的变化：当 $\Phi^{-1}\left(u_{t-j}\right) \cdot \Phi^{-1}\left(v_{t-j}\right)$ 为正时，说明 $\Phi^{-1}\left(u_{t-j}\right)$ 与 $\Phi^{-1}\left(v_{t-j}\right)$ 正相关；当 $\Phi^{-1}\left(u_{t-j}\right) \cdot \Phi^{-1}\left(v_{t-j}\right)$ 为负时，说明 $\Phi^{-1}\left(u_{t-j}\right)$ 与 $\Phi^{-1}\left(v_{t-j}\right)$ 负相关，因此式（4.16）可以用于捕捉序列间时变的条件相关关系。

4.2.2　时变的二元 Student's t-Copula

对于 Student's t-Copula，只需要将式（4.16）中的标准正态分布函数 $\Phi(\cdot)$ 改为自由度为 n 的 t 分布函数 $t_n(\cdot)$，即

$$\rho_t = \tilde{\Lambda}\left(\omega_T + \beta_T \cdot \rho_{t-1} + \alpha_T \cdot \frac{1}{10}\sum_{j=1}^{10} t_n^{-1}(u_{t-j}) \cdot t_n^{-1}(v_{t-j}) \right) \qquad (4.17)$$

4.2.3 时变的二元 Joe-Clayton Copula

二元正态 Copula 函数的分布具有对称性和尾部渐近独立性，因此无法捕捉到变量间的非对称相关和尾部相依性，而 Joe-Clayton Copula 函数则可以很好地描述变量间的非对称相关和尾部相依性，其非条件形式为

$$C(u,v;\kappa,\gamma) = 1 - \left(\left(\left(1 - (1-u)^{\kappa}\right)^{-\gamma} + \left(1 - (1-v)^{\kappa}\right)^{-\gamma} - 1 \right)^{-\frac{1}{\gamma}} \right)^{\frac{1}{\kappa}}, \quad \kappa \geq 1, \ \gamma > 0 \quad (4.18)$$

对应的尾部相依系数分别为

$$\lambda_{\mathrm{U}} = 2 - 2^{\frac{1}{\kappa}}, \quad \lambda_{\mathrm{L}} = 2^{-\frac{1}{\gamma}} \qquad (4.19)$$

其上尾相依系数完全由参数 κ 确定，下尾相依系数完全由参数 γ 确定，因此可以利用这种一一对应的关系来定义 Joe-Clayton Copula 函数中参数的动态演化过程，由上、下尾相依系数的时变性来定义 Joe-Clayton Copula 函数中参数的时变性，从而得到每一个时间点上与给定的上尾（或下尾）相依系数相对应的 Copula 参数的值。

参照 Patton（2001）的做法，假定二元 Joe-Clayton Copula 的上、下尾相依系数 λ_t^{U} 和 λ_t^{L} 满足 ARMA（1, q）过程，则按照如下的方程演变：

$$\lambda_t^{\mathrm{U}} = \Lambda\left(\omega_{\mathrm{U}} + \beta_{\mathrm{U}} \cdot \lambda_{t-1}^{\mathrm{U}} + \alpha_{\mathrm{U}} \cdot \frac{1}{10}\sum_{j=1}^{10} |u_{t-j} - v_{t-j}| \right)$$

$$\lambda_t^{\mathrm{L}} = \Lambda\left(\omega_{\mathrm{L}} + \beta_{\mathrm{L}} \cdot \lambda_{t-1}^{\mathrm{L}} + \alpha_{\mathrm{L}} \cdot \frac{1}{10}\sum_{j=1}^{10} |u_{t-j} - v_{t-j}| \right) \qquad (4.20)$$

式中，$\Lambda(x)$ 为经典的 Logistic（逻辑斯谛）转换函数，$\Lambda(x) \equiv \left(1 + \mathrm{e}^{-x}\right)^{-1}$。上述转换的目的是保证上、下尾相依系数 λ_t^{U} 和 λ_t^{L} 在区间（0，1）内。

由于上、下尾相依系数与 Joe-Clayton Copula 函数的两个条件参数有一一对应的关系，因此可以通过 λ_t^{U}、λ_t^{L} 计算出 κ_t、γ_t 的值：

$$\kappa_t = \kappa\left(\lambda_t^{\mathrm{U}}\right) = -\left(\log_2\left(\lambda_t^{\mathrm{U}}\right)\right)^{-1}$$

$$\gamma_t = \gamma\left(\lambda_t^L\right) = \left(\log_2\left(2 - \lambda_t^L\right)\right)^{-1} \tag{4.21}$$

4.2.4　时变的二元 Gumbel Copula

根据时变 Joe-Clayton Copula 函数的演化思路, 对于阿基米德族 Copula 函数的时变模型, 也要从 Copula 函数的相关指标中选取一个经济意义明确且与 Copula 函数参数有清晰映射关系的指标, 通过确定该指标的动态演进方程来达到确定 Copula 函数参数的动态演进方程的目的。

由于阿基米德族 Copula 函数的单参数 θ_t 与肯德尔相关系数 p_t^τ 存在一一对应的关系, 只要确定了肯德尔相关系数 p_t^τ 的动态演进方程, 就可以确定参数 θ_t 的时变特性。并且, 由于肯德尔相关系数 p_t^τ 反映了资产组合一致性变动的和谐程度, 具有明确的经济意义, 可以根据金融市场相关理论对其影响因素进行分析, 因而可以作为 Copula 函数建立时变模型的参考。

在 Gumbel Copula 函数中, 单参数 θ_t 与肯德尔相关系数 p_t^τ 具有以下一一对应的关系：

$$p_t^\tau = \frac{1}{1 - \theta_t} \tag{4.22}$$

因此, 只要确定肯德尔相关系数 p_t^τ 的动态演化方程, 也就能够得到参数 θ_t 的时变特性和任意时刻参数 θ_t 的数值。假定动态相关系数的演化过程满足 ARMA$(1, q)$ 过程。肯德尔相关系数 p_t^τ 的动态演化方程如下：

$$p_t^\tau = \Lambda\left(\omega_G + \beta_G \cdot p_{t-1}^\tau + \alpha_G \cdot \frac{1}{q} \cdot \left|u_{t-j} - v_{t-j}\right|\right) \tag{4.23}$$

式中, $\Lambda(x)$ 为 Logistic 转换函数, 上述转换的目的是保证肯德尔相关系数在区间（0, 1）内。

4.2.5　时变的二元 Clayton Copula

与时变 Gumbel Copula 函数的演化思路类似, 通过构建肯德尔相关系数的演化方程, 就可以通过逆推求得 Clayton Copula 的单参数的时变方程。在 Clayton Copula 函数中, 单参数 θ_t 与肯德尔相关系数 p_t^τ 的一一对应关系如下：

$$p_t^\tau = \frac{\theta_t}{\theta_t + 2} \tag{4.24}$$

类似地，假定动态相关系数的演化过程满足 ARMA(1, q)过程。肯德尔相关系数 p_t^τ 的动态演化方程为

$$p_t^\tau = \Lambda\left(\omega_{\mathrm{CL}} + \beta_{\mathrm{CL}} \cdot p_{t-1}^\tau + \alpha_{\mathrm{CL}} \cdot \frac{1}{q} \cdot \left| u_{t-j} - v_{t-j} \right| \right) \tag{4.25}$$

4.2.6　时变的二元 Frank Copula

在 Frank Copula 函数中，单参数 θ_t 与肯德尔相关系数 p_t^τ 的一一对应关系如下：

$$p_t^\tau = 1 - 4\theta_t^{-1}\left(1 - \theta_t^{-1}\int_0^{\theta_t} \frac{t}{\exp(t)-1} \mathrm{d}t \right) \tag{4.26}$$

假定动态相关系数的演化过程满足 ARMA(1, q)过程。肯德尔相关系数 p_t^τ 的动态演化方程为

$$p_t^\tau = \Lambda\left(\omega_{\mathrm{F}} + \beta_{\mathrm{F}} \cdot p_{t-1}^\tau + \alpha_{\mathrm{F}} \cdot \frac{1}{q} \cdot \left| u_{t-j} - v_{t-j} \right| \right) \tag{4.27}$$

综上所述，表 4.2 总结了重要时变 Copula 的函数形式以及参数动态方程。

表 4.2　重要时变 Copula 的函数形式以及参数动态方程

Copula 函数	函数形式	参数动态方程
正态 Copula	$C_N\left(u,v;\rho\right) = \int_{-\infty}^{\Phi^{-1}(u)} \int_{-\infty}^{\Phi^{-1}(v)} \frac{1}{2\pi\left(1-\rho^2\right)^{1/2}}$ $\cdot \exp\left\{ -\frac{s^2 - 2\rho st + t^2}{2\left(1-\rho^2\right)} \right\} \mathrm{d}s\mathrm{d}t$	$\rho_t = \tilde{\Lambda}\left(\omega_N + \beta_N \cdot \rho_{t-1} \right.$ $\left. +\alpha_N \cdot \frac{1}{10}\sum_{j=1}^{10} \Phi^{-1}\left(u_{t-j}\right) \cdot \Phi^{-1}\left(v_{t-j}\right) \right)$
t-Copula	$C_T\left(u,v;\rho,n\right) = \int_{-\infty}^{t_n^{-1}(u)} \int_{-\infty}^{t_n^{-1}(v)} \frac{1}{2\pi\left(1-\rho^2\right)^{1/2}}$ $\cdot \left(1+\frac{1}{n\left(1-\rho^2\right)}\left(s^2 - 2\rho st + t^2\right) \right)^{-(n+1)/2} \mathrm{d}s\mathrm{d}t$	$\rho_t = \tilde{\Lambda}\left(\omega_T + \beta_T \cdot \rho_{t-1} \right.$ $\left. +\alpha_T \cdot \frac{1}{10}\sum_{j=1}^{10} t_n^{-1}\left(u_{t-j}\right) \cdot t_n^{-1}\left(v_{t-j}\right) \right)$

续表

Copula 函数	函数形式	参数动态方程
Joe-Clayton Copula	$C\left(u,v;\kappa,\gamma\right)=1$ $-\left(\left(\left(1-\left(1-u\right)^{\kappa}\right)^{-\gamma}+\left(1-\left(1-v\right)^{\kappa}\right)^{-\gamma}-1\right)^{\frac{1}{\gamma}}\right)^{\frac{1}{\kappa}}$	$\kappa_t=-\left(\log_2\left(\Lambda\left(\begin{array}{l}\omega_{\mathrm{U}}+\beta_{\mathrm{U}}\cdot\lambda_{t-1}^{\mathrm{U}}+\alpha_{\mathrm{U}}\\ \cdot\dfrac{1}{10}\sum\limits_{j=1}^{10}\left|u_{t-j}-v_{t-j}\right|\end{array}\right)\right)\right)^{-1}$ $\gamma_t=\left(\log_2\left(2-\Lambda\left(\begin{array}{l}\omega_{\mathrm{L}}+\beta_{\mathrm{L}}\cdot\lambda_{t-1}^{\mathrm{L}}+\alpha_{\mathrm{L}}\\ \cdot\dfrac{1}{10}\sum\limits_{j=1}^{10}\left|u_{t-j}-v_{t-j}\right|\end{array}\right)\right)\right)^{-1}$
Gumbel Copula	$C_{\mathrm{G}}\left(u,v;\theta\right)=\exp\left(-\left(\left(-\ln u\right)^{\theta}+\left(-\ln v\right)^{\theta}\right)^{\frac{1}{\theta}}\right)$	$p_t^{\tau}=\dfrac{1}{1-\theta_t},$ $p_t^{\tau}=\Lambda\left(\omega_{\mathrm{G}}+\beta_{\mathrm{G}}\cdot p_{t-1}^{\tau}+\alpha_{\mathrm{G}}\cdot\dfrac{1}{q}\cdot\left|u_{t-j}-v_{t-j}\right|\right)$
Clayton Copula	$C_{\mathrm{CL}}\left(u,v;\theta\right)=\max\left\{\left(u^{-\theta}+v^{-\theta}-1\right)^{-\frac{1}{\theta}},0\right\}$	$p_t^{\tau}=\dfrac{\theta_t}{\theta_t+2},$ $p_t^{\tau}=\Lambda\left(\omega_{\mathrm{CL}}+\beta_{\mathrm{CL}}\cdot p_{t-1}^{\tau}+\alpha_{\mathrm{CL}}\cdot\dfrac{1}{q}\cdot\left|u_{t-j}-v_{t-j}\right|\right)$
Frank Copula	$C_{\mathrm{F}}\left(u,v;\theta\right)=$ $-\dfrac{1}{\theta}\ln\left(1+\left(\left(\mathrm{e}^{-\theta u}-1\right)\left(\mathrm{e}^{-\theta v}-1\right)/\left(\mathrm{e}^{-\theta}-1\right)\right)\right)$	$p_t^{\tau}=1-4\theta_t^{-1}\left(1-\theta_t^{-1}\int_0^{\theta_t}\dfrac{t}{\exp\left(t\right)-1}\mathrm{d}t\right),$ $p_t^{\tau}=\Lambda\left(\omega_{\mathrm{F}}+\beta_{\mathrm{F}}\cdot p_{t-1}^{\tau}+\alpha_{\mathrm{F}}\cdot\dfrac{1}{q}\cdot\left|u_{t-j}-v_{t-j}\right|\right)$

4.3　Copula 函数的极大似然估计方法

由于 Copula 函数本身就是一个分布函数，因此极大似然估计是最常用的 Copula 模型的参数估计方法。

4.3.1　一般 Copula 函数的两阶段极大似然估计方法

以二元 Copula 函数为例，假设从集合 (X,Y) 中采样的数据为 $(x_1,y_1),\cdots,$ (x_n,y_n)，边际分布函数 $F(x)$、$G(y)$ 的密度函数分别为 $f(x)$ 和 $g(y)$，$H(x,y)=C\left(F(x),G(y)\right)$，联合密度函数可计算如下：

$$h(x,y) = f(x)g(y)C_{12}(F(x),G(y)) \quad\quad (4.28)$$

式中，$C_{12}(u,v) = \dfrac{\partial}{\partial u}\dfrac{\partial}{\partial v}C(u,v)$。

二元 Copula 的似然函数为

$$L_{XY}(\theta) = L_X(\varphi) + L_Y(\gamma) + L_C(\varphi,\gamma,\kappa) \quad\quad (4.29)$$

式中，φ、γ、κ 表示相应的边缘分布密度函数以及 Copula 函数的参数向量；$\theta = \left[\varphi^{\mathrm{T}},\gamma^{\mathrm{T}},\kappa^{\mathrm{T}}\right]$ 为参数向量矩阵。

尽管同时估计所有的参数可以得到最优估计，但同时估计的参数过多不利于寻优，且很多学者的实证研究都表明采用一步极大似然估计法和两阶段极大似然估计法对 Copula 模型进行估计得到的参数估计值差异并不显著，所以一般采用两阶段极大似然估计法来估计 Copula 模型的参数。

首先：

$$\begin{aligned}
\hat{\varphi} &= \arg\max_{\varphi} \sum_{i=1}^{n} \ln f(x_i;\varphi) \\
\hat{\gamma} &= \arg\max_{\gamma} \sum_{i=1}^{n} \ln g(y_i;\gamma)
\end{aligned} \quad\quad (4.30)$$

其次：

$$\hat{\kappa} = \arg\max_{\kappa} \sum_{i=1}^{n} \ln C_{12}\left(f(x_i;\hat{\varphi}),g(y_i;\hat{\gamma});\kappa\right) \quad\quad (4.31)$$

即首先估计边缘分布的参数 φ 和 γ，然后将其估计值 $\hat{\varphi}$ 和 $\hat{\gamma}$ 作为已知参数代入 Copula 函数中，进而估计出 Copula 函数中的参数 κ 的值。

4.3.2　时变 Copula 的局部极大似然估计方法

由式（4.2），可以得到如下的二元条件 Copula 联合密度函数为

$$\begin{aligned}
h_t(x,y\,|\,I_t;\theta_h) &\equiv \frac{\partial^2\left(C_t\left(F_t(x\,|\,I_t;\theta_f),G_t(y\,|\,I_t;\theta_g)\,|\,I_t\right)\right)}{\partial F_t(x\,|\,I_t;\theta_f)\partial G_t(y\,|\,I_t;\theta_g)} \cdot \frac{\partial F_t(x\,|\,I_t;\theta_f)}{\partial x} \cdot \frac{\partial G_t(y\,|\,I_t;\theta_g)}{\partial y} \\
&\equiv c_t(u,v\,|\,I_t;\theta_c)f_t(x\,|\,I_t;\theta_f)g_t(y\,|\,I_t;\theta_g)
\end{aligned}$$

$$(4.32)$$

式中，$u \equiv F_t(x\,|\,I_t;\theta_f)$；$v \equiv G_t(y\,|\,I_t;\theta_g)$；$\theta_h$、$\theta_f$、$\theta_g$、$\theta_c$ 分别为联合密度函

数、X 的边缘密度函数、Y 的边缘密度函数以及 Copula 函数的参数向量，且 θ_h $\equiv [\theta_f^{\mathrm{T}}, \theta_g^{\mathrm{T}}, \theta_c^{\mathrm{T}}]$，其中，参数 θ_c 为随时间变化的动态参数，满足上述动态方程，因此对数似然函数可以写为

$$L_{xy}(\theta_h) \equiv L_x(\theta_f) + L_y(\theta_g) + L_c(\theta_f, \theta_g, \theta_c) \tag{4.33}$$

式中

$$L_{xy}(\theta_h) \equiv \ln h_t(x, y \mid I_t; \theta_h)$$

$$L_x(\theta_f) \equiv \ln f_t(x \mid I_t; \theta_f)$$

$$L_y(\theta_g) \equiv \ln g_t(y \mid I_t; \theta_g)$$

$$L_c(\theta_f, \theta_g, \theta_c) \equiv \ln c_t(u, v \mid I_t; \theta_c)$$

与一般 Copula 函数的极大似然估计方法类似，同样将边缘分布函数的参数 θ_f 与 θ_g 和 Copula 函数的参数 θ_c 分开估计，估计的过程可以分成如下的两步进行。

（1）基于极大似然方法估计出边缘分布函数 F_t 和 G_t 的参数 θ_f 与 θ_g，得到

$$\widehat{\theta_f} = \arg\max L(\theta_f) \equiv \arg\max \sum_{t=1}^{T} \ln f_t(x_t; \theta_f) \tag{4.34}$$

$$\widehat{\theta_g} = \arg\max L(\theta_g) \equiv \arg\max \sum_{t=1}^{T} \ln g_t(y_t; \theta_g) \tag{4.35}$$

（2）在第（1）步的基础上，得到 $u \equiv F_t(x \mid I_t; \theta_f)$ 和 $v \equiv G_t(y \mid I_t; \theta_g)$ 的估计，由此估计 Copula 函数中的参数 θ_c，进而得到

$$\widehat{\theta_c} = \arg\max L(\theta_c) \equiv \arg\max \sum_{t=1}^{T} \ln c_t\left(F_t(x_t; \widehat{\theta_f}), G_t(y_t; \widehat{\theta_g}); \theta_c\right) \tag{4.36}$$

4.4　藤 Copula

二维分布的相依结构能从诸多的正态 Copula、t-Copula 和阿基米德 Copula 中选取适当的 Copula 函数来拟合，但是当维数 $n \geqslant 3$ 时，分布的相依结构就没有这么多的 Copula 函数可供选择了。多维的情况在理论上是可行的，但是实际应用中总受到边缘分布的限制而不能很好地估计相依结构。因此，Bedford 和 Cooke（2002）在 Joe（1996）的研究的基础上首次引入"藤"这个概念，并提

出了一种称为 Pair Copula 简单构造模块的多元联合分布的概率模型，为将 Copula 理论推广到高维情况提供了理论基础。

4.4.1　Pair Copula 分解

Pair Copula 是研究高维相依结构的一种有效方法，它把 n 维 Copula 拆分为若干个两两相依随机变量相依结构的乘积。

以下记 $f(x_1, x_2, \cdots, x_n)$ 或 f 为随机向量 $(X_1, X_2, \cdots, X_n)^{\mathrm{T}}$ 的密度函数，设 $x^{\mathrm{T}} = (u^{\mathrm{T}}, v^{\mathrm{T}})$，$f_{V|U}(v|u)$ 为给定 $U = u$ 下 V 的条件密度。为了方便，常用 X_j 在随机向量中的位置来标记该相依结构，如 $f_{(X_2, X_3)|X_1}(x_2, x_3|x_1)$ 记为 $f_{23|1}$，设 $C(u) = C(u_1, u_2, \cdots, u_n)$ 为 $(X_1, X_2, \cdots, X_n)^{\mathrm{T}}$ 对应的 n 维 Copula，则：

$$c(u_1, u_2, \cdots, u_n) = \frac{\partial^n C}{\partial u_1 \cdots \partial u_n}$$

称为 Copula $C(u)$ 的密度函数，$C(F_{i|k}(x_i|x_k), F_{j|k}(x_j|x_k))$（简记为 $C_{ij|k}$）是给定 $X_k = x_k$ 下 X_i 和 X_j 的条件 Copula，其中 $F_{i|k}(x_i|x_k)$ 为给定 $X_k = x_k$ 下 X_i 的条件分布，即 $C_{ij|k}$ 为条件随机变量 $X_i|X_k$、$X_j|X_k$ 的 Copula，$c_{ij|k}$ 为对应的条件 Copula 密度函数。

根据 Sklar（1959）给出的定理可知，每个多元分布函数 F 都可以通过 Copula 函数和边缘分布 $F_1, F_2, \cdots, F_n$ 表示，那么 $(X_1, X_2, \cdots, X_n)^{\mathrm{T}}$ 的联合分布函数 F 为

$$F(x_1, x_2, \cdots, x_n) = C(F_1(x_1), F_2(x_2), \cdots, F_n(x_n)) \tag{4.37}$$

式中，C 为 F 对应的 Copula 函数。设 F 的密度函数 f 存在，则

$$f(x_1, x_2, \cdots, x_n) = c(F_1(x_1), F_2(x_2), \cdots, F_n(x_n)) f_1(x_1) f_2(x_2) \cdots f_n(x_n) \tag{4.38}$$

利用条件 Copula，可以进一步把式（4.38）中的 n 维 Copula 拆分为若干个二元 Copula 的乘积。当 $n = 2$ 时易见：

$$f(x_1, x_2) = c(F_1(x_1), F_2(x_2)) f_1(x_1) f_2(x_2) = c_{12} f_1 f_2 \tag{4.39}$$

由于 $f(x_1, x_2) = f_{2|1}(x_2|x_1) f_1(x_1)$，所以：

$$f_{2|1}(x_2|x_1) = c_{12} f_2 \tag{4.40}$$

当 $n = 3$ 时，f 的一种分解为

$$f(x_1, x_2, x_3) = f_1(x_1) f_{23|1}(x_2, x_3|x_1) \tag{4.41}$$

把其中的无条件分布转换为条件分布，有

$$f_{23|1}(x_2,x_3|x_1)=c_{23|1}(F_{2|1},F_{3|1})f_{2|1}(x_2|x_1)f_{3|1}(x_3|x_1)=c_{23|1}f_{2|1}f_{3|1} \qquad (4.42)$$

把式（4.40）代入式（4.42），再把式（4.42）代入式（4.41），得

$$f=f_1f_2f_3c_{12}c_{13}c_{23|1} \qquad (4.43)$$

从而有

$$c\big(F_1(x_1),F_2(x_2),F_3(x_3)\big)=c_{12}c_{13}c_{23|1} \qquad (4.44)$$

在式（4.44）中，三元 Copula 密度函数被拆分为三个二元 Copula 密度函数的乘积，c_{12}、c_{13} 和 $c_{23|1}$ 称为 Pair Copula Function（成对连接函数），简称 Pair Copula。

把这个思想推广到一般的 n 维 Copula，密度函数 f 有如下的分解：

$$f(x_1,x_2,\cdots,x_n)=f_1(x_1)f(x_2\,|\,x_1)\cdots f(x_n\,|\,x_1,\cdots,x_{n-1}) \qquad (4.45)$$

则 n 维 Copula 也可以被拆分为若干个二元 Copula 的乘积，其中二元 Copula 中的变量大部分为条件分布函数。

需要注意的是，n 维密度函数的拆分不是唯一的，所以 n 维 Copula 密度函数的拆分也不是唯一的。为了方便地分辨这些不同的 Pair Copula，Bedford 和 Cooke（2002）首次引入了藤这个概念。

4.4.2　藤

1. 藤的定义

对于高维分布，存在许多种可能的 Pair Copula 结构组合。例如，一个 5 维的密度函数就有 240 种组合方式。为了方便组织这一对对的 Pair Copula 组合，使其更符合逻辑结构，Bedford 和 Cooke（2002）用树结构图来表示这些连接，图中的节点表示变量，节点之间的连线表示这对变量的 Copula（Pair Copula），一种拆分方式可以用若干棵树来表达，这些树称为规则藤（regular vine）。这种方法简单易行且能够包括大部分 Pair Copula 分解结构。在规则藤中，比较常用的是 C 藤、D 藤以及 R 藤。下面先给出关于藤的定义。

定义 4.1（藤） 如果满足如下条件，ν 被称为建立在 m 维变量上的藤：

（1）$\nu=(T_1,T_2,\cdots,T_m)$，ν 由 m 棵树 $T_1,T_2,\cdots,T_m$ 构成。

（2）T_1 是藤上的一棵树，T_1 上的节点 $N_1=\{1,2,\cdots,n\}$，两两节点的连线称为边，T_1 所有边的集合记为 E_1。

（3）$T_i(i=1,2,\cdots,m)$ 表示藤上的第 i 棵树，T_i 上的边集合记为 E_i，且 T_i 上

的节点 N_i 满足条件：$N_i \subset N_1 \cup E_1 \cup E_2 \cup \cdots \cup E_{i-1}$。

从定义 4.1 可以看出，每一个藤都是由许多棵树组成的，每棵树上又包括了许多节点，而连接两个节点的线就称为边。这些树、节点以及边合起来就构成了集合，而这些集合通过不同的组合方式就构成了藤。在众多藤结构中，规则藤的性质最好、应用最广。

2. 规则藤

定义 4.2（规则藤）　如果某个建立在 n 维变量上的藤的第 j 棵树上的两条边由第 $j+1$ 棵树上的一条边连接，且这些边分享同一个节点 $i(i=1,2,\cdots,n-2)$，则称这个藤为规则藤。

规则藤有许多不同的结构。如果每个节点连接其他节点的个数不多于两个，那么这种规则藤称为 D 藤。如果规则藤中第 i 棵树只有唯一的节点 i 连接着其他 $n-i$ 个节点，且第一棵树称为根节点，那么这种规则藤称为 C 藤。

R 藤与 C 藤、D 藤相比，有更加多样和灵活的相依结构。一个有 n 个变量的 R 藤由 $n-1$ 棵树构成，需要满足下面几个条件。

（1）树 T_1 的节点集 $N_1 = \{1,2,\cdots,n\}$，边集为 E_1。

（2）第 i 棵树的节点集记为 $N_i = E_{i-1}(i=2,3,\cdots,n-1)$，即第 i 棵树的节点集是第 $i-1$ 棵树的边集。

（3）如果树 T_i 中的两条边在树 T_{i+1} 中用边连接，那么这两条边在树 T_i 中必须有一个共同的节点。

下面利用 5 个变量组成的规则藤的图来具体说明一下 C 藤、D 藤和 R 藤的结构，如图 4.1～图 4.3 所示。

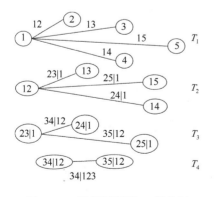

图 4.1　5 维情况下的 C 藤分解

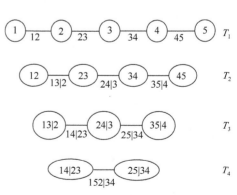

图 4.2　5 维情况下的 D 藤分解

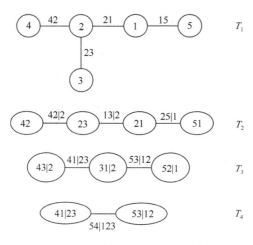

图 4.3　5 维情况下的 R 藤分解

4.4.3　藤 Copula 模型及其估计

1.　C 藤 Copula 模型及其估计

1）模型介绍

已知 n 维 Copula 密度函数可以分解成一系列 Pair Copula 密度函数的乘积，从而更方便地描述复杂的多元相依结构。对于高维 Copula 密度函数，Pair Copula 分解存在许多逻辑结构。根据 C 藤的逻辑结构，可以把 n 维 Copula 密度函数 $c\big(F_1(x_1),F_2(x_2),\cdots,F_n(x_n)\big)$ 分解成如下形式：

$$c\big(F_1(x_1),F_2(x_2),\cdots,F_n(x_n)\big)$$
$$=\prod_{j=1}^{n-1}\prod_{i=1}^{n-j}c_{j,j+i|1,2,\cdots,j-1}(F(x_j\,|\,x_1,\cdots,x_{j-1}),F(x_{j+i}\,|\,x_1,\cdots,x_{j-1})) \tag{4.46}$$

在上述表达式中，每个 Pair Copula 密度函数包含一对条件分布函数 $F(x|v)$，它可以通过下述公式得到

$$F(x|v)=\frac{\partial C_{xv_j|v_{-j}}(F(x\,|\,v_{-j}),F(v_j\,|\,v_{-j}))}{\partial F(v_j\,|\,v_{-j})} \tag{4.47}$$

式中，v_j 代表向量 v 中的第 j 个元素；v_{-j} 代表从向量 v 中去除第 j 个元素 v_j。

2）C 藤 Copula 模型估计

首先，考虑一个多维时间序列：

$$X_t=(X_{1t},X_{2t},\cdots,X_{dt})^{\mathrm{T}},\quad t=1,2,\cdots,n$$

利用 GARCH 模型来估计每个变量的边缘分布，通过样本数据估计出参数后，将得到的标准化残差序列经过变换得到多维时间序列：

$$U_t = (U_{1t}, U_{2t}, \cdots, U_{dt})^{\mathrm{T}}$$

则其边缘分布均为(0, 1)上的均匀分布。

其次，利用 Pair Copula 分解模型来描述多维时间序列的相依结构。在实证分析中，需要结合样本数据的特点选取最合适的 Pair Copula 函数。然后利用极大似然估计方法估计 C 藤下 Pair Copula 分解模型的参数，该模型的对数似然函数为

$$\hat{\theta} = \sum_{j=1}^{n-1}\sum_{i=1}^{n-j}\sum_{t=1}^{T}\ln\left(c_{j,j+i|1,2,\cdots,j-1}\left(F\left(x_{j,t}\mid x_{1,t},\cdots,x_{j-1,t}\right), F\left(x_{j+i,t}\mid x_{1,t},\cdots,x_{j-1,t}\right)\right),\theta\right)$$

(4.48)

式中，θ 为 Pair Copula 密度函数的参数集，与 n 维 Copula 的估计不同，对 Pair Copula 密度函数进行对数极大似然估计前，必须先估计出每棵树上的参数初值。估计初值的大致过程描述如下。

（1）通过数据，利用边缘分布估计出 T_1 上的 Pair Copula 的参数。

（2）利用 Pair Copula 分解方法以及 T_1 上的参数，求出 T_2 上的条件分布函数，然后估计 T_2 上的 Pair Copula 参数。

（3）重复以上步骤，估计出所有 Pair Copula 的参数。

得到所有 Pair Copula 函数参数初值后，通过令对数极大似然函数值最大化求得参数估计的终值。

2. D 藤 Copula 模型及其估计

1）模型介绍

根据 D 藤的逻辑结构，可以把 n 维 Copula 密度函数 $c(F_1(x_1), F_2(x_2), \cdots, F_n(x_n))$ 分解成以下形式：

$$c(F_1(x_1), F_2(x_2), \cdots, F_n(x_n)) =$$

$$\prod_{j=1}^{n-1}\prod_{i=1}^{n-j}c_{i,i+j|i+1,\cdots,i+j-1}(F(x_i\mid x_{i+1},\cdots,x_{i+j-1}), F(x_{i+j}\mid x_{i+1},\cdots,x_{i+j-1})) \quad (4.49)$$

在式（4.49）中，每个 Pair Copula 密度函数包含一对条件分布函数 $F(x|v)$，它同样可以通过式（4.47）得到。

2）D 藤 Copula 模型估计

D 藤 Copula 模型估计方法与 C 藤类似，通过利用极大似然估计方法估计 D

藤下 Pair Copula 分解模型的参数，该模型的对数似然函数为

$$\hat{\theta} = \sum_{j=1}^{n-1}\sum_{i=1}^{n-j}\sum_{t=1}^{T}\ln(c_{i,i+j|1,2,\cdots,i+j-1}(F(x_{i,t}|\,x_{i+1,t},\cdots,x_{i+j-1,t}),F(x_{i+j,t}|\,x_{i+1,t},\cdots,x_{i+j-1,t})),\theta)$$

（4.50）

式中，θ 为 Pair Copula 密度函数的参数集，D 藤 Copula 模型估计初值的大致过程与 C 藤 Copula 模型类似。

3. R 藤 Copula 模型及其估计

1）模型介绍

下面建立一个 n 元 R 藤的统计模型，其中共有 $n-1$ 棵树，记节点集为 $N = \{N_1, N_2, \cdots, N_{n-1}\}$，边集为 $E = \{E_1, E_2, \cdots, E_{n-1}\}$，$E_i$ 中的边为 $e = \{j(e), k(e)|\,D(e)\}$，其中 $j(e)$、$k(e)$ 是与边 e 相连接的两个节点，$D(e)$ 是条件集，那么可以将边 e 对应的 Copula 密度函数表示成 $c_{j(e),k(e)|\,D(e)}$。设 n 个随机变量 $X_1, X_2, \cdots, X_n$ 构成的随机向量为 $X = (X_1, X_2, \cdots, X_n)$，用 $X_{D(e)}$ 表示由条件集 $D(e)$ 决定的子向量，设第 i 个随机变量的边缘密度函数为 f_i，那么 X 的联合密度函数可以表示为

$$f(x_1, x_2, \cdots, x_n) = \prod_{k=1}^{n}f_k(x_k)\prod_{i=1}^{n-1}\prod_{e\in E_i}c_{j(e),k(e)|\,D(e)}(F(x_{j(e)}|\,x_{D(e)}), F(x_{k(e)}|\,x_{D(e)}))$$

（4.51）

由 Joe（1996）给出的迭代公式可以获得条件分布 $F(x_{j(e)}|\,x_{D(e)})$ 和 $F(x_{k(e)}|\,x_{D(e)})$。

2）R 藤 Copula 结构的简单矩阵表示

本节采用 Morales-Nápoles（2008）和 Dißmann（2010）的方法，对 R 藤结构进行简单的矩阵表示。

具体构造步骤是将第一棵树的节点降序排列在主对角线上，主对角线上第一个节点和矩阵最后一行的节点构成第一棵树的边。主对角线上第一个节点和矩阵倒数第二行的节点以矩阵最后一行节点为条件构成第二棵树的边。主对角线上第一个节点和矩阵倒数第三行的节点以矩阵最后两行为条件构成第三棵树的边。以此类推，即可得到表示矩阵。

以 5 元 R 藤为例，它的矩阵 M 表示如下：

$$M = \begin{bmatrix} 5 & - & - & - & - \\ 4 & 4 & - & - & - \\ 3 & 1 & 3 & - & - \\ 2 & 3 & 1 & 2 & - \\ 1 & 2 & 2 & 1 & 1 \end{bmatrix}$$

在上述定义下推广至 n 元，可以用 R 藤矩阵来表示 R 藤，式（4.51）可以化简为

$$f_{1,2,\cdots,n}(x)$$
$$= \prod_{j=1}^{n} f_j \prod_{k=n-1}^{1} \prod_{i=n}^{k+1} c_{m_{k,k},m_{i,k}|m_{i+1,k},\cdots,m_{n,k}} \left(F_{m_{k,k}|m_{i+1,k},\cdots,m_{n,k}}, F_{m_{i,k}|m_{i+1,k},\cdots,m_{n,k}} \Big| t_{i,k}, p_{i,k}, s_{i,k} \right)$$

（4.52）

式中，$m_{i,j}$ 为矩阵 M 中 i 行 j 列对应的节点。

其中三个主对角线为空的下三角矩阵为 $T = (t_{i,j}), i, j = 1, 2, \cdots, n$ ；$P = (p_{i,j})$，$i, j = 1, 2, \cdots, n$ ；$S = (s_{i,j}), i, j = 1, 2, \cdots, n$ 。

对于所有的 $j = 1, 2, \cdots, n-1$ ；$i = j+1, \cdots, n$ ，以 $t_{i,j}$ 、$p_{i,j}$ 、$s_{i,j}$ 来表示变量 $m_{j,j}$ 与 $m_{i,j}$ 在给定 $\{m_{i+1,j}, \cdots, m_{n,j}\}$ 条件下的 Copula 函数类型、参数值（如果有两个参数，那么就是两个矩阵）以及肯德尔相关系数值。

3）R 藤 Copula 参数估计

模型的估计大体上分为三步，首先选择 R 藤的结构，然后选择 Copula 函数的类型，最后估计参数的取值，最大化对数似然函数如下：

$$L(\theta) = \sum_{k=n-1}^{1} \sum_{i=n}^{k+1} \sum_{t=1}^{T} \ln c_{m_{k,k},m_{i,k}|m_{i+1,k},\cdots,m_{n,k}} \left(F_{m_{k,k}|m_{i+1,k},\cdots,m_{n,k}} (x_{m_{k,k},t} \mid x_{m_{i+1,k},\cdots,m_{n,k},t}), \right.$$
$$\left. F_{m_{i,k}|m_{i+1,k},\cdots,m_{n,k}} (x_{m_{i,k},t} \mid x_{m_{i+1,k},\cdots,m_{n,k},t}) \right)$$

（4.53）

首先与 C 藤 Copula 模型估计类似，采用 GARCH 模型拟合边缘分布，然后将得到的标准化残差序列用经验分布函数变换成（0，1）均匀分布；接着采用顺序极大似然估计方法估计出模型的参数，具体算法步骤如下。

（1）计算收益率序列两两之间的肯德尔相关系数，采用最大生成树（绝对值）的方法确定第一棵树的结构。

（2）为第一棵树的边确定 Copula 函数的类型［采用赤池信息量准则（Akaike information criterion，AIC），并且先对数据进行独立性检验，如果数据独立，则采用独立 Copula 函数拟合数据］。

（3）通过第一棵树的 Copula 函数的结果确定条件观测值，从而又可以采用最大生成树算法来确定第二棵树的结构。

（4）不断迭代下去，直到所有结构及参数确定。

（5）以前面得到的参数为初值对模型运用对数似然函数进行全局极大似然估计得到模型的最终参数值。

4.5　基于 Copula 方法的条件 VaR 模型

4.5.1　条件 VaR 的定义

条件 VaR 的含义是处于风险中的价值，是指在市场的正常波动下，在给定的置信水平下，某一金融资产或者证券投资组合在未来的特定一段时间内的最大可能损失。

假定 Y_t 是某金融资产价格或者金融指数的变化过程，X_t 是状态过程或者信息向量，在实际应用中，X_t 指的是包括股票指数、债券收益率以及其他能够影响价格过程的因素，在此处特指已经发生的历史金融资产价格或者金融指数。本节将研究在 X_t 条件下，金融资产价格或者金融指数的 VaR——条件 VaR 的计算。

在时期 $[t, t+h]$ 中，资产的对数收益率为 $r_i^h = \ln Y_{t+h} - \ln Y_t$。按照 VaR 的定义，在该时期内置信水平为 $p(0 < p < 1)$ 的 VaR 为

$$\text{VaR}(p) = \inf\{V : P(r_t^h \leqslant V) \geqslant 1 - p\} \tag{4.54}$$

假定 r_t^h 在给定 X_t 条件下的分布函数是 $F(\cdot | X_t)$，那么条件 VaR 定义为

$$\text{CVaR}(p) = F^{-1}(1 - p | X_t) \tag{4.55}$$

式中，$F^{-1}(\cdot | X_t)$ 为 $F(\cdot | X_t)$ 的反函数或者称为条件分位点函数；CVaR 表示条件 VaR 的值。由定义可见，VaR 和 CVaR 实际上分别为分位点和条件分位点的值。

4.5.2　基于 Copula 方法的条件 VaR 估计

本节将利用 Copula 方法得到收益率与日内波幅之间的联合分布以及在日内波幅条件下的条件分布的估计，以便确定条件 VaR。

由阿基米德 Copula 的定义可以得到

$$F(x,y) = C(G(x),H(y)) = \varphi_\gamma^{-1}(\varphi_\gamma(G(x)) + \varphi_\gamma(H(y))) \qquad （4.56）$$

式中，$G(x)$、$H(y)$ 分别为随机变量 X 和 Y 的边缘分布函数；$\varphi_\gamma(\cdot)$ 为阿基米德 Copula 的生成器。

假定边缘密度存在，由 Copula 的定义，（X, Y）的联合概率密度为

$$f(x,y) = g_X(x)h_Y C_{12}(G(x),H(y)) \qquad （4.57）$$

式中

$$C_{12}(u,v) = \frac{\partial^2(u,v)}{\partial u \partial u} \qquad （4.58）$$

由此可以得到 $Y|X=x$ 的条件分布函数，定义：

$$C_1(u,v) = \frac{\partial}{\partial u} C(u,v) \qquad （4.59）$$

经过简单的推导，可以得到条件分布函数为

$$F_{Y|X}(x,y) = C_1\big(G(x),H(y)\big) \qquad （4.60）$$

对于阿基米德 Copula 结构，假定生成函数为 $\varphi_\gamma(t)$，$\varphi_\gamma'(t)$ 是生成函数的导数，则

$$F_{Y|X}(x,y) = C_1(G(x),H(y)) = \frac{\varphi_\gamma'(G(x))}{\varphi_\gamma'\big(\varphi_\gamma^{-1}\big(\varphi_\gamma(G(x)) + \varphi_\gamma(H(y))\big)\big)} \qquad （4.61）$$

得到条件分布函数以后，求出它的反函数就能分析在一定条件下的 CVaR 值。

4.6　c-D-Copula 模型

c-D-Copula 模型假定回归函数中的截距项在不同的时间段内是不同的常数，放松了原来 DCC 模型截距项为常数的假定，该模型本质上是分段自回归分析，可以很好地对股市收益率之间的动态相依结构进行描述。除应用于金融风险传染领域外，c-D-Copula 模型还可以应用于金融市场其他领域，如市场风险和信用风险度量、金融市场联动性、金融衍生商品的定价和风险管理等，特别是可以很好地度量参数出现变点的情况。

本节借鉴 Aielli（2013）提出的 cDCC 模型的思想，改进 Patton（2006b）的动态 Copula 模型。即假定动态 Copula 参数在动态演进的同时存在结构突变，在变系数的基础上对截距项进行变结构建模。通过截距项的变结构设定，刻画 Copula 参数的时变基础上的变结构特征，提出 c-D-Copula 模型。

动态 Copula 模型假设 Copula 函数的参数在样本期内服从某种动态变化过程。本节参考了 Patton（2006b）的做法，基于一个类似 ARMA（1，10）的过程来表达 Copula 参数的动态演化过程。已知旋转 Gumbel Copula，假设其时变参数 ∂_t 以及潜参数 δ_t 服从以下的动态演化过程：

$$\begin{cases} \delta_t = \omega + \beta \delta_{t-1} + \alpha \sum_{j=1}^{10} \dfrac{1}{10} \left| u_{t-j} - v_{t-j} \right| \\ \partial_t = 1 + \delta_t^2 \end{cases} \tag{4.62}$$

需要说明的是，由于旋转 Gumbel Copula 中的参数 ∂_t 必须在 $[1, +\infty)$ 中才有意义，所以式（4.62）中的 $\partial_t = 1 + \delta_t^2$ 是为了保证参数在该范围内。

接着在式（4.62）的基础上，进一步对截距项 ω 进行变结构建模，放松截距项不变的假定，假定动态 Copula 参数在动态演进的同时存在结构突变。首先假定式（4.62）中三个参数 $\{\omega、\beta、\alpha\}$ 都存在一个结构性变化，即在未知时刻 t_0 处发生了变结构，从而可以得到全模型，如式（4.63）所示：

$$\begin{cases} \delta_t = \omega_1 + \beta_1 \delta_{t-1} + \alpha_1 \sum_{j=1}^{10} \dfrac{1}{10} \left| u_{t-j} - v_{t-j} \right|, & t = 1, 2, \cdots, t_0 \\ \delta_t = \omega_2 + \beta_2 \delta_{t-1} + \alpha_2 \sum_{j=1}^{10} \dfrac{1}{10} \left| u_{t-j} - v_{t-j} \right|, & t = t_0 + 1, t_0 + 2, \cdots, n \\ \partial_t = 1 + \delta_t^2 \end{cases} \tag{4.63}$$

在实际中，可能仅截距项 ω 会发生结构性变化，α 和 β 在变点前后保持不变。因此可以借鉴 Aielli（2013）的 cDCC 模型的思想，构建 c-D-Copula 模型，该模型可以在全模型的基础上加入一定的约束实现，如式（4.64）所示：

$$\begin{cases} \delta_t = \omega_1 + \beta \delta_{t-1} + \alpha \sum_{j=1}^{10} \dfrac{1}{10} \left| u_{t-j} - v_{t-j} \right|, & t = 1, 2, \cdots, t_0 \\ \delta_t = \omega_2 + \beta \delta_{t-1} + \alpha \sum_{j=1}^{10} \dfrac{1}{10} \left| u_{t-j} - v_{t-j} \right|, & t = t_0 + 1, t_0 + 2, \cdots, n \\ \partial_t = 1 + \delta_t^2 \end{cases} \tag{4.64}$$

4.7　基于 Copula 的分位点相协回归模型及其估计

Copula 方法在研究变量的相依结构时确实具有很多的优点，但是也有其不足之处，在应用 Copula 方法研究相依问题时，首先要选择 Copula 结构，其次，一般通过计算尾部相依系数、皮尔逊相关系数、肯德尔相关系数来研究极端尾部相依或全局相依结构，在其他位置处的尾部相依研究很少涉及。Li 等（2014）提出的基于 Copula 框架的分位点相协回归模型，能够用于研究两个变量之间的相依关系，该模型能够克服 Copula 方法存在的一些缺陷。本节将介绍两种基于 Copula 框架的分位点相协测度——特定分位点上的优势比（the quantile-specific odds ratio，qor）和特定分位点上的概率比（the quantile-specific probability ratio，qpr）及其估计方法。

4.7.1 基于 Copula 框架的分位点相协回归模型

分位点相协回归模型是 Li 等（2014）所提出的特定分位点下的条件相协模型，该模型能够分析协变量对二元变量在特定分位点上相依关系的影响。

设 (Y_1, Y_2) 是一对实值的连续变量，$Z = \left(1, Z^{(1)}, Z^{(2)}, \cdots, Z^{(p)}\right)^{\mathrm{T}}$ 是 $p+1$ 维协变量向量。$\left\{\left(Y_{1,i}, Y_{2,i}\right)\right\}_{i=1}^{N}$ 是 (Y_1, Y_2) 的 N 个样本，$\{Z_i\}_{i=1}^{N}$ 是向量 Z 的 N 个样本。为了在 Z 给定的条件下评估二元联合分布 (Y_1, Y_2) 在 Z 的条件下的相依关系，假设 Z_1、Z_2、Z_3 是 Z 的三个子向量，它们都以 1 作为第一个元素，可能包含 Z 中相同的元素。假设 Z_1、Z_2 分别影响 Y_1、Y_2 的分位点，Z_3 影响 Y_1 和 Y_2 之间的潜在相依测度。同时设 $\{Z_{1i}\}_{i=1}^{N}$、$\{Z_{2i}\}_{i=1}^{N}$ 和 $\{Z_{3i}\}_{i=1}^{N}$ 分别是向量 Z_1、Z_2、Z_3 的 N 个样本。

Li 等（2014）提出了在特定分位点 $\tau \equiv (\tau_1, \tau_2)^{\mathrm{T}}$ 上两个变量之间的相协测度——特定分位点上的优势比，定义为

$$
\begin{aligned}
&\mathrm{qor}(\tau \mid Z) \\
&= \frac{\mathrm{odds}\{Y_1 \leqslant Q_1(\tau_1 \mid Z) \mid Y_2 \leqslant Q_2(\tau_2 \mid Z) \mid Z\}}{\mathrm{odds}\{Y_1 \leqslant Q_1(\tau_1 \mid Z) \mid Y_2 > Q_2(\tau_2 \mid Z) \mid Z\}} \\
&= \frac{P\{Y_1 \leqslant Q_1(\tau_1 \mid Z), Y_2 \leqslant Q_2(\tau_2 \mid Z) \mid Z\} \times P\{Y_1 > Q_1(\tau_1 \mid Z), Y_2 > Q_2(\tau_2 \mid Z) \mid Z\}}{P\{Y_1 \leqslant Q_1(\tau_1 \mid Z), Y_2 > Q_2(\tau_2 \mid Z) \mid Z\} \times P\{Y_1 > Q_1(\tau_1 \mid Z), Y_2 \leqslant Q_2(\tau_2 \mid Z) \mid Z\}}
\end{aligned}
$$

$$(4.65)$$

式中，$Q_j(u \mid Z) = \inf\{y : P\{Y_j \leqslant y \mid Z\} \geqslant u\}$，$u \in (0,1)$，$j = 1,2$，是在给定 Z 的条件下，Y_j 的 u 分位点函数；qor 是在给定 Z 的条件下，变量 Y_2 小于它的 τ_2 分位点的条件下，变量 Y_1 小于它的 τ_1 分位点的优势，与变量 Y_2 大于它的 τ_2 分位点的条件下，变量 Y_1 小于它的 τ_1 分位点的优势的比值，$\tau_1 = \tau_2 = u$ 是一个特殊情形，

此时 qor 度量了 Y_1、Y_2 同时小于它们各自 u 分位点的趋势。从 qor 的定义可以看出，它是一个在位置变换和刻度变换发生时，都能够保持不变的相依测度。

另外，Li 等（2014）还提出了另外一个相依测度——特定分位点上的概率比，其定义如下：

$$
\begin{aligned}
\mathrm{qpr}(\tau \mid Z) &= \frac{P\{Y_1 \leqslant Q_1(\tau_1 \mid Z) \mid Y_2 \leqslant Q_2(\tau_2 \mid Z) \mid Z\}}{P\{Y_1 \leqslant Q_1(\tau_1 \mid Z) \mid Z\}} \\
&= \frac{P\{Y_1 \leqslant Q_1(\tau_1 \mid Z), Y_2 \leqslant Q_2(\tau_2 \mid Z) \mid Z\}}{P\{Y_1 \leqslant Q_1(\tau_1 \mid Z) \mid Z\} P\{Y_2 \leqslant Q_2(\tau_2 \mid Z) \mid Z\}}
\end{aligned}
\tag{4.66}
$$

式中，$Q_j(u \mid Z) = \inf\{y : P\{Y_j \leqslant y \mid Z\} \geqslant u\}$，$u \in (0,1)$，$j = 1,2$，是在给定 Z 的条件下，Y_j 的 u 分位点函数；qpr 是在给定 Z 的条件下，变量 Y_2 小于它的 τ_2 分位点的条件下，变量 Y_1 小于它的 τ_1 分位点的条件概率，与变量 Y_1 小于它的 τ_1 分位点的概率的比值。类似地，$\tau_1 = \tau_2 = u$ 是一个特殊情形，此时 qpr 度量了 Y_1、Y_2 同时小于它们各自 u 分位点的趋势。从 qpr 的定义可以看出，它也是一个对于位置和刻度变换保持不变的相依测度。

对于边际分位点函数 $Q_j(u \mid Z) = \inf\{y : P\{Y_j \leqslant y \mid Z\} \geqslant u\}$，通过如下模型对其进行建模：

$$
Q_j(u \mid Z) = m_j\left(Z_j^\mathrm{T} \beta_j(u)\right), \quad u \in (0,1)
\tag{4.67}
$$

式中，$\beta_j(u) = \left(\beta_j^{(0)}(u), \beta_j^{(1)}(u), \cdots, \beta_j^{(p_j)}(u)\right)^\mathrm{T}$，为 $p_j + 1$ 维回归系数向量且是 u 的函数，$j = 1,2$；$m_j(\cdot)$ 为指定的单调函数。参照 Li 等（2014）的讨论，假定式（4.67）中的函数 $m_j(\cdot)$，$j = 1,2$ 是恒等函数。

假设 $H(y_1, y_2 \mid Z) = P(Y_1 \leqslant y_1, Y_2 \leqslant y_2 \mid Z)$，其定义为在给定 Z 的条件下，(Y_1, Y_2) 的二元条件分布。$\tau = (\tau_1, \tau_2)$ 属于二维单位向量。定义特定分位点上的 Copula 函数为

$$
\begin{aligned}
C(\tau \mid Z) &= H\{Q_1(\tau_1 \mid Z), Q_2(\tau_2 \mid Z) \mid Z\} \\
&= H\{Z_1^\mathrm{T} \beta_1(\tau_1), Z_2^\mathrm{T} \beta_2(\tau_2) \mid Z\}, \quad \tau \in (0,1)^2
\end{aligned}
\tag{4.68}
$$

式中，$C(\tau \mid Z)$ 为潜在 Copula 函数，联合了 (Y_1, Y_2) 的边际分位点 $Q_1(\tau_1 \mid Z)$、$Q_2(\tau_2 \mid Z)$ 和相应的联合分布函数 $H(y_1, y_2 \mid Z)$。

对于式（4.65）中定义的相协测度 qor，Li 等（2014）提出直接通过广义线性模型对其建模：

$$
\mathrm{qor}(\tau \mid Z) = \exp\left\{Z_3^\mathrm{T} \gamma(\tau)\right\}, \quad \tau \in (0,1)^2
\tag{4.69}
$$

式中，$Z_3 = (1, Z_{31}, \cdots, Z_{3p_3})^{\mathrm{T}}$；$\gamma(\tau) = (\gamma_0(\tau), \gamma_1(\tau), \cdots, \gamma_{p_3}(\tau))^{\mathrm{T}}$，$\gamma(\tau)$ 的第一个元素 $\gamma_0(\tau)$ 等于 $\ln\left(\mathrm{qor}(\tau \mid Z_3) = (1, 0^{\mathrm{T}})^{\mathrm{T}}\right)$，反映了不受协变量影响的情况下，二元变量的条件相依测度，而剩下的 p_3 个元素反映了协变量如何影响二元变量在 τ 分位点上的条件相依测度。$\tau = (0.5, 0.5)^{\mathrm{T}}$ 对应于两个变量在中位数位置的相协关系研究。

此外，在 τ 和 Z 给定的条件下，相协测度 $\mathrm{qor}(\tau \mid Z)$ 和 Copula 函数 $C(\tau \mid Z)$ 之间存在如下的单调递增关系：

$$\mathrm{qor}(\tau \mid Z) = \phi_1(C; \tau) \tag{4.70}$$

式中，$\phi_1(x; \tau) = \dfrac{x(1 - \tau_1 - \tau_2 + x)}{(\tau_1 - x)(\tau_2 - x)}$。

首先，很容易证明，$\phi_1(x; \tau)$ 在 $\left[\max(0, \tau_1 + \tau_2 - 1), \min(\tau_1, \tau_2)\right]$ 上单调递增。其次，容易发现，当 $C(\tau \mid Z) < \tau_1 \tau_2$ 时，$\mathrm{qor}(\tau \mid Z) < 1$；当 $C(\tau \mid Z) > \tau_1 \tau_2$ 时，$\mathrm{qor}(\tau \mid Z) > 1$，反之也成立。因此，$\mathrm{qor}(\tau \mid Z) < 1(>1)$ 意味着在 τ 分位点上两个变量呈局部负（正）相依关系，$\mathrm{qor}(\tau \mid Z) = 1$ 意味着在 τ 分位点上两个变量相互独立。

定义 4.3 ［弗雷歇界(Fréchet 界)］对于任意 n 维分布函数 $F(x_1, x_2, \cdots, x_n)$，设其边际分布函数为 $F_1(x_1), F_2(x_2), \cdots, F_n(x_n)$，有

$$\max\left\{\sum_{i=1}^{n} F_i(x_i) + 1 - n, 0\right\} \leqslant F(x_1, x_2, \cdots, x_n) \leqslant \min\left\{F_1(x_1), \cdots, F_n(x_n)\right\}$$

分别称 $\max\left\{\sum\limits_{i=1}^{n} F_i(x_i) + 1 - n, 0\right\}$ 和 $\min\left\{F_1(x_1), \cdots, F_n(x_n)\right\}$ 为多元分布函数 $F(x_1, x_2, \cdots, x_n)$ 的弗雷歇下界和弗雷歇上界。

根据多元分布函数弗雷歇界的定义，二元 Copula 函数 $C(\tau \mid Z)$ 的弗雷歇上界和弗雷歇下界分别为 $\min\{\tau_1, \tau_2\}$ 和 $\max\{\tau_1 + \tau_2 - 1, 0\}$。容易证明，$\phi_1(x; \tau)$ 在 $\left[\max(0, \tau_1 + \tau_2 - 1), \min(\tau_1, \tau_2)\right]$ 上单调递增。因此，$\phi_1(x; \tau)$ 的逆函数存在且有

$$\phi_1^{-1}(y; \tau) = \begin{cases} \dfrac{\tau_1 + \tau_2}{2} + \dfrac{1 - \sqrt{(y-1)^2(\tau_1 - \tau_2)^2 + 2(y-1)(\tau_1 + \tau_2 - 2\tau_1\tau_2) + 1}}{2(y-1)}, & y \neq 1 \\ \tau_1\tau_2, & y = 1 \end{cases} \tag{4.71}$$

容易证明，$\lim\limits_{y \to 0^+} \phi_1^{-1}(y; \tau) = \max\{\tau_1 + \tau_2 - 1, 0\}$。

对于二元 Copula 函数 $C(\tau_1,\tau_2)$，独立 Copula 函数是指对于任意的 $\tau_1,\tau_2\in(0,1)$，$C(\tau_1,\tau_2)=\tau_1\tau_2$。由式（4.70）可知，$\mathrm{qor}(\tau)=1$ 等价于 $C(\tau_1,\tau_2)=\tau_1\tau_2$，表明在 $\tau=(\tau_1,\tau_2)^{\mathrm{T}}$ 分位点上二元变量相互独立。

类似地，对于 qpr，在 τ 和 Z 给定的条件下，$\mathrm{qpr}(\tau\,|\,Z)$ 和 Copula 函数 $C(\tau\,|\,Z)$ 之间也存在着严格的单调关系：

$$\mathrm{qpr}(\tau\,|\,Z)=\phi_2(C;\tau) \tag{4.72}$$

式中，$\phi_2(x;\tau)=\dfrac{x}{\tau_1\tau_2}$。显然，$\phi_2(x;\tau)$ 在 τ 给定的条件下，在 $[\max(0,\tau_1+\tau_2-1),\min(\tau_1,\tau_2)]$ 上是严格单调递增的。容易看出，当 $C(\tau\,|\,Z)<\tau_1\tau_2$ 时，$\mathrm{qpr}(\tau\,|\,Z)<1$；当 $C(\tau\,|\,Z)>\tau_1\tau_2$ 时，$\mathrm{qpr}(\tau\,|\,Z)>1$；当 $C(\tau\,|\,Z)=\tau_1\tau_2$ 时，$\mathrm{qpr}(\tau\,|\,Z)=1$。反之也成立。因此，$\mathrm{qpr}(\tau\,|\,Z)<1(>1)$ 意味着两个变量在 τ 分位点处存在局部的负（正）相依，而 $\mathrm{qpr}(\tau\,|\,Z)=1$ 意味着两个变量在 τ 分位点处独立。

4.7.2　对两种分位点相协测度的估计模型

为了估计式（4.69），假设 $A_i(\tau\,|\,Z_i)=I\big(Y_{1,i}\leqslant Z_{1i}^{\mathrm{T}}\beta_1(\tau_1),Y_{2,i}\leqslant Z_{2i}^{\mathrm{T}}\beta_2(\tau_2)\big)$，$i=1,2,\cdots,N$，$\tau\in(0,1)^2$。由式（4.68）和式（4.70）可得

$$E[A_i(\tau\,|\,Z_i)]=C(\tau\,|\,Z_i)=\phi_1^{-1}(\mathrm{qor}(\tau\,|\,Z_i);\tau)$$

$E[A_i(\tau\,|\,Z_i)]$ 是 $A_i(\tau\,|\,Z_i)$ 的期望，由此推出：

$$E[Z_i(A_i(\tau\,|\,Z_i)-\phi_1^{-1}(\mathrm{qor}(\tau\,|\,Z_i);\tau))\,|\,Z_i]=0 \tag{4.73}$$

为了考虑协变量 Z_i 对条件相协的影响，按照如下两步来估计式（4.69）中的参数向量 $\gamma(\tau)$。

（1）通过解如下的最优化方程求解式（4.68）中的参数向量 $\beta_j(\tau_j)$：

$$\arg\min_{\beta_j} N^{-1}\sum_{i=1}^{N}d_{\tau_j}\big(Y_{j,i}-Z_{ji}^{\mathrm{T}}\beta_j(\tau_j)\big) \tag{4.74}$$

式中，N^{-1} 代表了协变量 Z_i 个数的倒数；$d_{\tau_j}(x)=x\big(\tau_j-I(x<0)\big),j=1,2$。

（2）通过 $\hat{A}_i(\tau\,|\,Z_i)=I\big(Y_{1,i}\leqslant Z_{1i}^{\mathrm{T}}\hat{\beta}_1(\tau_1),Y_{2,i}\leqslant Z_{2i}^{\mathrm{T}}\hat{\beta}_2(\tau_2)\big)$ 估计 $A_i(\tau\,|\,Z_i)$，$i=1,2,\cdots,N$。根据式（4.73），式（4.69）中的参数向量 $\gamma(\tau)$ 可以通过解如下方程得到

$$N^{-1}\sum_{i=1}^{N} Z_{3i}\left\{\hat{A}_i(\tau\,|\,Z_i)-g\left(Z_{3i}^{\mathrm{T}}\gamma(\tau)\right)\right\}=0,\quad \tau\in(0,1)^2 \qquad (4.75)$$

式中，$g(y)=\phi^{-1}(\exp(y))$；$Z_{3i}=\left(1,Z_{31,i},\cdots,Z_{3p_3,i}\right)^{\mathrm{T}}, i=1,2,\cdots,N$ 是 Z_3 的 $N+1$ 个样本。

4.8　本 章 小 结

　　本章主要围绕 Copula 方法展开，首先总结了 Copula 的定义和基本性质，归纳了一些重要的 Copula 函数以及基于 Copula 的相依性度量。其次进一步介绍了时变 Copula 和藤 Copula 来描述金融变量间复杂的相依结构，并给出了相应的参数估计方法。同时本章也详细地介绍了基于 Copula 的条件 VaR 估计模型，应用 Copula 方法来进行条件 VaR 估计。最后通过改进 Copula 模型，给出了 c-D-Copula 模型以及基于 Copula 的分位点相协回归模型，在克服 Copula 方法不足的基础上研究变量之间的相依关系。

第5章 分位点回归模型

分位点回归统计方法在金融风险测量、金融市场联动与金融风险传染的应用研究方面有着广泛的应用。在金融风险测量方面，分位点回归模型可运用于 VaR 的计算。条件 VaR 和 CAViaR 等计算受险价值的模型都离不开分位点回归。

近年来，分位点回归模型由于不需要对随机扰动项进行任何分布上的假设，在估计上也不受异常值影响，具有很好的稳健性，而且能够在不同分位点水平上刻画市场的联动，被广泛应用于金融市场联动与金融危机传染分析中。具体来看，分位点回归可用于分析两个或多个金融市场或金融资产在不同分位点水平上联动的具体情况。尤其是在数据服从各类厚尾分布的情况下更加需要使用分位点回归来捕捉分布的尾部特征，这也让分位点回归被广泛应用于研究金融市场的尾部风险传染。

本章内容如下：5.1 节介绍分位点回归的定义、模型估计方法与三种其他分析方法与分位点回归相结合而生成的新模型；5.2 节至 5.5 节介绍几种重要的与分位点回归有关但存在一定差异的模型，包括 CAViaR 模型、线性 Expectile 模型、TIR 模型和 TailCoR 模型；5.6 节对本章内容进行总结。

5.1 常见分位点回归模型

5.1.1 分位点回归模型简介

分位点回归模型由 Koenker 和 Bassett（1978）提出，它对传统的分位点估计进行了扩展。普通最小二乘法是利用因变量的条件均值建模，并通过最小化残差平方和来获得参数估计，而分位点回归是用因变量的条件分位点建模，并通过最小化加权的残差绝对值之和来估计回归参数。类似于线性回归模型，分位点回归模型假定被解释变量分位点与解释变量之间满足线性关系。假定 Y 的分布函数为 $F(y) = \Pr(Y \leqslant y)$，那么对于任意 $\tau \in (0,1)$，随机变

量 Y 的 τ 分位点被定义为

$$Q_\tau(Y) = \inf\{y : F(y) \geq \tau\} \tag{5.1}$$

5.1.2 分位点回归模型设定

假定 X 为 $K \times 1$ 的随机向量，$\{x_1, \cdots, x_n\}$ 为其样本，其中，x_i 的第 j 个分量为 $x_{i,j}$ $(i = 1, 2, \cdots, n; j = 1, 2, \cdots, K)$。类似于一般的线性模型，分位点回归模型可以被假定为

$$y_i = x_i^{\mathrm{T}} \beta_\tau + u_{i,\tau} \tag{5.2}$$

式中，β_τ 是在 τ 分位点下的参数。这里对误差项 $u_{i,\tau}$ 的分布不做过多假定，只需要满足条件 $Q(u_{i,\tau} | x_i) = 0$。为了满足可识别性，也就是无条件分位点也可以由该模型得到，一般假定解释变量 X 的第一个分量恒等于 1，即 $x_{i,1} \equiv 1$。

5.1.3 一般线性分位点回归模型及估计

假设 Y 是一个因变量，X 是一个 $k \times 1$ 的解释变量，$\{Y_1, Y_2, \cdots, Y_n\}$ 和 $\{X_1, X_2, \cdots, X_n\}$ 分别是因变量 Y 和解释变量 X 的 n 个样本。对于任意的 $\theta \in (0,1)$，变量 Y 的 θ 分位点被定义为 $Q_\theta(Y) = \inf\{y : P(Y < y) \geq \theta\}$。$\theta$ 分位点水平上的一般线性分位点回归模型为

$$Y_i = X_i^{\mathrm{T}} \beta + \varepsilon_i, \quad i = 1, 2, \cdots, n \tag{5.3}$$

满足 $Q_\theta(\varepsilon_i | X_i) = 0$。式中，$\varepsilon_i$ 为误差项；β 为待估参数。需要注意的是，对于误差项 ε_i 没有做任何分布上的假设，只需要满足在 X_i 给定的条件下，ε_i 的 θ 分位点为 0。为了使模型可识别，一般假定解释变量 X 的第一个分量为常数 1。

不同于均值回归模型的最小二乘估计方法，分位点回归模型通过最小化一种非对称形式的绝对残差来估计模型的参数。式（5.3）中的参数 β 可通过求解如下的最优化问题得到

$$\min_\beta \frac{1}{N} \sum_{i=1}^{N} \left(\theta - I(Y_i < X_i \beta) \right)(Y_i - X_i \beta) \tag{5.4}$$

从式（5.4）可知，最小绝对偏差（least absolute deviation，LAD）模型是一般分位点回归模型的特例。

5.1.4　门限分位点回归模型

门限自回归（threshold autoregressive，TAR）模型假定在每一个被门限分开的区间内，时间序列满足线性自回归关系。下面将借鉴门限的思想，给出门限分位点回归模型。

分位点回归模型中假设条件分位点与解释变量满足线性关系，有时不能很好地反映市场的真实情况。根据门限自回归模型的思想，本节在分位点回归中引入门限分位点回归模型，该模型利用门限变量（x_i 的第 j 个分量 $x_{i,j}$）将模型分成了几段线性分位点回归模型。门限分位点回归模型被定义为

$$y_i = \sum_{k=1}^{m} \left(x_i^{\mathrm{T}} \beta_k + u_{\tau_i} \right) I \left(x_{i,j} \in A_k \right) \tag{5.5}$$

式中，$\bigcup_{k=1}^{m} A_k \subset (-\infty, +\infty)$，且对所有的 $i \neq j$，$A_i \bigcap A_j = \varnothing$。

假定分隔 A_i 已知，假设实数区间被分成两段 $(-\infty, \gamma] \bigcup (\gamma, +\infty)$，数据集为 $\{x_i, y_j\}_{i=1}^{n}$，最小化式（5.6）即可得到参数 β_k 的估计并记相应的最小值为 S_1：

$$S_1 = \min_{\beta_1, \beta_2} \left\{ \sum_{i=1}^{n} \rho_\tau \left(y_i - x_i^{\mathrm{T}} \beta_1 \right) I \left(x_{i,j} \leqslant \gamma \right) + \sum_{i=1}^{n} \rho_\tau \left(y_i - x_i^{\mathrm{T}} \beta_2 \right) I \left(x_{i,j} > \gamma \right) \right\} \tag{5.6}$$

在选择门限 γ 和分量 j 时，对不同的 γ、j 最小化式（5.6），其达到最小时所对应的 γ、j 就是门限参数和分量参数的估计结果。以此类推，可以得到将实数区间分成三段及以上的门限分位点回归模型的参数估计方法以及相应的门限分位点回归模型。

同样，类似于线性模型参数估计中常用的最小二乘估计方法，该模型的参数估计问题可以用最小化方法得到。假定有数据集 $\{x_i, y_i\}_{i=1}^{n}$，可以通过最小化 $\sum_{i=1}^{n} \rho_\tau \left(y_i - x_i^{\mathrm{T}} \beta_\tau \right)$ 得到参数 β_τ 的估计 $\widehat{\beta}_\tau$。其中，对任意 $\tau \in (0,1)$，定义函数 $\rho_\tau (u) = \left(\tau - I(u < 0) \right) \cdot u$，这里 $I(\cdot)$ 为示性函数。利用 Portnoy 和 Koenker（1997）提出的解决线性问题的新方法——内点算法，该最小化问题可以得到解决，本节将利用该方法对参数 β_τ 进行估计。得到参数 β_τ 的估计 $\widehat{\beta}_\tau$ 以后，线性假设下的条件分位点函数为 $Q_\tau (Y| X = x) = x^{\mathrm{T}} \widehat{\beta}_\tau$。

5.1.5　半参数分位点回归模型

半参数回归模型是由 Engle 和 Granger（1987）在研究天气变化与供电需求之间的关系时引入的，是 20 世纪 80 年代发展起来的一种重要的统计模型：

$$y_i = x_t^{\mathrm{T}} \beta + g(t_i) + e_i \tag{5.7}$$

式中，$x_i = (x_{i1}, \cdots, x_{ip})^{\mathrm{T}}$，$(x_i, t_i)$ 是独立同分布的，t_i 是随机设计或固定非随机设计点列，$0 \leqslant t_i \leqslant 1$；$e_i$ 是独立同分布的，表示随机误差，且 $E[e_i] = 0$，$E[e_i^2] = \sigma^2 < \infty$；$g(\cdot)$ 是定义在 $\mathbb{R}^1$ 上的未知函数；$\beta = (\beta_1, \cdots, \beta_p)^{\mathrm{T}}$ $(p \geqslant 1)$，β 是未知待估参数。

半参数分位点回归模型是线性分位点回归模型和非参数分位点回归模型的结合体，十分有利于处理实际生活中的金融数据，其解释变量中既有线性参数部分，也有非参数部分。先假定线性参数部分的分布形式，便于大致描绘因变量的趋势，非参数部分的分布形式未知，可以优化模型拟合效果。

以下为半参数分位点回归模型形式：

$$Q_\tau(U_t, X_t) = \beta_\tau^{\mathrm{T}} X_{t1} + \alpha_\tau(U_t)^{\mathrm{T}} X_{t2} + \varepsilon_t \tag{5.8}$$

式中，U_t 为光滑变量，可以为外生变量或滞后变量；$\alpha_\tau(\cdot) = [\alpha_{1,\tau}(\cdot), \cdots, \alpha_{q,\tau}(\cdot)]$ 为光滑系数函数。

除此之外，还有动态半参数分位点等衍生出来的相关回归模型。

1. 半参数 MIDAS 分位点回归模型的构建

为了描述分位点回归模型参数的时变性，并克服高频数据的噪声和低频数据可能遗失重要信息等不足，本章将 Schweikert（2018）提出的分位点协整回归模型与 Ghysels 等（2005）提出的混频数据采样（mix data sampling，MIDAS）分位点回归模型相结合，提出如下的半参数 MIDAS 分位点回归模型：

$$Q_\tau(Y|X = x_t) = \sum_{k=1}^{K} \alpha_{\tau,k}(U_t) x_{tk} + \alpha_{\tau,k+1}(U_t) z_t(x; \theta)$$

$$= X_t^{\mathrm{T}} \alpha_\tau(U_t) + \alpha_{\tau,k+1}(U_t) z_t(x; \theta) \tag{5.9}$$

式中，$Q_\tau(Y|X = x_t)$ 为给定 X 的条件下 Y 的 τ 条件分位点；$\alpha_{\tau,k}(\cdot)$ 为变系数函数；U_t 为平滑变量，可以是解释变量 x_t 的分量，也可以是时间或者其他外生变量等；x_t 为低频数据如周数据；$z_t(x; \theta)$ 为 MIDAS 项，表示为

$$z_t(x;\theta) = \sum_{d=1}^{D}(d;\theta)x_{t-d} \tag{5.10}$$

式中，x_{t-d} 为高频数据如第 t 周之后 d 天的日数据；D 的取值是事先给定的，如高频数据为日数据，低频数据为周数据时，D 取值为 5 或 7；$z_t(x;\theta)$ 项为高频数据的权重和，权重函数 $\psi(d;\theta)$ 设定为 Ghysels 等（2007）使用的如下指数 Almon 多项式函数：

$$\psi(d;\theta) = \frac{\exp\left(\sum\limits_{i=1}^{q}\theta_i d\right)}{\sum\limits_{d=1}^{D}\exp\left(\sum\limits_{i=1}^{q}\theta_i d\right)} \tag{5.11}$$

2. 半参数 MIDAS 分位点回归模型的估计

基于 Koenker 和 Bassett（1978）提出的分位点回归估计方法以及 Cai 和 Xu（2008）使用的局部多项式分位点估计方法，可以对上述 MIDAS 分位点回归模型进行估计。

给定观测值 $\{Y_t, X_t, U_t\}_{t=1}^{T}$，假定动态平滑参数列向量 $\{\alpha_{\tau,k}(\cdot)\}$ 有 $m+1$ 阶导数，$m \geqslant 1$。给定任一点 $U_t = u_0$，在 u_0 附近，基于局部多项式思想，进行泰勒展开，可以近似表示为

$$\alpha_{\tau,k}(U_t) \approx \sum_{j=0}^{m}\beta_{k,j}(U_t - u_0)^j \tag{5.12}$$

式中，$\beta_{k,j} = \dfrac{\alpha_{\tau,k}^{(j)}(u_0)}{j!}$，$\alpha_{\tau,k}^{(j)}(u_0)$ 为 $\alpha_{\tau,k}(u_0)$ 的第 j 阶导数，$\beta_{k,0} = \alpha_{\tau,k}(u_0)$。

基于局部多项式和分位点回归的思想，参数估计具体过程如下。

（1）假设 θ 的初始值为 θ_0，给定 θ_0，在 u_0 的领域中通过最小化式（5.13）得到估计值 $\tilde{\beta}_*$：

$$L(\tilde{\beta}_*) = \sum_{t=1}^{n}\rho_\tau\left(Y_t - \sum_{j=0}^{m}X_t^{\mathrm{T}}\beta_{1,j}(U_t - u_0)^j - \sum_{j=0}^{m}z_t(x;\theta_0)\beta_{2,j}(U_t - u_0)^j\right)K_h(U_t - u_0)$$

$$\tag{5.13}$$

$$K_h(x) = K(x/h)/h \tag{5.14}$$

式中，$K(t)$ 是核函数，通常采用 Epanechnikov 核函数，即 $K(u) = 0.75(1-$

$u^2)I(|u| \leqslant 1)$；h 为窗宽。

（2）由估计值 $\tilde{\beta}_*$ 通过最小化式（5.14）得到估计值 $\tilde{\theta}$：

$$L(\tilde{\theta}) = \sum_{t=1}^{n} \rho_\tau \left(Y_t - X_t^{\mathrm{T}} \tilde{\beta}_{1,0} - z_t(x;\theta)\tilde{\beta}_{2,0} \right) \quad （5.15）$$

（3）以 $\tilde{\theta}$ 为 θ 新一轮的初始值，重复上述过程，直至估计值 $\tilde{\beta}_*$、$\tilde{\theta}$ 收敛。

对窗宽的选择是很重要的，窗宽 h 过大时，函数估计 $\alpha_\tau(U_t)$ 过于平滑，可能导致函数的估计失去意义。窗宽 h 过小时，进行函数估计时可使用的样本数据太少而导致不能准确地进行函数估计。关于确定最优窗宽 h，本章基于 Cai 和 Xu（2008）的研究提出了非参数下的偏差纠正 AIC 指标，最小化式（5.16）得到最优窗宽 h：

$$\mathrm{AIC} = \ln\left(\hat{\sigma}_\tau^2\right) + \frac{2(P_h + 1)}{n - (P_h + 2)} \quad （5.16）$$

式中，P_h 为非参数模型的自由度，P_h 的具体设定详见 Cai 和 Xu（2008）的文章。

在半参数 MIDAS 分位点回归模型中，有

$$\hat{\sigma}_\tau^2 = n^{-1} \sum_{t=1}^{n} \rho_\tau \left(Y_t - X_t^{\mathrm{T}} \alpha_\tau(U_t) - \alpha_{\tau,t+1}(U_t) z_t(x;\theta) \right) \quad （5.17）$$

3. 分位点协整检验和系数显著性分析

本章以比特币和黄金之间的分位点协整关系为例，给出如下统计检验，揭示在不同市场环境下二者之间是否存在协整关系以及时变系数和 MIDAS 项的显著性，通过显著性检验，研究本章模型的表现及比特币和黄金之间的协整联动关系。关于分位点协整的统计检验，参考 Xiao 和 Phillips（2002）提出的科尔莫戈罗夫–斯米尔诺夫（Kolmogorov-Smirnov，K-S）检验统计量，通过衡量分位点残差 $\hat{\mu}_{\tau,j}$ 的波动来检验是否存在分位点协整。基于本章的半参数 MIDAS 分位点回归模型，构造出如下的分位点协整检验统计量：

$$Y_{n,\tau}^* = \max_{k=1,2,\cdots,n} \frac{1}{\hat{\omega}_\varphi^* \sqrt{n}} \sum_{t=1}^{k} \varphi_\tau\left(\hat{u}_{\tau,j}\right) \quad （5.18）$$

式中，$\hat{u}_{\tau,j} = Y_j - X_j^{\mathrm{T}} \hat{\beta}_{1,0} - \hat{\beta}_{2,0} z_j\left(x;\hat{\theta}\right)$；函数 $\varphi_\tau(u) = \tau - I(u < 0)$；$n$ 为观测值个数；$\hat{\omega}_\varphi^*$ 为 $\varphi_\tau\left(\hat{\mu}_{\tau,j}\right)$ 长期方差的一致估计量，即

$$\hat{\omega}_\varphi^* = \sum_{j=-h}^{h} K_h(j) \sum_{t=1}^{k} n^{-1} \varphi_\tau(\hat{u}_{\tau,t}) \varphi_\tau(\hat{u}_{\tau,t+j}) \qquad (5.19)$$

该检验的原假设是存在分位点协整关系，备择假设是不存在分位点协整关系。在备择假设下，当 $n \to \infty$ 时，检验统计量 $Y_{n,\tau}^* \to \infty$，也就是说不存在分位点协整关系时，分位点残差波动是剧烈的，从而导致分位点残差权重和是趋于无穷的。如果分位点残差权重和有限且低于临界值，则接受原假设，即变量之间存在分位点协整关系。

进行分位点协整检验之后，下面对系数的显著性检验以及系数的置信区间进行分析。本章的系数是时变的，因此需要逐点对系数进行显著性检验和对置信区间进行分析。本章采用的是 Cai 和 Xu（2008）的研究中提出的"三明治"方法来逐点估计系数的方差并进行分析。其中，方差 $\widehat{\sum(u_0)} = \dfrac{(\Omega^*(u_0))^{-1} \Omega(u_0)(\Omega^*(u_0))^{-1}}{f_u(u_0)}$ 的一致估计量为 $\widehat{\sum(u_0)} = \hat{\Omega}_{n,1}^{-1} \hat{\Omega}_{n,0}(u_0) \hat{\Omega}_{n,1}^{-1}$，以及：

$$\hat{\Omega}_{n,0} = f_u(u_0) \Omega(u_0) + o_p(1)$$
$$\hat{\Omega}_{n,1} = f_u(u_0)^*(u_0) + o_p(1) \qquad (5.20)$$

定义 $\hat{\Omega}_{n,0}(u_0) = n^{-1} \sum_{t=1}^{n} H_t H_t^{\mathrm{T}} K_h(U_t - u_0)$，$o_p(1)$ 代表奇异值，为了避免矩阵 $\hat{\Omega}_{n,1}$ 是奇异阵而导致无法得到方差估计量。$H_t = (1, x_{t1}, x_{t2}, \cdots, x_{tk}, z_t)^{\mathrm{T}}$ 为列向量。$\hat{f}_{y_t|u,x}$ 采用 Koenker 和 Xiao（2004）的研究中提出的方法，选择合适的分位点序列 $\{\tau_j\}$ 计算得到 Y_t 的条件密度函数的估计为

$$\hat{f}_{y_t|u,x}(q_\tau(u,x)) = \frac{\tau_j - \tau_{j-1}}{\hat{q}_{\tau_j}(u,x) - \hat{q}_{\tau_{j-1}}(u,x)} \qquad (5.21)$$

基于 Cai 和 Xu（2008）的研究，可以得到系数的渐近正态分布为

$$\sqrt{nh} \left[\hat{a}(u_0) - \alpha(u_0) - \frac{h^{q+1}}{(q+1)!} \alpha^{(q+1)}(u_0) \mu_{q+1} + o(h^{q+1}) \right] \to N\{0, \tau(\tau-1) v_0 \sum(u_0)\}$$

$$(5.22)$$

式中，$\mu_j = \int u^j K(u) \mathrm{d}u$；$v_j = \int u^j K^2(u) \mathrm{d}u$；$o(h^{q+1})$ 代表奇异值。由上述的方差估计和系数的渐近分布，可以对系数进行显著性检验分析。

实证分析中，黄金的对数周收益率为 $Y_{t,5}$，比特币的对数周收益率为 $x_{t,5}$，

$z_t(x;\theta)$ 为加权比特币日收益率的 MIDAS 项，$z_t(y;\theta)$ 为加权黄金日收益率的 MIDAS 项。应用半参数 MIDAS 分位点回归模型，平滑变量 U_t 设定为时间变量 t，以便分析黄金与比特币随时间变化的动态分位点协整关系。权重函数 $\psi(d;\theta)$ 设定为双参数指数 Almon 多项式函数，D 取值为 5，基于 $0.01\sim0.99$ 的 99 个分位点来进行实证分析。得到以黄金收益率为响应变量、比特币收益率为自变量的如下半参数 MIDAS 分位点回归模型：

$$Q_\tau\left(Y|X=x_{t,5}\right)=\alpha_{\tau0}(t)+\alpha_{\tau1}(t)x_{t,5}+\alpha_{\tau2}(t)z_t(x;\theta) \tag{5.23}$$

$$z_t(x;\theta)=\sum_{d=1}^{5}(d;\theta)x_{t-d} \tag{5.24}$$

$$\psi(d;\theta)=\frac{\exp\left(\theta_1 d+\theta_2 d^2\right)}{\sum_{d=1}^{5}\exp\left(\theta_1 d+\theta_2 d^2\right)} \tag{5.25}$$

由式（5.16）最小化 AIC 选择最优窗宽，考虑到计算量的问题，本章选取的是整数窗宽，得到的是近似最优窗宽。

为了对系数函数及其一阶导数进行估计，本章将采用局部线性方法，对 $\alpha_{\tau i}(t)$ 进行泰勒展开，得到线性近似 $\alpha_{\tau i}(t)\approx\alpha_{\tau i}(t_0)+\alpha'_{\tau i}(t_0)(t-t_0),i=0,1,2$。$\alpha_{\tau i}(t)$ 函数的线性形式近似为 $\hat{\alpha}_{\tau i}(t)\approx\hat{\alpha}_{\tau i}(t_0)+\hat{\alpha}'_{\tau i}(t_0)(t-t_0),i=0,1,2$。给定初始值 $\theta_1=\theta_2=-0.05$，参数的估计步骤如下。

（1）基于 θ_1、θ_2 的初始值，在 t_0 时刻通过最小化式（5.26）得到估计值 $\tilde{\alpha}_{\tau i}(\cdot)$：

$$L\left(\tilde{\alpha}_{\tau i}\right)=\sum_{t=1}^{n}\rho_\tau\left(Y_{t,5}-\left(\alpha_{\tau0}(t_0)+\alpha'_{\tau0}(t_0)(t-t_0)\right)-\left(\alpha_{\tau1}(t_0)+\alpha'_{\tau1}(t_0)(t-t_0)\right)x_{t,5}\right.$$
$$\left.-\left(\alpha_{\tau2}(t_0)+\alpha'_{\tau2}(t_0)(t-t_0)\right)z_t(x;\theta)\right)K_h(t-t_0)$$

$$\tag{5.26}$$

（2）由估计值 $\tilde{\alpha}_{\tau i}(\cdot)$，通过最小化 $L(\theta)$ 即式（5.27）得到估计值 $\tilde{\theta}_1$、$\tilde{\theta}_2$：

$$L(\theta)=\sum_{t=1}^{n}\rho_\tau\left(Y_{t,5}-\tilde{\alpha}_{\tau0}(t)-\tilde{\alpha}_{\tau1}(t)x_{t,5}-\tilde{\alpha}_{\tau2}(t)z_t(x;\theta)\right) \tag{5.27}$$

（3）以 $\tilde{\theta}_1$、$\tilde{\theta}_2$ 为 θ_1、θ_2 新一轮的初始值，重复上述过程，直至估计值 $\tilde{\alpha}_{\tau i}(\cdot)$、$\tilde{\theta}_1$、$\tilde{\theta}_2$ 收敛，最终得到估计值 $\hat{\alpha}_{\tau i}(\cdot)$、$\hat{\theta}_1$、$\hat{\theta}_2$。

5.1.6　非参数分位点回归模型

假定解释变量是一维，被解释变量和解释变量之间满足下面的方程：

$$Y_i = g(X_i) + u_{\xi i} \tag{5.28}$$

式中，$g(\cdot)$ 为待估函数，同时 $Q_\xi(u_{\xi i}|X) = 0$，即 $u_{\xi i}$ 的条件分位点是 0。于是 Y 的分位点和解释变量之间满足如下关系：

$$Q_\xi(Y|X = x) = g(x) \tag{5.29}$$

通过局部常数分位点回归模型，可以得到分位点的估计。给定 $X = x$，最小化式（5.30）可以得到参数 a 的估计：

$$\hat{a} = \min_a \left\{ \sum_{i=1}^{n} \rho_\xi(Y_i - a) K_h(X_i - x) \right\} \tag{5.30}$$

式中，$\rho_\xi = u \cdot (\xi - I(u < 0))$。

最小化式（5.30）所得到的 $\hat{a}$ 与解释变量 $X = x$ 相关，记为 $\hat{a} = \hat{a}(x)$，则 $\hat{a}(x)$ 为 Y 的 ξ 分位点的非参数估计。给定不同的 x，得到不同的 $\hat{a}$，最终可以得到 $\hat{g}(x)$。

5.2　CAViaR 模型

5.2.1　CAViaR 模型简介

CAViaR 模型最早由 Engle 和 Manganelli（2004）提出。CAViaR 模型在本质上起源于对 VaR 模型的改进。Engle 和 Manganelli（2004）指出，因为 VaR 是依赖于现时信息的未来资产组合价值的分位点，而资产组合未来回报的分布通常是时变的，我们需要找到一个合适的模型来刻画时变条件分位点，CAViaR 模型由此诞生。

5.2.2　CAViaR 模型及其估计

为了与 MVMQ-CAViaR 模型在理论拓展上形成衔接，本节介绍 Engle 和 Manganelli（2004）提出的单变量单分位点 CAViaR 模型及其估计。CAViaR 模型是一般线性分位点回归模型在时间序列情形下的非线性推广。

假设 $Y_t(t=1,2,\cdots,N)$ 是一个投资组合收益序列，X_t 是在 t 时刻可观测的向量，$\tau \in (0,1)$ 表示特定的分位点水平，记 VaR_t 为投资组合收益在 t 时刻的风险值。在 $t-1$ 时刻，记投资组合收益 Y_t 在 t 时刻 τ 分位点为 $q_t(\beta) \equiv q_t(X_{t-1}, \beta(\tau))$，为了表达上的方便，在下面的描述中，我们将 $\beta(\tau)$ 简记为 β。一般的条件自回归风险模型如下：

$$Y_t = \beta_0 + \sum_{i=1}^{d} \beta_i q_{t-i}(\beta) + \sum_{j=1}^{r} \beta_j l(X_{t-j}) + \varepsilon_t \qquad (5.31)$$

满足 $Q_\tau(\varepsilon_t | \Omega) = 0$。$Q_\tau(\varepsilon_t | \Omega)$ 表示 ε_t 在 t 时刻的 τ 条件分位点；β 是 $p = d + r + 1$ 维待估参数向量；$X_{t-j}, j=1,2,\cdots,r$，是 X_t 的滞后观测值；$\Omega = (Y_{t-1}, X_{t-1}, \cdots, Y_1, X_1, q_1(\beta))$ 是在 t 时刻可获得的信息集合，$q_1(\beta)$ 是某一给定的初始条件；自回归项 $\beta_i q_{t-i}(\beta)$，$i=1,2,\cdots,d$，度量了分位点函数之间的自相关性；$l(X_{t-j})$ 是滞后观测值的函数，用于衡量外生可观测向量 X_t 的滞后项对于 Y_t 在 t 时刻的 τ 分位点 $q_t(\beta)$ 的影响。常见的 X_{t-j} 对应的是 Y_t 的滞后项。通常情况下，前一天某一资产或经济体的表现较差时，它第二天的表现也维持较差的可能性较大。因此，我们期望当 $t-1$ 时刻 Y 的数值处于较低的位置的时候，t 时刻的风险值 VaR 增加。此外，在前一天资产表现好的情况下，当天的风险值也有一定的可能性会增加。因此，VaR 可能依赖于 $|Y_{t-1}|$。Engle 和 Manganelli（2004）提出了四种类型的 CAViaR 模型：自适应模型、对称模型、非对称模型以及间接 GARCH（1,1）模型，分别考虑了滞后收益率的不同形式对风险值的影响，四种类型的 CAViaR 模型如下。

自适应模型：

$$f_t(\beta_1) = f_{t-1}(\beta_1) + \beta_1 \left(\left(1 + \exp\left(G(y_{t-1} - f_{t-1}(\beta_1))\right)\right)^{-1} - \theta \right) \qquad (5.32)$$

式中，G 代表某个正有限数，当 $G \to \infty$ 时，最后一项必然收敛于 $\beta_1 \left[I(y_{t-1} \leq f_{t-1}(\beta_1)) - \theta \right]$，$I(\cdot)$ 代表示性函数；对于有限 G，该模型可以视为阶跃函数的平滑版本。

对称模型：

$$f_t(\beta) = \beta_1 + \beta_2 f_{t-1}(\beta) + \beta_3 |y_{t-1}| \qquad (5.33)$$

非对称模型：

$$f_t(\beta) = \beta_1 + \beta_2 f_{t-1}(\beta) + \beta_3 (y_{t-1})^+ + \beta_4 (y_{t-1})^- \qquad (5.34)$$

当 y_{t-1} 大于 0 的时候，$\left(y_{t-1}\right)^{+}$ 等于 y_{t-1}，y_{t-1} 小于 0 的时候，$\left(y_{t-1}\right)^{+}$ 等于 0。$\left(y_{t-1}\right)^{-}$ 正好相反，当 y_{t-1} 大于 0 的时候等于 0，y_{t-1} 小于 0 的时候等于 y_{t-1}。

间接 GARCH（1, 1）模型：

$$f_t(\beta) = \beta_1 + \beta_2 f_{t-1}^2(\beta) + \beta_3 \left(y_{t-1}^2\right)^{\frac{1}{2}} \tag{5.35}$$

式（5.31）中的参数 β 可通过 Koenker 和 Bassett（1978）提出的一般线性分位点回归模型的估计方法来估计，如式（5.4）所示。求解如下的最优化问题：

$$\hat{\beta} = \min_{\beta} \frac{1}{N} \sum_{i=1}^{N} \left(\tau - I\left(Y_t < q_t(\beta)\right)\right)\left(Y_t - q_t(\beta)\right) \tag{5.36}$$

5.2.3　MVMQ-CAViaR 模型

CAViaR 与其他分析方法结合形成的新模型还有 MVMQ-CAViaR、门限自回归条件异方差条件自回归风险值（threshold autoregressive conditional heteroskedasticity conditional autoregressive value at risk，TARCH-CAViaR）、不对称绝对值和斜率条件自回归风险值（asymmetric absolute value and slope conditional autoregressive value at risk，AAVS-CAViaR）、Copula 条件自回归风险值（Copula conditional autoregressive value at risk，Copula-CAViaR）与极值理论条件自回归风险值（extreme value theory conditional autoregressive value at risk，EVT-CAViaR）等，其中我们重点介绍 MVMQ-CAViaR 模型。

MVMQ-CAViaR 模型克服了应用单方程单分位点回归模型一次只能研究一个市场对另一个市场是否存在传染时导致的信息损失的缺陷，它可以同时研究在多个分位点水平上多个变量之间的相依关系。

作为单变量单分位点 CAViaR 模型的扩展，本节介绍 White 等（2015）提出的 MVMQ-CAViaR 模型及其估计过程。

假设 $\left\{\left(Y_t^{\mathrm{T}}, X_t^{\mathrm{T}}\right), t = 0, \pm 1, \pm 2, \cdots\right\}$ 是概率空间 (Ω, F, P) 中的平稳遍历随机过程。Y_t 是 $n \times 1$ 的向量，X_t 是有限维向量且它的第一个元素是 1。假定 F_{t-1} 是由 $\left\{\left(Y_{t-1}^{\mathrm{T}}, X_{t-1}^{\mathrm{T}}\right), \left(Y_{t-2}^{\mathrm{T}}, X_{t-2}^{\mathrm{T}}\right), \cdots\right\}$ 生成的 σ 代数，即

$$F_{t-1} \equiv \sigma\left(\left\{\left(Y_{t-1}^{\mathrm{T}}, X_{t-1}^{\mathrm{T}}\right), \left(Y_{t-2}^{\mathrm{T}}, X_{t-2}^{\mathrm{T}}\right), \cdots\right\}\right) \tag{5.37}$$

定义 $F_{i,t}(y) = P(Y_{i,t} < y \mid F_{t-1})$ 为在 F_{t-1} 给定的条件下，t 时刻 $Y_{i,t}$ 的累积分布函数，$i = 1, 2, \cdots, n$。假定 $\theta_{ij} \in (0,1), j = 1, 2, \cdots, p_i$；$i = 1, 2, \cdots, n$。在给定 F_{t-1} 的条件

下，$Y_{i,t}$ 的 θ_{ij} 分位点记作 $q_{i,j,t}$，定义为 $q_{i,j,t} = \inf\left\{y : F_{i,t}(y) \geq \theta_{ij} \mid F_{t-1}\right\}$。

目标是同时估计条件分位点 $q_{i,j,t}$，$j = 1, 2, \cdots, p_i$；$i = 1, 2, \cdots, n$。为了表达方便，假定 $q_t = \left(q_{1,t}^{\mathrm{T}}, q_{2,t}^{\mathrm{T}}, \cdots, q_{n,t}^{\mathrm{T}}\right)^{\mathrm{T}}$，其中 $q_{i,t} = \left(q_{i,1,t}, q_{i,2,t}, \cdots, q_{i,p,t}\right)^{\mathrm{T}}$。对于给定的有限整数 m 和 k，存在一个 $k \times 1$ 维平稳遍历序列 $\{\psi_t, t = 1, 2, \cdots, T\}$，且是 F_{t-1} 可测的。令 $\beta_{ij} = \left(\beta_{i,j,1}, \beta_{i,j,2}, \cdots, \beta_{i,j,k}\right)^{\mathrm{T}}$，$\gamma_{i,j,s} = \left(\gamma_{i,j,s,1}, \gamma_{i,j,s,2}, \cdots, \gamma_{i,j,s,n}\right)^{\mathrm{T}}$，其中 $\gamma_{i,j,s,k}$ 是 P_i 维列向量，对于任意的 i, j, t，假设有如下模型：

$$q_{i,j,t} = \psi_t^{\mathrm{T}} \beta_{ij} + \sum_{s=1}^{m} q_{t-k}^{\mathrm{T}} \gamma_{i,j,s} \tag{5.38}$$

式中，$j = 1, 2, \cdots, p_i$；$i = 1, 2, \cdots, n$。式（5.38）被称为多变量多分位点条件自回归风险值模型，对 $\gamma_{i,j,s}$ 做一定的约束，可以得到如下三个模型：①单变量多分位点（multi quantiles，MQ）–CAViaR 模型；②单分位点多变量（multi variable，MV）CAViaR 模型；③单变量单分位点 CAViaR 模型。

MVMQ-CAViaR 模型的滞后阶数可以随着不同的变量、不同的分位点而不同。对于任意给定的 i 和 j，当 k 大于某个给定的整数时，$\gamma_{i,j,k}$ 元素可以为 0。为了标记简单，将 $m(i,j)$ 记作 m。另外，有限维随机向量 ψ_t 可以包含 Y_t 或 Y_t 的滞后项、X_t 或 X_t 滞后项的函数。

对于给定的分位点 θ_{ij}，β_{ij} 和 $\gamma_{i,j} = \left(\gamma_{i,j,1}^{\mathrm{T}}, \gamma_{i,j,2}^{\mathrm{T}}, \cdots, \gamma_{i,j,m}^{\mathrm{T}}\right)$ 是式（5.38）的待估参数。令 $\alpha_{ij} = \left(\beta_{ij}^{\mathrm{T}}, \gamma_{i,j}^{\mathrm{T}}\right)^{\mathrm{T}}$，$\alpha = \left(\alpha_{11}^{\mathrm{T}}, \alpha_{12}^{\mathrm{T}}, \cdots, \alpha_{1p_i}^{\mathrm{T}}, \cdots, \alpha_{n1}^{\mathrm{T}}, \alpha_{n2}^{\mathrm{T}}, \cdots, \alpha_{np_n}^{\mathrm{T}}\right)^{\mathrm{T}}$，则 α 是 $\sum_{i=1}^{n} p_i(k + np_i m)$ 维列向量，被称为 MVMQ-CAViaR 模型的系数向量。

以下两个方程能够帮助理解 MVMQ-CAViaR 模型的应用场景：

$$
\begin{aligned}
q_{1,t} &= c_1 + \alpha_{11}\left|Y_{1,t-1}\right| + \alpha_{12}\left|Y_{2,t-1}\right| + b_{11}q_{1,t-1} + b_{12}q_{2,t-1} \\
q_{2,t} &= c_2 + \alpha_{21}\left|Y_{1,t-1}\right| + \alpha_{22}\left|Y_{2,t-1}\right| + b_{21}q_{1,t-1} + b_{22}q_{2,t-1}
\end{aligned}
\tag{5.39}
$$

式中，$q_{i,t}$ 为 $Y_{i,t}$ 在 t 时刻的 θ 条件分位点，$\theta \in (0,1), i = 1,2$。为了方便解释，假设 $i = 1, 2$ 分别表示两个国家的金融市场，$Y_{i,t}$ 表示两个市场的股票收益率。

由于分位点和风险值互为相反数，即 $\mathrm{VaR}_{i,t} = -q_{i,t}$，式（5.39）可以改写为

$$
\begin{aligned}
\mathrm{VaR}_{1,t} &= c_1^* + \alpha_{11}^*\left|Y_{1,t-1}\right| + \alpha_{12}^*\left|Y_{2,t-1}\right| + b_{11}q_{1,t-1} + b_{12}q_{2,t-1} \\
\mathrm{VaR}_{2,t} &= c_2^* + \alpha_{21}^*\left|Y_{1,t-1}\right| + \alpha_{22}^*\left|Y_{2,t-1}\right| + b_{21}q_{1,t-1} + b_{22}q_{2,t-1}
\end{aligned}
\tag{5.40}
$$

式中，$c_i^* = c_i$，$i = 1,2$；$\alpha_{ij}^* = -\alpha_{ij}$，$i = 1,2, j = 1,2$。

通过式（5.40），可以从风险传递的角度来检验金融危机传染的存在性。两个市场之间的金融危机传染可以通过系数 b_{12} 和 b_{21} 来判定，原假设 $H_0: b_{12} = b_{21} = 0$ 表明不存在金融危机传染。金融危机传染的方向可以通过 b_{12} 和 b_{21} 的显著性来判断。如果 $b_{12} = 0$，$b_{21} \neq 0$，那么金融危机是从国家 1 传染到国家 2，反过来，如果 $b_{12} \neq 0$，$b_{21} = 0$，则表示金融危机是从国家 2 传染到国家 1。金融危机传染的度可以通过系数 b_{12} 和 b_{21} 的大小来度量。b_{12} 或 b_{21} 越大，表明相应的传染越严重。类似地，也可以通过判断 a_{12} 和 a_{21} 的显著性，从风险的角度来研究金融危机传染的存在性。原假设 $H_0: a_{12}^* = a_{21}^* = 0$ 表示，不存在金融危机传染。传染的方向也可以通过系数的显著性进行判断，例如，$H_0: a_{12}^* = a_{21}^* \neq 0$ 表示存在从国家 1 到国家 2 的传染，不存在从国家 2 到国家 1 的传染。类似地，传染的度可以通过系数 a_{12}^*、a_{21}^* 的大小来度量，系数 a_{12}^*、a_{21}^* 越大表明溢出风险越大，即 a_{12}、a_{21} 越小，溢出风险越大。

5.2.4　拉普拉斯分布与 MVMQ-CAViaR 模型的拟极大似然估计

拉普拉斯分布是一种由拉普拉斯提出的连续型概率统计，可以看作两个不同位置的指数分布背靠背拼接在一起，又称双指数分布。

拉普拉斯分布的基本形式如下：

$$f\left(x|\mu,\sigma\right) = \frac{1}{2\sigma}\exp\left|-\frac{|x-\mu|}{\sigma}\right| \qquad （5.41）$$

如果随机变量 X 的密度函数如式（5.41）所示，那么 X 服从拉普拉斯分布，记为 $X \sim \text{LD}(\mu, \sigma)$。其中，$\mu$ 是位置参数，$\sigma > 0$ 是刻度参数，X 的均值为 μ，方差为 $2\sigma^2$，拉普拉斯分布的偏度和峰度分别为

$$\text{Skew}(X) = E\left[\left(\frac{X-\mu}{\sigma}\right)^3\right] = 0, \ \text{Kurt}(X) = E\left[\left(\frac{X-\mu}{\sigma}\right)^4\right] = 3 \qquad （5.42）$$

拉普拉斯分布对于拟合分位点或者分位点回归模型是非常有用的，具体可以参考 Yu 和 Zhang（2005）的研究。非对称拉普拉斯分布是将分位点回归模型的非对称最小绝对偏差和估计与极大似然理论联系起来的一个可能的参数分布，是分位点回归模型的似然估计和推断的桥梁。

如果随机变量 X 具有如下概率密度函数：

$$f\left(x;\mu,\sigma,p\right) = \frac{p(1-p)}{\sigma}\exp\left\{-\frac{x-\mu}{\sigma}\left(p - I\left(x \leqslant \mu\right)\right)\right\} \qquad （5.43）$$

则称 X 服从参数为 μ、σ、p 的非对称拉普拉斯分布，记作 $x \sim \mathrm{ALD}(\mu,\sigma,p)$，其中 $-\infty < \mu < +\infty$ 是位置参数，$0 < p < 1$ 是偏度参数，$\sigma > 0$ 是刻度参数，$I(\cdot)$ 是示性函数，满足条件 $(\cdot)$ 取 1，不满足条件 $(\cdot)$ 则取 0。

下面介绍非对称拉普拉斯分布在对分位点回归模型的似然估计中的应用。假定分位点回归模型的误差项服从非对称拉普拉斯分布，即 $Y_{i,t} - q_{i,j,t} \sim \mathrm{ALD}(0,\sigma,\theta_{ij})$。能通过拟极大似然估计方法来估计未知参数。$T$ 个独立观测值的似然函数为

$$L(\alpha; Y_1, Y_2) \propto \sigma^{-T\sum_{i=1}^{n} p_i} \exp\left\{ \sum_{t=1}^{T} \sum_{i=1}^{n} \sum_{j=1}^{p_i} \frac{\rho_{\theta_{ij}}\left(Y_{i,t} - q_{i,j,t}\right)}{\sigma} \right\} \qquad （5.44）$$

式中，$\rho_\theta(x) = x\psi_\theta(x)$ 为标准的检查函数（Koenker and Bassett，1978），由通常的阶梯函数 $\psi_\theta(x) = \theta - I(x \leq 0)$ 定义。由于 $Y_{i,t} - q_{i,j,t}$ 未必服从非对称拉普拉斯分布，White 等（2015）称这个估计为拟极大似然估计而不是极大似然估计。

如果把 σ 当作冗余参数，α 的拟极大似然估计等价于解如下的最优化问题：

$$\hat{\alpha} = \arg \min_{\alpha \in \mathbb{R}} \sum_{t=1}^{T} \sum_{i=1}^{n} \sum_{j=1}^{p_i} \rho_{\theta_{ij}}\left(Y_{i,t} - q_{i,j,t}\right) \qquad （5.45）$$

5.3　线性 Expectile 模型

5.3.1　线性 Expectile 模型简介

Newey 和 Powell（1987）提出的非对称最小二乘（asymmetric least square，ALS）方法将最小二乘方法中的损失函数修改为非对称的二次形式，即对正负两个部分分别以 τ（$0 < \tau < 1$）和 $1-\tau$ 的权重进行加总，可以通过回归得到被解释变量的 Expectile 的估计，而分位点回归模型则是通过最小化加权的残差绝对值之和来估计回归参数。非对称最小二乘方法自提出以后得到了越来越多研究者的关注，原因在于 Expectile 计算更简单，对极端值的反应也更加敏感，并且可以和分位点相互转化，是一种很好的风险测度方法。

5.3.2　线性 Expectile 模型设定与参数估计

假设从如下的线性回归模型中产生一组样本观测值 $\{(y_t, x_t), t=1,2,\cdots,T\}$：

$$y_t = x_t^{\mathrm{T}}\beta + u_t \tag{5.46}$$

式中，$x_t = \left(1, x_{t,1}, \cdots, x_{t,p}\right)^{\mathrm{T}}$；含截距项的系数向量 $\beta = \left(\beta_0, \beta_1, \cdots, \beta_p\right)^{\mathrm{T}}$；$u_t$ 为误差项。当取不同的损失函数时，式（5.46）将变为不同的回归模型，如最常见的线性均值回归模型以及分位点回归模型，回归系数 β 的估计能够由最小化特定的损失函数获得。可以给出线性均值回归即最小二乘法的损失函数为

$$L(\beta) = \sum_{t=1}^{T} \left(y_t - x_t^{\mathrm{T}}\beta\right)^2 \tag{5.47}$$

此外，可以将线性分位点回归的损失函数表示为

$$L(\beta; \alpha) = \sum_{t=1}^{T} \rho_\alpha \left(y_t - x_t^{\mathrm{T}}\beta\right) \tag{5.48}$$

式中，α 取值为 $(0,1)$；$\rho_\alpha(\cdot)$ 是凸函数，形式为

$$\rho_\alpha(\lambda) = |\alpha - I(\lambda < 0)| \cdot |\lambda| \tag{5.49}$$

式中，$I(A)$ 为事件 A 的示性函数。

需要注意的是，分位点回归的损失函数在 0 处不可导，最小化式（5.48）来进行参数估计时存在困难。Newey 和 Powell（1987）介绍了 Expectile 回归模型来得到一种与分位点回归相似但是计算更为简便的度量风险的方法，并基于 ALS 方法对参数进行估计，具体为最小化如下的损失函数：

$$L(\beta; \tau) = \sum_{t=1}^{T} \left(y_t - x_t^{\mathrm{T}}\beta\right) \tag{5.50}$$

式中，$0 < \tau < 1$。不同于线性均值和分位点回归的是 $\eta_\tau(\cdot)$ 为非对称平方损失函数，具体表达式如下：

$$\eta_\tau(\lambda) = |\tau - I(\lambda < 0)| \cdot \lambda^2 \tag{5.51}$$

因而易得最小化式（5.50）的一阶条件如下：

$$\sum_{t=1}^{T} \left|\tau - I\left(y_t - x_t^{\mathrm{T}}\beta < 0\right)\right| \left(y_t - x_t^{\mathrm{T}}\beta\right) x_t = 0 \tag{5.52}$$

进而，基于 ALS 方法的参数 β 的估计式为

$$\hat{\beta}(\tau) = \left(\sum_{t=1}^{T} \left| \tau - I\left(y_t - x_t^{\mathrm{T}} \hat{\beta}(\tau) < 0 \right) \right| x_t x_t^{\mathrm{T}} \right)^{-1} \left(\sum_{t=1}^{T} \left| \tau - I\left(y_t - x_t^{\mathrm{T}} \hat{\beta}(\tau) < 0 \right) \right| x_t y_t \right)$$

（5.53）

对于从某一分布产生的数据，如果满足 Newey 和 Powell（1987）设定的某些条件，Expectile 回归的参数 $\beta(\tau)$ 的 ALS 估计是唯一的，且满足相合性以及渐近正态性等良好性质。Kuan 等（2009）把 ALS 拓展到了平稳和弱相依的金融数据的同时也给出了参数估计的统计渐近性。对于这些 ALS 估计的统计性质更为详细的介绍和证明请参考 Newey 和 Powell（1987）以及 Kuan 等（2009）的文献。从形式上看，ALS 相当于权重为 $\left| \tau - I\left(y_t - x_t^{\mathrm{T}} \beta < 0 \right) \right|$ 的加权最小二乘，那么自然地，上面两篇文献的结论可以视为加权最小二乘估计的推广性质。基于 Expectile 回归的 ALS 估计的渐近正态性，可以容易地进行参数的假设检验和置信区间估计。

与分位点回归相似，得到参数估计如下：

$$\hat{\mu}(\tau) = x \hat{\beta}(\tau)$$

（5.54）

Newey 和 Powell（1987）将 $\mu(\tau)$ 称作 Y 的 τ 水平 Expectile。$\mu(\tau)$ 是 τ 的严格单调增函数，且对 $\tilde{Y} = aY + b$，$a > 0$，有 $\mu_Y(\tau) = \alpha \mu_Y(\tau) + b$。

5.3.3　EVaR

分位点风险价值（quantile-based VaR，QVaR）用分布的 $L(\theta)$ 分位点的绝对值来估计，$\mathrm{QVaR}(\theta) = |v(\theta)|$，$|v(\theta)|$ 可以通过最小化以下损失函数 $L(\theta)$ 得出：

$$L(\theta) = E\left(|\theta - I(X \leqslant v)| \, |X - v(\theta)| \right)$$

在 $1 - \theta$ 水平下，基于预期的风险价值（expectile-based VaR，EVaR）相比 QVaR，对损失函数 $L(\theta)$ 做出改进，变为平方损失，即

$$L(\theta) = E\left(|\theta - I(X \leqslant v)| \, |X - v(\theta)|^2 \right)$$

（5.55）

极小化式（5.55）中所得到的 $|v(\theta)|$ 即为 EVaR 值。由于 EVaR 是非对称的，可以采用非对称最小二乘法来计算。式（5.55）的优势在于损失函数是可微的。极小化式（5.55）可得

$$\theta \int_{\mu}^{\infty} |x - v| \, \mathrm{d}F_x(x) + (\theta - 1) \int_{-\infty}^{v} |x - v| \, \mathrm{d}F_x(x) = 0$$

（5.56）

化简后可得

$$\frac{\displaystyle\int_{-\infty}^{v}|x-v|\,\mathrm{d}F_x(x)}{\displaystyle\int_{-\infty}^{\infty}|x-v|\,\mathrm{d}F_x(x)}=\theta \tag{5.57}$$

可以看出 Expectile 方法计算出的 EVaR 值既与尾部分布的概率有关，也与尾部分布的取值有关，所以不会出现 QVaR 方法中对极端值不敏感的情况，提高了准确性。

5.4　TIR 模型

5.4.1　TIR 模型简介

分位点回归是利用因变量的条件分位点建模，可以研究变量之间的关系在不同的分位点水平上，包括在尾部上如何变化。TIR 模型利用描述尾部分布的统计量即尾部指数建模，专门利用尾部数据的信息进行更进一步的研究。尾部是由钟形曲线表示相应分布曲线的左右末端部分，其显示观测极端事件发生的统计概率。尾部分析在精算学、统计学、经济学、金融学、工程学、地质学、生态学、网络通信、生命科学和许多其他领域引起了相当大的关注。许多实证研究表明，资产收益、汇率、操作风险、大额保险理赔都表现出明显的重尾特征。在极限条件下，这类金融资产重尾分布的尾部特征都可以用幂律分布逼近，帕累托（Pareto）分布便是典型之一，其在模拟相应兴趣变量尾部分布情况时，发挥了重要的作用。相比于正态分布，它可以更好地刻画尾部分布来做出恰当的市场假设。

5.4.2　TIR 模型的设定

考虑帕累托类型的极值分布，兴趣变量的尾部分布 $S(y)$ 可以写成

$$S(y)=P(Y>y)=y^{-\alpha}L(y) \tag{5.58}$$

式中，α 为尾部指数且满足 $\alpha>0$，其值越小，$S(y)$ 趋近于 0 的速度便会越慢，尾部越长，从而 Y 产生极端值的概率越大，即越容易发生极端事件，因此，可以用尾部指数的大小来描述兴趣变量尾部分布的厚尾程度，即危机发生的概率；$L(y)$ 为慢变化函数，无具体形式，但满足条件 $\lim\limits_{y\to\infty}\dfrac{L(y_t)}{L(y)}=1$。

5.4.3　TIR 模型参数估计方法

为了估计尾部指数 α ，Hill（1975）通过顺序统计量构建了一个估计量，被称为希尔（Hill）估计量。Wang 和 Tsai（2009）扩展了希尔估计量，提出 TIR 模型，设定尾部指数 α 为外生变量的函数。假定 $Y_i \in \mathbb{R}^1$ 从重尾分布中抽样，$X_i = (X_{i1}, \cdots, X_{ip}) \in \mathbb{R}^p$ 是可观测的外生变量，尾部指数 α 与可观测外生变量 X 具有如下关系：

$$\ln\{\alpha(X)\} = X^{\mathrm{T}}\theta \tag{5.59}$$

式中，$\theta = (\theta_0, \theta_1, \cdots, \theta_{p-1}) \in \mathbb{R}^p$ 为待估回归系数向量。随后，由式（5.58）可得到

$$S(y;x) = P(Y_i \geqslant y | X_i = x) = y^{-\alpha(x)} L(y;x) \tag{5.60}$$

为了估计参数，根据 Hall（1982）的观点，假设 $L(y)$ 以合理的速度收敛至常数，满足：

$$L(y;x) = c_0(x) + c_1(x) y^{-\beta(x)} + O\left(y^{-\beta(x)}\right) \tag{5.61}$$

式中，$c_0(x)$、$c_1(x)$ 和 $\beta(x)$ 为 x 的未知函数，$c_0(x) > 0$，$\beta(\cdot)$ 为正函数；$O(\cdot)$ 为高阶剩余项。因此，当 y 趋于极值时，式（5.61）对 y 求导，可以近似得到条件密度函数：

$$f(y;x) \approx c_0(x)\alpha(x) y^{-\alpha(x)-1} \tag{5.62}$$

得到密度函数之后，为了估计尾部指数，模型需要通过阈值 ω_n 来确定有效样本量。对式（5.62）在 $[\omega_n, \infty)$ 积分，可得

$$\int_{\omega_n}^{\infty} f(y;x)\mathrm{d}y \approx c_0(x)\omega_n^{-\alpha(x)} = 1 \tag{5.63}$$

从而计算得到 $c_0(x) = \omega_n^{-\alpha(x)}$。代入式（5.62），可以得到条件密度函数：

$$f(y;x, Y > \omega_n) \approx \alpha(x)(Y_i / \omega_n)^{-\alpha(x)} y^{-1} \tag{5.64}$$

其负对数似然函数为

$$K_n(\theta) = -\ln L(\theta) = \sum_{j=1}^{n}\left\{\exp(X^{\mathrm{T}}\theta)\ln\left(\frac{Y_i}{\omega_n}\right) - X^{\mathrm{T}}\theta\right\} I(Y_i > \omega_n) \tag{5.65}$$

式中，$I(\cdot)$ 为示性函数，在函数内条件满足时为 1，否则为 0。通过最小化式（5.65），即可得到参数 θ 的近似极大似然估计。

此外，在参数估计的过程中，阈值 ω_n 的选择也非常重要，其决定了模型中

有效样本的数量，目前部分文献运用经验法来确定 ω_n、选取尾部样本的大小。为了确保估计精度，可以应用 Wang 和 Tsai（2009）提出的方法来确定阈值 ω_n，选择尾部样本量，即最小化经验分布 $\{\hat{U}_i : Y_i > \omega_n\}$ 和均匀分布 $U(0,1)$ 之间的差异测度：

$$\hat{D}(\omega_n) = n_0^{-1} \sum_{i=1}^{n} \left(\hat{U}_i - \hat{F}_n(U_t)^2 I(Y_i > \omega_n) \right) \qquad (5.66)$$

式中，$n_0 = \sum_{i=1}^{n} I(Y_i > \omega_n)$ 为在选定阈值 ω_n 条件下的有效样本数量；$\hat{F}_n(\cdot)$ 为 $\hat{U}_i$ 的经验分布；$\hat{U}_i = \exp\left\{ -\exp\left(X_i^{\mathrm{T}} \theta \right) \ln\left(Y_i / \omega_n \right) \right\}$。

5.5　TailCoR 模型

5.5.1　TailCoR 模型简介

在任何概率水平下，用 TailCoR 模型来描述尾部相关性都是准确的，它不依赖于任何特定的分布假设，也不需要优化。在椭圆分布的假定下，TailCoR 模型还可以分解成线性相关（皮尔逊相关系数）和非线性相关两部分。

5.5.2　TailCoR 模型的基础设定

首先对 TailCoR 模型进行直观的解释。假设随机变量 X_j 和 X_k 在标准化后皮尔逊相关系数为正，那么点 (X_j, X_k) 出现在第 1 象限和第 3 象限的概率更高。存在一条穿过原点的直线 $\theta = \dfrac{\pi}{4}$，将所有的样本点投影到这条直线上，产生一个新的随机变量 Z_{jk}。直观理解为，当两个随机变量正相关性很强时，投影点会分散在整条直线上。如果两个随机变量相关性不强，则投影点会集中在 0 附近。因此，可以用 Z_{jk} 的上分位点和下分位点的差刻画两个随机变量的相关性强弱。

另外，Z_{jk} 的上下分位点的差与尾部相关性也有关系。因为原点附近的数据对于分位点的差没有影响，而尾部的数据对于分位点离差却有重要影响。下面给出 TailCoR 模型的具体构建过程。

假设 $X_t, t = 1, 2, \cdots, T$ 是随机向量，维度是 N，X_{jt} 和 X_{kt} 是其中两个分量，下面给出 X_{jt} 和 X_{kt} 的尾部相关的度量过程。首先对 X_{jt} 进行处理，得到

$$Y_{jt} = \frac{X_{jt} - Q_{0.5}^j}{\text{IQR}_\xi^j} \qquad (5.67)$$

式中，Q_ξ^j 为 X_{jt} 的 ξ 分位点；IQR 表示分位点离差，即 $\text{IQR}_\xi^j = Q_\xi^j - Q_{1-\xi}^j$，通常可以选 $\xi = 0.75$ 和 $\xi = 0.25$ 的分位点对数据进行处理。同样可以对 X_{kt} 进行处理，得到 Y_{kt}。

将 (Y_{jt}, Y_{kt}) 在直线 $\theta = \varphi$ 上投影，得到一个新的随机变量：

$$Z_t^{jk} = Y_{jt} \cos\varphi + Y_{kt} \sin\varphi \qquad (5.68)$$

Z_t^{jk} 的分位点离差定义为

$$\text{IQR}_{\tau,t}^{jk} = Q_{\tau,t}^{jk} - Q_{1-\tau,t}^{jk} \qquad (5.69)$$

式中，$Q_{\tau,t}^{jk}$ 为 Z_t^{jk} 的 τ 分位点，τ 代表对尾部的定义（超过 τ 和 $1-\tau$ 分位点的样本处于极端状况）。

于是 TailCoR 模型定义如下：

$$\text{TailCoR}_{\tau,t}^{jk} = \omega_g(\tau, \xi) \text{IQR}_{\tau,t}^{jk} \qquad (5.70)$$

式中，$\omega_g(\tau, \xi)$ 是一个系数，使得在 X_{jt} 和 X_{kt} 两个随机变量独立的情况下，$\text{TailCoR}_{\tau,t}^{jk}$ 等于 1。

TailCoR 模型有以下几个性质。

（1）由定义得到，当 X_{jt} 和 X_{kt} 相互独立且服从正态分布时，$\omega_g(\tau, \xi)$ 是 $\text{IQR}_{\tau,t}^{jk}$ 的倒数。通过该方法可以得到不同参数 (τ, ξ) 下的 $\omega_g(\tau, \xi)$。

（2）类似于皮尔逊相关系数，输入两个离散时间序列样本，可以得到一个 TailCoR 数值，表示尾部相关性。需要注意的是，TailCoR 并不在[-1, 1]区间内，当然也不以 0 为中心。实际上，由式（5.70）计算出的 TailCoR 大于 1，且呈倒钟形分布。基于蒙特卡罗模拟给出了 TailCoR 在不同分布下的形状。

（3）如果 X_{jt} 和 X_{kt} 服从椭圆分布（概率等值线是椭圆形状，椭圆分布十分广泛，多元正态分布、多元学生 t 分布、多元指数分布等都是椭圆分布），那么 TailCoR 模型有以下性质。

首先，在椭圆分布的假定下，可以证明 X_{jt} 和 X_{kt} 正相关时，最佳投影线是第 1 象限角平分线，$\theta = \dfrac{\pi}{4}$，负相关时为 $\theta = \dfrac{3\pi}{4}$。

其次，TailCoR 模型可以分解成线性和非线性两部分，形式如下：

$$\text{TailCoR}_{\tau,t}^{jk} = \omega_g\left(\tau,\xi\right)\omega\left(\tau,\xi,\alpha\right)\sqrt{1+\left|\rho_{jk}\right|} \qquad (5.71)$$

TailCoR 模型可以看成两个因式相乘，其中一个因式是 $\left(1+\left|\rho_{jk}\right|\right)^{0.5}$，仅由 X_{jt} 和 X_{kt} 之间的皮尔逊相关系数决定，将其定义为线性相关部分，于是剩下的理解成非线性相关部分，即 $\omega\left(\tau,\xi,\alpha\right)$。

容易看出 TailCoR 模型有以下几个优点：①TailCoR 模型计算过程简单，不涉及复杂的方程求解和最优化；②在椭圆分布的假定下，TailCoR 模型可以分解为线性和非线性两部分，便于分析 TailCoR 的变化是线性相关性上升导致的还是非线性相关性导致的；③模型并没有假定原数据的分布情况，适用面更广。

在 TailCoR 模型的计算过程中，需要对式(5.68)中取投影后的随机变量 Z_t^{jk} 的分位点进行计算。如果基于分位点回归模型对分位点进行估计，则分位点仍然随着外生解释变量而变化，由此可以得到动态 TailCoR 的估计。

5.6　本　章　小　结

本章介绍了分位点回归的定义和模型估计方法以及三种其他分析方法与分位点回归相结合而生成的新模型，并在此基础上进一步介绍了与分位点回归相关但存在一定差异的几个重要模型。

第6章 模型的变点检测

6.1 研 究 背 景

从统计学的角度来看，变点指的是使模型中某个或某些变量发生突然变化的点，这种变化通常反映了该模型质的变化。变点问题最早于 1955 年被提出，并应用于工业质量控制领域，检测人员从生产线上抽检产品以检测产品质量是否发生显著波动，特别是检测产品是否超过质量控制的范围，当产品质量发生质变时，希望能够及时预警，以免出现更多次品。在金融领域也存在变点问题，重大风险或突然事件的发生，本质上都是事态的突变，如股价突然大幅上涨或下跌。研究变点问题可以更好地应对各种突发事件，管理系统性风险，使整个金融市场平稳运行。

为了帮助读者更好地理解变点问题，本章内容主要分为以下几部分：6.2 节介绍变点检测的定义、变点检测的分类；6.3 节介绍变点检测在模型优化中的应用，包括 Copula 模型、线性 Expectile 模型以及斜率模型；6.4 节对本章内容进行总结。

6.2 变 点 检 测

6.2.1 变点检测的定义

变点的具体定义为：假设存在一个数据集，且每个数据观测值相互独立，如果在某一时刻，模型中的某个或某些变量突然发生了变化，即存在一个时间点，在该点之前，数据集符合一个分布，在该点之后，数据集符合另外一个分布，则将该点称为该数据集的变点。变点的产生多是由于受到外界强烈冲击的影响，从而确定性趋势发生改变。变点检测即利用一定的统计指标或统计方法，对时间序列的变化状态进行观测，分析并准确识别发生结构变化的具体时点。

变点检测的研究内容主要有以下几方面。

（1）检测序列中是否存在变点。

（2）研究具体有几个变点，以及变点的位置分别位于何处。当序列中仅存在一个变点时，称为单变点问题；若存在多于一个变点，则称为多变点问题。

（3）变点的检验问题，即在已知存在变点的情况下，检验该结论在统计学基础上是否显著成立。

6.2.2　变点检测的分类

根据样本抽样方式的不同，变点检测可分为事中变点检测和事后变点检测。连续地观察某一过程，当检测到变点时就停止观察，称为连续抽样方法或事中变点检测；若从已经完全获得的样本观察值序列中检测是否存在变点，则称为非连续抽样方法或固定样本方法，也称事后变点检测。

从变点变化的形式来看，变点可分为突变和渐变两种，前者是在某一时刻，随机变量的分布形式突然发生改变而服从另一个不相关的分布形式，而后者是在某一阶段内随机变量的分布逐渐发生了微小变化，但在这之后，随机变量的分布形式才真正变化为另一个分布。随后，又有学者在这两种分类的基础上提出了第三种变点，称其为流行的变点，这类变点是指某一阶段内随机变量的分布发生了改变，而在这之后，其分布形式又再次回归到原来的分布。

此外，变点检测根据观察值之间的关系，可分为独立观察数据的变点检测和相依数据的变点检测；根据变点个数，可分为单变点检测和多变点检测；根据分布的均值及方差变化，可分为位置参数变点检测和刻度参数变点检测；根据检测对象，可分为对分布模型的参数的变点检测和对分布函数本身的变点检测等。

本节主要介绍两类常见的变点检测：对分布函数参数的变点检测以及对回归模型中参数的变点检测。

1. 对分布函数参数的变点检测

考虑随机变量序列 $X_1, X_2, \cdots, X_n$ 的分布函数 F 的某一个或多个参数是否发生变化，通常的假设检验的提法是：设随机变量序列 $X_1, X_2, \cdots, X_n$ 的分布函数分别为 $F(x;\theta_1), \cdots, F(x;\theta_n)$，$F$ 已知，这里 x、θ_i 可能为向量，$\theta_i, i=1,2,\cdots,n$ 为参数。原假设与对立假设分别为

$$H_0: \quad \theta_1 = \theta_2 = \cdots = \theta_n$$

H_A: ∃正整数k^*，$1 \leqslant k^* < n$，使得$\theta_1 = \theta_2 = \cdots = \theta_{k^*} \neq \theta_{k^*+1} = \cdots = \theta_n$ （6.1）

这是常见的至多一个变点的模型的假设检验。

1）均值变点

当式（6.1）中的参数 θ 为均值时，则称式（6.1）为关于均值变点的假设检验，属于位置参数变点检测。以下主要介绍两种方法——极大似然比方法和最小二乘法。

（1）极大似然比方法。Yao 和 Davis（1986）用似然比检验统计量对正态分布的均值是否存在变点进行了假设检验。设$\{X_i\}_{i=1}^n$是参数为(μ_i, σ^2)的独立正态随机变量序列，则均值变点的假设检验为

$$H_0: \quad \mu_i = \mu, \quad i = 1, 2, \cdots, n$$

$$H_A: \quad \mu_i = \mu, \quad i = 1, 2, \cdots, k^* \qquad (6.2)$$

$$\mu_i = \mu', \quad i = k^* + 1, \cdots, n$$

式中，μ、μ'、k^*均未知，记$\bar{X}_k$和$\bar{X}_{n-k}$表示前 k 个和后 $n-k$ 个样本的样本均值。被点 k 分割后，样本观察值的组内平方和以及正则化的组间平方和为

$$S_k^2 = \sum_{i=1}^k (X_i - \bar{X}_k)^2 + \sum_{i=k+1}^n (X_i - \bar{X}_{n-k})^2$$

$$T_k^2 = \left(\frac{k(n-k)}{n} \right) (\bar{X}_k - \bar{X}_{n-k})^2, \quad k = 1, 2, \cdots, n-1 \qquad (6.3)$$

则原假设下，似然比检验统计量 W 服从自由度为 $n-2$ 的 t_{n-2} 分布。其中

$$W = \max_{1 \leqslant k \leqslant n-1} (n-2)^{\frac{1}{2}} \frac{|T_k|}{S_k} \qquad (6.4)$$

（2）最小二乘法。Bai（1994）用最小二乘法研究了线性过程均值变点的估计。$\{Y_i\}_{i=1}^n$ 是满足以下模型的一组观察值：

$$M_t = \begin{cases} n^{-\frac{1}{2}} \left(\sum_{i=1}^{(n+1)t} (X_i - \mu)^2 - t \sum_{i=1}^n (X_i - \mu)^2 \right), & 0 \leqslant t \leqslant \dfrac{n}{n+1} \\[4mm] n^{-\frac{1}{2}} \left(\sum_{i=1}^n (X_i - \mu)^2 - t \sum_{i=1}^n (X_i - \mu)^2 \right), & \dfrac{n}{n+1} < t \leqslant 1 \end{cases} \qquad (6.5)$$

$X(t)$是一个线性随机过程：

$$X(t) = \sum_{j=1}^{\infty} a_j \varepsilon_{t-j} = a(B)\varepsilon_t \tag{6.6}$$

式中，$a(B) = \sum_{j=0}^{\infty} a_j B^j, B^j \varepsilon_t = \varepsilon_{t-l}, l \geq 0, a(1) = \sum_{j=0}^{\infty} a_j \neq 0$；$\varepsilon_t$ 为白噪声，则变点 k^* 的最小二乘估计定义为

$$\hat{k} = \arg\min_k (S_k^2) = \arg\min_k (T_k^2) \tag{6.7}$$

2）方差变点

当式（6.1）中的参数 θ 为随机变量的方差时，则称式（6.1）为关于方差变点的假设检验，属于刻度参数变点检测。

Gombay 和 Horváth（1996）对独立随机变量的方差变点进行了检验和估计。假定 $\{X_i\}_{i=1}^n$ 是独立同分布的，且

$$X_i = \begin{cases} \mu + \sigma_1 \varepsilon_i, & 1 \leq i \leq k^* \\ \mu + \sigma_2 \varepsilon_i, & k^* < i \leq n \end{cases} \tag{6.8}$$

$\{\varepsilon_i\}_{i=1}^n$ 也是独立同分布的，且与 $\{X_i\}_{i=1}^n$ 是相互独立的。同时，$E[\varepsilon_i] = 0$，$E[\varepsilon_i^2] = 1$，$E[|\varepsilon_i|^4] < \infty$。

当 μ 已知时，检验统计量是基于以下函数构建的：

$$M_t = \begin{cases} n^{-\frac{1}{2}} \left(\sum_{i=1}^{(n+1)t} (X_i - \mu)^2 - t \sum_{i=1}^{n} (X_i - \mu)^2 \right), & 0 \leq t \leq \dfrac{n}{n+1} \\[4mm] n^{-\frac{1}{2}} \left(\sum_{i=1}^{n} (X_i - \mu)^2 - t \sum_{i=1}^{n} (X_i - \mu)^2 \right), & \dfrac{n}{n+1} < t \leq 1 \end{cases} \tag{6.9}$$

M_t 也可以改写为

$$M_t = n^{\frac{1}{2}} t(t-1) \left\{ \frac{1}{nt} \sum_{i=1}^{(n+1)t} (X_i - \mu)^2 - \frac{1}{n - nt} \sum_{i=(n+1)t}^{n} (X_i - \mu)^2 \right\}, \quad 0 \leq t \leq \frac{n}{n+1}$$

记 $\gamma = \mathrm{var}(X_1 - \mu)^2, q(t) = (t(1-t))^v, 0 \leq v \leq \dfrac{1}{2}$：

$$\begin{aligned} A(t) &= (2\ln t)^{\frac{1}{2}} \\ D(t) &= 2\ln t + \frac{1}{2}\ln\ln t - \frac{1}{2}\ln\pi \end{aligned} \tag{6.10}$$

则在原假设下，且 ε_i 同时满足 $E[|\varepsilon_i|^4]\ln(|\varepsilon_i|+1) < \infty$ 时，有

$$\lim_{n \to \infty} P \left\{ A(\ln n) \frac{1}{v} \sup_{0<t<1} \left(|M_n| /(t(1-t))^{\frac{1}{2}} \right) \leqslant x + D(\ln n) \right\} = \exp \left\{ -2e^{-x} \right\}$$

当 $\sup\limits_{0<t<1} |M_n|/q(t)$ 很大时，拒绝原假设，变点估计量可定义为

$$\hat{\tau}(v) = \min |M_n|/q(t) \tag{6.11}$$

2. 对回归模型中参数的变点检测

针对回归模型中的参数变点研究通常依靠两种常见的估计方式实现，即加权最小二乘法和极大似然方法。

Krishnaiah 和 Miao（1988）运用这两种方法分别研究了分段线性回归模型中的变点估计，模型如下：

$$\mu(t) = \begin{cases} \beta_1^T h_1(t) + \varepsilon_t, & 0<t \leqslant t_0 \\ \beta_2^T h_2(t) + \varepsilon_t, & t_0<t \leqslant 1 \end{cases} \tag{6.12}$$

1）加权最小二乘方法

假设给定权重向量 $W = (w_1, w_2, \cdots, w_N)$，得

$$Q(\beta, \alpha) = \sum_{k=1}^{\tau(\alpha)} w_k (x_k - \beta_1^T h_1(t_k))^2 + \sum_{k=\tau(\alpha)+1}^{N} w_k (x_k - \beta_2^T h_2(t_k))^2 \tag{6.13}$$

$$Q(\hat{\beta}, \hat{\tau}) = \min \left\{ Q(\beta, \tau), \beta_j \in \mathbb{R}^{p_j}, j = 1, 2 \right\} \tag{6.14}$$

式中，$\beta = (\beta_1^T, \beta_2^T)^T$。$(\widehat{\beta^T}, \widehat{\tau^T})$ 即 β 和 τ 的加权最小二乘估计，如果 $W = 1$，那么 $(\widehat{\beta^T}, \widehat{\tau^T})$ 即 β 和 τ 的普通最小二乘估计。

计算 $(\widehat{\beta^T}, \widehat{\tau^T})$ 可分为以下两步。

（1）固定 τ，$Q(\tau) = Q(\hat{\beta}(\tau), \tau) = \min \left\{ Q(\beta, \tau), \beta_j \in \mathbb{R}^{p_j}, j = 1, 2 \right\}$。

（2）$Q(\hat{\tau}) = \min Q(\tau) = \min(Q_1(\tau) + Q_2(\tau))$，则 $\hat{\tau} = \arg \min Q(\tau)$。

2）极大似然方法

当式（6.12）中的 ε_t 服从正态分布时，对数似然函数为

$$\ln L(\beta^T, \sigma_1^2, \sigma_2^2, k) = \frac{1}{2} \ln 2\pi - \frac{1}{2} \left(k \ln \sigma_1^2 + (n-k) \sigma_2^2 \right)$$
$$- \frac{1}{2} \left(\sigma_1^{-1} \sum_{i=1}^{k} w_i (Y_i - \beta_1^T h_1(X_i))^2 + \sigma_2^{-1} \sum_{i=k+1}^{n} w_i (Y_i - \beta_2^T h_2(X_i))^2 \right)$$

$$\tag{6.15}$$

固定 k，使得

$$\ln L(k) = \ln L(\hat{\beta}^{\mathrm{T}}, \hat{\sigma}_1^2, \hat{\sigma}_2^2, \hat{k})$$

$$= \max\left\{\ln L(\beta^{\mathrm{T}}, \sigma_1^2, \sigma_2^2, k), \beta_j \in \mathbb{R}^p, \sigma_i^2 \geqslant 0, i = 1, 2\right\}$$

$$= -\frac{n}{2}\ln 2\pi - \frac{1}{2}\left(k\ln\hat{\sigma}_1^2(k) + (n-k)\ln\hat{\sigma}_2^2(k) - n\right) \quad （6.16）$$

则变点估计量为

$$\hat{k} = \arg\max\left\{\ln L(k)\right\} = \arg\min\left\{k\ln\frac{1}{k}S_1(k) + (n-k)\ln\frac{1}{n-k}S_2(k)\right\} （6.17）$$

式中，$S_1(k)$ 和 $S_2(k)$ 分别为前 k 个和后 $n-k$ 个观察值的样本方差，此方法也可以推广到多个变点的情形。

当模型存在多个变点时，可以运用二分法予以解决，具体检测方法为：先识别是否存在单变点，若没有单变点，说明整个序列上不存在变点；若存在单变点，则该变点将整个序列分为两个子集，对这两个子集分别识别是否存在单变点，若都不存在，则序列仅含一个变点；如果有一个子集或者两个子集存在单变点，则再重复上述步骤，直到所有子集中都检测不出变点为止。

6.3 变点检测在模型优化中的应用

在金融危机之后，金融领域的系统性风险受到了极大关注。当金融市场发生系统性风险时，会造成金融市场信息中断，金融功能丧失，经济增长受阻。变点检测应用在研究金融危机传染以及金融联动中往往发挥着重大作用。当发生紧急情况、重大风险或者突然事件，如金融危机、某个银行倒闭、自然风险时，金融市场中会出现变点。识别变点、研究变点可以更好地处理各种突发事件，做好风险防范，因此很多度量金融联动性的模型都会应用变点检测方法。本节主要列举 Coupla 模型、线性 Expectile 模型以及斜率模型的拓展应用。

6.3.1 Copula 模型的变点检测方法

Copula 模型的变点检测方法重点研究模型的尾部指数，观察是否发生结构性变化，即是否存在变点，常应用于检验是否存在金融危机传染。

本节以含有一个参数的二元阿基米德 Copula 函数为例，给出相应的变点检测方法。

如果样本容量为 n，观测数据为 $(x_1, y_1), \cdots, (x_n, y_n)$，则原假设和对立假设分别可以表示为

$$H_0 : \gamma_1 = \gamma_2 = \cdots = \gamma_n$$
$$H_1 : \gamma_1 = \cdots = \gamma_{k^*} \neq \gamma_{k^*+1} = \cdots = \gamma_n \tag{6.18}$$

如果拒绝原假设，则 k^* 即为变点时刻，在这两个假设下，参数 γ 和 k^* 都是未知的。如果 $k^* = k$ 已知，则可以首先对分段数据的 Copula 函数进行极大似然估计，进而构建如下的对数似然比统计量：

$$-2\ln \Lambda_k = 2\left(\sum_{i=1}^{k} \ln C_{12}(\hat{\gamma}_k ; F(x_i), G(y_i)) + \sum_{i=k+1}^{n} \ln C_{12}(\hat{\gamma}_{k^*} ; F(x_i), G(y_i)) \right.$$
$$\left. - \sum_{i=1}^{n} \ln C_{12}(\hat{\gamma}_n ; F(x_i), G(y_i)) \right) \tag{6.19}$$

式中，$\hat{\gamma}_k$、$\hat{\gamma}_{k^*}$、$\hat{\gamma}_n$ 分别为相应数据段参数 γ 的极大似然估计。

如果 k^* 未知，当统计量 $Z_n = \max\limits_{1 \leqslant k \leqslant n}(-2\ln \Lambda_k)$ 很大时，就可以拒绝原假设，即模型存在变点。根据 Csörgö 和 Horváth（1997）的文献中的推论 1.3.1，在满足一系列正则条件且 $h(n) \geqslant \dfrac{1}{n}$，$l(n) \geqslant \dfrac{1}{n}$ 的条件下，当 $x \to \infty$ 时，$Z_n^{\frac{1}{2}}$ 的渐近分布为

$$\lim_{n \to \infty} P\left(Z_n^{\frac{1}{2}} \geqslant x \right) = \frac{x^p \exp\left(-\dfrac{x^2}{2}\right)}{2^{\frac{p}{2}} \Gamma\left(\dfrac{p}{2}\right)} \cdot \left(\ln \frac{(1-h(n))(1-l(n))}{h(n) \cdot l(n)} \right.$$
$$\left. - \frac{p}{x^2} \ln \frac{(1-h(n))(1-l(n))}{h(n) \cdot l(n)} + \frac{4}{x^2} + O\left(\frac{1}{x^4}\right) \right) \tag{6.20}$$

式中，p 为在假设下可能改变的参数个数；n 为观测值的个数；$\Gamma(\cdot)$ 为伽马函数；$O\left(\dfrac{1}{x^4}\right)$ 为奇异值。Csörgö 和 Horváth（1997）的研究指出，经过蒙特卡罗模拟分析得出：当 $h(n) = l(n) = \dfrac{(\ln n)^{3/2}}{n}$ 时，式（6.20）收敛速度最快，进而 $Z_n^{\frac{1}{2}}$ 的 P 值和拒绝原假设的临界值都能够得到。如果拒绝原假设，即存在变点，则变点时刻 k^* 的估计为

$$\hat{k}^* = \arg \max_{1 \leqslant k \leqslant n} (-2\ln \Lambda_k) \tag{6.21}$$

6.3.2　线性 Expectile 模型的变点检测

线性 Expectile 模型利用分位点回归方程来确定变点的位置，再将数据依据变点分成两段，常应用于比较危机传染发生前后的系数，以度量金融危机传染的程度。

本节主要讨论线性 Expectile 模型中变点的位置。通过对参数 β 发生较大的变化时刻的估计，可以找出变点的位置。在这里为了简化模型，假设只有一个变点存在，所在位置为 t_0，则得到如下模型：

$$y_i = \begin{cases} x_i^{\mathrm{T}} \beta_\tau^1 + \mu_i, & 1 \leqslant i \leqslant t_0 \\ x_i^{\mathrm{T}} \beta_\tau^2 + \mu_i, & t_0 < i \leqslant T \end{cases} \tag{6.22}$$

Krishnaiah 和 Miao（1988）对于这里的变点问题已经有过结论，据此定义：

$$V_t = \min_{\beta_\tau^1, \beta_\tau^2} \left(\sum_{i=1}^t \rho_\tau(y_i - x_i^{\mathrm{T}} \beta_\tau^1) + \sum_{i=t+1}^T \rho_\tau(y_i - x_i^{\mathrm{T}} \beta_\tau^2) \right) \tag{6.23}$$

在 t 时刻将数据分成两段，并分别应用线性 Expectile 模型进行拟合，V_t 为两段数据的残差和。变点位置的估计 $\hat{t}_0$ 为使 V_t 达到最小的时刻，即 $\hat{t}_0 = \arg\min(V_t)$。如果 $\hat{t}_0$ 不唯一，即有多个时刻使 V_t 同时达到最小，则以最小的时刻作为变点位置的估计。

6.3.3　斜率模型的变点检测

斜率模型主要通过斜率系数的变化来度量金融危机传染程度，系数较大时，说明受到的影响比较大。

本节探讨最简单的斜率变点模型，假定已知一条曲线中有且只有一个斜率变点，由于多数观测序列不易用曲线方程表达，因而无法用微积分求导数的方法求出各点的斜率，只能用求某点两侧一些相继数据点的线性回归系数的方法近似地求出某时刻点两侧较短时间间隔内曲线的斜率。某点两侧曲线斜率之差可以反映该点两侧斜率变化的幅度，类似于一阶差分。

考虑如下的模型：

$$y_i = \begin{cases} a_1 x_{i,1} + b_1 x_{i,2} + u_i, & 1 \leqslant i \leqslant t_1 \\ a_2 x_{i,1} + b_2 x_{i,2} + u_i, & t_1 < i \leqslant T \end{cases} \tag{6.24}$$

这里假定斜率变点位置为 t_1，同样将数据分为两段，得到的回归系数分别为 $\hat{b}_1$ 和 $\hat{b}_2$，并计算两个系数的差值 $\text{Delta}_t = |\hat{b}_1 - \hat{b}_2|$，则斜率变点的估计值 $\hat{t}_1$ 为使 Delta_t

达到最大的时刻，即 $\hat{t}_1 = \arg\max(\text{Delta}_t)$。同样地，对于几个时刻同时达到最大的情况，以最小的时刻作为斜率变点位置的估计。

6.4　本 章 小 结

近年来，变点检测在各个领域都备受关注。变点检测主要包含两方面：一是确定变点是否存在；二是估计变点的个数和所在的位置。两类常见的变点检测问题为对分布函数参数的变点检测问题以及对回归函数中参数的变点检测问题。其中分布函数参数的变点检测问题包括均值变点检测和方差变点检测，回归函数中参数的变点检测问题主要运用加权最小二乘方法和极大似然方法解决。一般而言，单变点问题居多，若模型存在多个变点，则可以运用二分法予以解决。此外，本章以 Copula 模型、线性 Expectile 模型以及斜率模型为例，进一步阐述了变点检测方法在具体模型应用中的优化。

第7章 相依结构的动态化建模

面对当今错综复杂的国际经济金融形势，厘清国际股市间的风险传染路径，量化国际股市间的动态相依性显得尤为重要，因为其不仅可以为各国（地区）股市监管部门提供决策依据，也可以为投资者进行资产的全球化配置提供支持。由于国际股市间风险溢出效应具备全球性、交互性、非对称性、动态时变性及系统性等特征，因而近些年来受到了业界和学术界的普遍关注。

本章内容主要是在前面章节的基础模型上做出一定的改进，得到动态化的具体模型。7.1 节介绍描述模型时变特征的马尔可夫机制转换模型；7.2 节介绍变系数模型并结合分位点回归模型引出变系数分位点回归模型；7.3 节在平滑转换条件相关系数模型的基础上，结合动态 Copula 模型，提出时变动态 Copula 模型——平滑转移波动率 Copula（the smooth transition volatility Copula，ST-VCopula）模型；7.4 节和 7.5 节则分别从局部多项式回归角度和傅里叶变换角度对分位点相协回归模型进行时变上的改进；7.6 节对本章内容进行总结。

7.1 马尔可夫机制转换模型

马尔可夫机制转换模型一经提出，就被很多学者不断地运用到各种经济和金融研究的领域中，通过将其引入其他波动模型中，显示出了许多优于其他传统的非线性金融时间序列模型的特点。根据金融数据的不同波动特征，对应地设置不同的状态，使拟合和预测更为准确，此类变结构模型也会更加有意义。例如，Hamilton（1989）通过设置波动的不同状态，即低波动、中波动和高波动，成功地区分了股票收益率周数据变结构现象。

7.1.1 马尔可夫机制转换模型概述

金融风险往往具有时变特征，为了描述模型的时变特征问题，Hamilton

（1989）最早提出了马尔可夫机制转换模型。该模型的主要思想就是把一个时间序列非线性的过程分割转化为若干个线性过程，通过引入一个不可观测的状态变量，由数据自行识别状态来描述时间序列数据的变换特征。

马尔可夫机制转换模型也称区制转换模型，该模型的状态转换过程如下。

令 y_t 为所观测的样本序列，$y^t = (y_1, y_2, \cdots, y_t)$ 表示从初始到 t 时期的观测样本的向量，Θ 为不同状态的参数集，S_t 为不可观测的外生变量，用来描述状态之间的转换，且状态之间服从马尔可夫过程，$S^{t-1} = (S_1, S_2, \cdots, S_t)$ 表示对应每个时刻的状态。若 t 时刻的状态 $S_t = i$，那么 y_t 的条件密度为

$$f(y_t) = f\left(y_t \mid S_t = i, y^{t-1}; \Theta\right) \tag{7.1}$$

上述模型允许给定变量在不同样本之间变化。该模型中的状态变量 S_t 是无法直接观察到的，但是其任一时刻的状态的概率都能以信息集推出，其中基于某一时刻而获得的概率称为过滤概率，而基于全部观测值获得的概率称为平滑概率。

条件密度只依赖于当前的状态而与过去的状态无关：

$$f\left(y_t \mid S_t = i, y^{t-1}; \Theta\right) = f\left(y_t \mid S_t = i, S_{t-1} = j, S_{t-2} = k, \cdots, y^{t-1}; \Theta\right) \tag{7.2}$$

假设有 K 个状态变量 S_t 且 S_t 服从遍历的齐次不可约马尔可夫链，其转移概率为

$$\Pr\{S_t = j \mid S_{t-1} = i, S_{t-2} = k, \cdots\} = P\{S_t = j \mid S_{t-1} = i\} = P_{ij} \tag{7.3}$$

式中，P_{ij} 为 $t-1$ 时刻的状态 i 转换到 t 时刻的状态 j 的概率，状态转移概率可以写成如下矩阵：

$$P = \begin{pmatrix} p_{11} & p_{12} & \cdots & p_{1n} \\ p_{21} & p_{22} & \cdots & p_{2n} \\ \vdots & \vdots & & \vdots \\ p_{m1} & p_{m2} & \cdots & p_{mn} \end{pmatrix} \tag{7.4}$$

式中，$p_{m1} + p_{m2} + \cdots + p_{mn} = 1$。

设 S_t 的状态为 i，则 S_{t+1} 的状态为 i 的概率为 p_{ii}，S_{t+2} 的状态为 i 的概率为 p_{ii}^2，以此类推，在下一时刻到达状态 i 的概率为 p_{ii}^3，那么到达状态 i 的平均时间为

$$1 + p_{ii} + p_{ii}^2 + \cdots = \frac{1}{1 - p_{ii}} \tag{7.5}$$

在研究金融风险系数时变性的过程中，可以通过马尔可夫机制转换模型来

描述某个状态波动的周期和持续时间。

7.1.2　马尔可夫机制转换模型在金融中的应用

1）模型介绍

da Silva Filho 等（2012）提出了马尔可夫机制动态 Copula 模型，Fei 等（2017）利用该模型研究了信用违约掉期与股市的相互依赖性。Copula 的依赖参数 ρ_t 的演变参照 ARMA(1, 10)过程：

$$\rho_t^{S_t} = \Lambda\left(w^{S_t} + \beta\rho_{t-1}^{S_t} + \alpha\Gamma_n\right) \tag{7.6}$$

式中，w^{S_t}、α、β 为 Copula 函数中的待求参数；Γ_n 则定义如下：

$$\Gamma_n = \begin{cases} \dfrac{1}{10}\sum_{j=1}^{10} F^{-1}(u_{t-j})F^{-1}(v_{t-j}), & \text{椭圆Copula} \\[3mm] \dfrac{1}{10}\sum_{j=1}^{10}|u_{t-j} - v_{t-j}|, & \text{阿基米德Copula} \end{cases}$$

$\Lambda(\cdot)$ 为逻辑转换模型，用于确保 $\rho_t^{S_t}$ 的值为-1～1，不同的 Copula 模型也对应了不同的转换模型，例如，椭圆 Copula 模型对应的是 $\Lambda(x) = \dfrac{1 + \mathrm{e}^{-x}}{1 - \mathrm{e}^{-x}}$，Gumble Copula 对应的是 $\Lambda(x) = 1 + x^2$，SJC Copula 则对应的是 $\Lambda(x) = \dfrac{1}{1 + \mathrm{e}^{-x}}$；$S_t$ 为状态变量。也就是说，在不同的状态下，动态 Copula 参数 ρ_t 具有不同的演变方式，这是由不同的截距项引起的。正如 da Silva Filho 等（2012）所提出的，这种演变称为隐马尔可夫链。因此，Fei 等（2017）提出了期望最大（expectation-maximum，EM）算法用于参数估计。此外，Fei 等（2017）通过在自回归系数中添加政权切换来进一步优化该模型，并得到以下方程：

$$\rho_t^{S_t} = \Lambda\left(w^{S_t} + \beta^{S_t}\rho_{t-1}^{S_t} + \alpha\Gamma_n\right) \tag{7.7}$$

将状态数设置为 k，从本质上讲，da Silva Filho 等（2012）和 Fei 等（2017）提出的模型包含 k 种不同的进化，分别是进化 1 到进化 k。在此估计中，每个时刻的 Copula 密度是将该时刻下不同状态 S_t 的密度加权计算得到的，其中权重被设定为滤波概率，然后使用极大似然估计方法得到参数估计。

Copula 参数 ρ_t 遵循隐马尔可夫过程，因此每个时刻都有 k 个不同的 ρ_t。da Silva Filho 等（2012）和 Fei 等（2017）都不能准确地确定 ρ_t 的实时时间序列。da Silva Filho 等（2012）使用平滑概率（稍后描述）来估计矩 t 的状态，然后在相应状态下提取 ρ_t。这使 da Silva Filho 等（2012）的研究中 ρ_t 的时间序列显示出明显的跳跃，而 ρ_t 在同一制度下的演变变得过于平滑。更重要的是，该方法不显示 ρ_t 过程中的过滤概率或平滑概率。

为了得到 ρ_t 的时间序列，设 $\rho_t = \sum_{i=1}^{k} p_{i,t}\rho_{i,t}$，其中 $\rho_{i,t}$ 和 $p_{i,t}$ 分别是对应于时刻 t 不同状态的 Copula 参数和平滑概率。与 da Silva Filho 等（2012）的方法相比，该方法更好地显示了 ρ_t 的值。但是由于 $\rho_t = \sum_{i=1}^{k} p_{i,t}\rho_{i,t}$ 是估计之后计算得来的，估计过程中没有用到 ρ_t，因此 ρ_t 可能与真实值存在偏差。

受 Fei 等（2017）的启发，将 ρ_t 的演变重写为

$$\rho_t = \sum_{i=1}^{k} \Lambda\left(w^{S_t=i} + \beta^{S_t=i}\rho_{t-1} + \alpha\Gamma_n + \sum_{j=1}^{m} \gamma_j z_{j,t} \right) P\left(S_t = i \mid I_t \right) \tag{7.8}$$

式中，$P\left(S_t = i \mid I_t \right)$ 为过滤概率；I_t 为时刻 t 的所有信息；$z_{j,t}$ 为宏观经济成分；m 为宏观经济成分的数量；γ_j 为 $z_{j,t}$ 的系数。这种演变使 ρ_{t-1} 在每一刻不同制度下的迭代中成为一个唯一的值，也就是说，它使 ρ_t 每刻只有一次进化，而 da Silva Filho 等（2012）和 Fei 等（2017）的模型有 k 种不同的进化。通过改进模型，可以获得 ρ_t 的时间序列，而不会影响模型的拟合能力。与式（7.7）相比，假设式（7.8）中的 α 不随状态变化而变化。

2）估计方法和渐近性质

需要估计的模型参数包括 GARCH 参数和 Copula 参数。GARCH 模型的估计方法的影响是相对较小的。本节仅讨论如何估计 Copula 模型的参数。$S_t \in \{1, 2, \cdots, K\}$ 表示了在时刻 t 对应的可能的 K 个状态，而状态的转移概率如下：

$$p_{ij} = P\left(S_{t+1} = j \mid S_t = i \right), \quad i, j = 1, 2, \cdots, K; \sum_{j=1}^{K} p_{ij} = 1 \tag{7.9}$$

本章假定 $K=2$，因为两个状态的模型是马尔可夫机制转换模型中最常见的设定，并且由两个状态的模型扩展至多个状态的模型也是较好实现的。

估计的参数向量表示为 $\theta = \left(\alpha, \beta_1, \beta_2, \omega_1, \omega_2, p_{11}, p_{22}, \gamma \right)^{\mathrm{T}}$（对于不同的 Copula，采用相同的估计方法）。此外，当前可用的信息为 $I_t = \sigma u_{t-1}, v_{t-1}, u_{t-2}, v_{t-2}, t = 1, 2, \cdots, T$。

由于 $f\left(x_1, x_2 \right) = c\left(F_1\left(x_1 \right), F_2\left(x_2 \right) \right) f\left(x_1 \right) f\left(x_2 \right)$，有

$$\ln \sum_t f\left(x_{1,t}, x_{2,t} \right) = \ln \sum_t c\left(u_t, v_t; \theta \right) + \ln \sum_t f_{x_1}\left(x_{1,t} \right) f_{x_2}\left(x_{2,t} \right) \tag{7.10}$$

跟随 Fei 等（2017）的研究，基于 Copula 密度函数 c，使用极大似然估计方法估计 θ：

$$\theta = \operatorname{argmax} L(\theta; I_{T+1}) - \sum_{t=1}^{T} \ln c_t(u_t, v; \rho_t \mid I_{T+1}, \theta) - \sum_{t=1}^{T} \ln c_t(u_t, v; \rho_t \mid I_t, \theta) \quad （7.11）$$

密度函数 c 可以用以下形式表示：

$$
\begin{aligned}
c_t(u_t, v_t, \rho_t \mid I_t, \theta) &= \sum_{i=1}^{2} \sum_{j=1}^{2} c(u_t, v_t, \rho_t \mid S_t = i, S_{t-1} = j, I_t, \theta) P(S_t = i, S_{t-1} = j \mid I_t, \theta) \\
&= \sum_{i=1}^{2} \sum_{j=1}^{2} c(u_t, v_t, \rho_t \mid S_t = i, I_t, \theta) P(S_t = i, S_{t-1} = j \mid I_t, \theta)
\end{aligned}
$$

$$（7.12）$$

式（7.12）中有两个位置需要计算，密度函数中的 ρ_t 和 $P(S_t = i, S_{t-1} = j \mid I_t, \theta)$。

关于 ρ_t，可以通过式（7.8）中的演化方程直接得到它。

由于：

$$P(S_t = i, S_{t-1} = j \mid I_t, \theta) = P(S_{t-1} = j \mid I_t, \theta) \times P(S_t = i \mid S_{t-1} = j, I_t, \theta) \quad （7.13）$$

式中，$P(S_t = i \mid S_{t-1} = j, I_t, \theta)$ 是切换概率；$P(S_{t-1} = j \mid I_t, \theta)$ 可以通过式（7.14）的递归获得

$$
\begin{aligned}
& P(S_{t-1} = j \mid I_t, \theta) \\
&= \sum_{i=1}^{2} P(S_{t-1} = j, S_{t-2} = i \mid I_t, \theta) \\
&= \sum_{i=1}^{2} \frac{c(u_{t-1}, v_{t-1}, \rho_{t-1} \mid S_{t-1} = j, S_{t-2} = i, I_{t-1}, \theta) P(S_{t-1} = j, S_{t-2} = i \mid I_{t-1}, \theta)}{c(u_{t-1}, v_{t-1}, \rho_{t-1} \mid I_{t-1}, \theta)} \\
&= \sum_{i=1}^{2} \frac{c(u_{t-1}, v_{t-1}, \rho_{t-1} \mid S_{t-1} = j, I_{t-1}, \theta) P(S_{t-2} = i \mid I_{t-1}, \theta) p_{ij}}{c(u_{t-1}, v_{t-1}, \rho_{t-1} \mid I_{t-1}, \theta)} \quad （7.14）
\end{aligned}
$$

给定初始值 $P(S_0 = i)$，可以获得式（7.12）中所有的 P。然后可以求解式（7.11）中的极大似然估计，以获得参数 θ。

之后，可以计算平滑概率，即 $P(S_t = j \mid I_T, \theta)$。平滑概率能够较好地捕获 t 时刻处于状态 $S_t = j$ 的概率，在实际应用中具有重要意义。计算平滑概率的算法如下。

首先，平滑概率 $P(S_t = i \mid I_T, \theta)$ 等于 $t=T$ 中的滤波概率。此外，对于每个 $t = T-1, T-2, \cdots, 1$，有

$$P\left(S_t = j, S_{t+1} = k \mid I_T, \theta\right)$$

$$= P\left(S_{t+1} = k \mid I_T, \theta\right) \times P\left(S_t = j \mid S_{t+1} = k, I_T, \theta\right)$$

$$= P\left(S_{t+1} = k \mid I_T, \theta\right) \times P\left(S_t = j \mid S_{t+1} = k, I_t, \theta\right)$$

$$= \frac{P\left(S_{t+1} = k \mid I_T, \theta\right) \times P\left(S_t = j \mid I_t, \theta\right) \times P\left(S_{t+1} = k \mid S_t = j, \theta\right)}{P\left(S_{t+1} = k \mid I_t, \theta\right)}$$

$$= \frac{P\left(S_{t+1} = k \mid I_T, \theta\right) \times P\left(S_t = j \mid I_t, \theta\right) \times P\left(S_{t+1} = k \mid S_t = j, \theta\right)}{\displaystyle\sum_{i=1}^{2} p_{i,k} P\left(S_t = i \mid I_t, \theta\right)} \quad (7.15)$$

然后，使用 $P\left(S_t = j \mid I_T, \theta\right) = \displaystyle\sum_{k=1}^{2} P\left(S_t = j, S_{t+1} = k \mid I_T, \theta\right)$ 和已知的滤波概率，可以通过向后递归得到平滑概率。

在多元模型和边际模型的某些正则假设（与经典极大似然估计假设相同）下，上述方法估计的参数满足渐近多元正态分布：$\sqrt{T}\left(\hat{\theta} - \theta_0\right) \to N\left(0, H_0^{-1} B_0 \left(H_0^{-1}\right)^{\mathrm{T}}\right)$，$H_0$ 和 B_0 分别是评分矩阵和黑塞矩阵的期望。

马尔可夫机制转换模型，也称作机制或者体制转换模型。该模型最早由 Hamilton（1989）提出。Hamilton 在自回归模型的基础上通过引入马尔可夫机制转换模型，建立了三状态两阶滞后的马尔可夫机制转换模型。

根据 Hamilton（1989）的马尔可夫机制转换模型，将样本所处的状态通过设置不同常数项和回归系数来刻画。例如，考虑一阶自回归模型如下：

$$y_t = \mu_{S_t} + \alpha_{S_t} y_{t-1} + \varepsilon_t \quad (7.16)$$

式中，y_t 表示所观测的样本序列；μ_{S_t}、α_{S_t} 分别表示 t 时刻所处状态的均值和回归系数；误差项 $\varepsilon_t \sim \mathrm{i.i.d.}\, N\left(0, \sigma^2\right)$。由于无法确定结构变化发生的时间，即状态的转换不能视为确定事件，所以可由不可观测的外生变量 S_t 来描述状态之间的转换。

假设有 k 个状态变量 S_t，且 S_t 服从遍历的齐次不可约马尔可夫链，其转移概率为

$$P\{S_t = j \mid S_{t-1} = i\} = \eta_{ij}, \quad i, j = 1, 2, \cdots, k \quad (7.17)$$

式中，η_{ij} 表示 $t-1$ 时刻的状态 i 转换到 t 时刻的状态 j 的概率。

y_t 的条件密度为

$$f\left(y_t \mid S_t = i, y^{t-1}, \Theta\right) = \frac{1}{\sqrt{2\pi\sigma_t^2}} \exp\left(-\frac{\left(y_t - \mu_{S_t} - \alpha_{S_t} y_{t-1}\right)^2}{2\sigma_t^2}\right) \tag{7.18}$$

记 $y^t = (y_1, y_2, \cdots, y_t)$、$S^t = (S_1, S_2, \cdots, S_t)$ 分别为从初始到 t 时期的观测样本的向量和对应每个时刻的状态，Θ 为不同状态下全部的参数集。

在研究一些金融时间序列的过程中，可以通过马尔可夫机制转换模型来捕捉某个状态波动的周期和持续时间。通过这些变量的波动特征，为分析并预测波动的趋势提供有力的工具。

假设马尔可夫机制转换模型有 k 个状态变量 S_t，且 S_t 服从遍历的齐次不可约马尔可夫链。设 S_t 的状态为 i，转移到 $t+1$ 时刻状态 S_{t+1} 为 i 的概率为 η_{ii}，再转移到 $t+2$ 时刻状态 S_{t+2} 为 i 的概率为 η_{ii}^2。以此类推，之后的时刻，保持或到达状态 i 的概率为 $\eta_{ii}, \eta_{ii}^2, \eta_{ii}^3, \cdots$。由马尔可夫链的性质，到达状态 i 的平均时间为

$$1 + \eta_{ii} + \eta_{ii}^2 + \eta_{ii}^3 + \cdots = \frac{1}{1 - \eta_{ii}} \tag{7.19}$$

7.2　变系数模型及其应用

最近几十年来，变系数模型已经在理论应用上得到了迅速发展，在金融计量方面具有广泛的应用，变系数模型能够对实际数据的易变性进行研究分析。对于收益率序列，它不仅能很好地刻画其分布特征，而且比一般的正态分布更能捕捉市场的风险特征。

在描述相依性方面，使用最广泛的方法是相关系数和线性回归模型，但因上述模型和方法只考虑到了变量之间的对称线性相关关系，所以在实际研究中具有一定的局限性，而在非线性相依建模方面，分位点回归模型是一种常用的工具，该模型已经被广泛用于检测金融变量之间的相依性和相依结构。

本节介绍变系数模型与变系数分位点回归模型，变系数分位点回归模型是变系数模型与分位点回归方法的一种结合应用与推广，由于线性分位点模型不能描述参数随着时间的变化趋势，当前的大多数实证研究都假定风险带来的影响是对称的，进而考察风险的平均影响，但实际中这种关系往往是非对称的，可以通过运用不同分位点来实现。因此，为了研究在某一时间段内，回归系数会不会随着时间推移或某种极端事件的发生而产生较为显著的变化，本节将分位点回归方法用变系数模型加以推广得到变系数分位点回归模型，从而探讨不

同时间节点或市场状态下产生的具体影响效应等实际问题。

7.2.1　变系数模型简介

一般来说，学者通常会使用回归函数作为研究两个随机变量间关系的工具，当回归函数的形式已经确定后，参数统计结构往往需要一些模型假设，其中线性模型假设是最简单、方便的一种，但由于线性模型是一种较为理想化的模型，其产生的数据常常会具有较大的偏差，为了更实际地解决问题，学者又提出了许多其他的参数模型，例如，增加参数个数将模型推广为多项式回归模型等。然而，在实际应用当中，回归函数的形式通常是未知的，非参数回归模型能够解决这个问题，非参数回归是指不对未知函数的形式做任何具体的假定，而是假定其具有某种属性，它虽然稳健，但容易使未知函数的估计产生大的方差，且由于非参数函数估计方法本质上讲都是局部估计或局部光滑的，要想使函数在某点得到比较充分的估计，必须使其邻域内包含足够多的数据，但当变量为高维时，这个条件不易满足，此时非参数的估计方法会产生较差的估计效果，这种现象即为"维数祸根"，为了解决这个问题，学者提出了多种降维方法，例如，投影追踪法、切片逆回归法、单指标模型法、函数近似方法等。

其中，函数近似方法的原理是放宽对传统参数模型的条件，从而得到半参数回归模型，如可加模型、低维交互模型、部分线性模型、变系数模型等，其中，变系数模型已经被研究者广泛地应用于多维非参数回归、广义线性模型、非线性时间序列模型、纵向数据、函数数据、生存数据、金融数据和经济数据等各个领域中。

变系数模型设定如下：

$$m(U,X) = X^\mathrm{T} a(U) \qquad\qquad (7.20)$$

式中，U、$X = (X_1, \cdots, X_p)^\mathrm{T}$ 均为随机变量；$a(U) = (a_1(U), \cdots, a_p(U))^\mathrm{T}$ 为未知函数系数；$m(U,X) = E(Y|U,X)$ 为回归函数，变系数模型允许系数关于变量 U 是光滑的，认可了 U 和 X 间的非线性交互效应，从统计模型的角度看，变系数模型中的变量 U 可以不是单个变量，若 $U = (U_1, \cdots, U_p)^\mathrm{T}$，$E(\varepsilon) = 0$，则变系数模型变为

$$Y = a_1(U_1)X_1 + a_2(U_2)X_2 + \cdots + a_p(U_p)X_p + \varepsilon \qquad (7.21)$$

不难发现，这是一个一般性的模型，当 $a_n(U_n) = \beta_n, n = 1, 2, \cdots, p$ 时，即所有

的系数都是常数时，即为常见的线性模型。

变系数模型未知函数系数 $a(U)$ 的估计方法主要有三种：核-局部多项式光滑方法、多项式样条方法、光滑样条方法，由于变系数模型本质上是一种局部线性模型，因此一般认为核光滑方法的估计更加合理，接下来本章将简单介绍核–局部多项式光滑方法。

$f(U)$ 表示 U 的密度函数，$e_{k,m}$ 表示第 k 个分量为 1 的 m 维向量，对于任意一个函数 $g(u)$，用 $g^{(k)}(u)$ 表示 $g(u)$ 关于 u 的 k 阶导数，令 $\mu_i = \int u^i K(u)\mathrm{d}u$，$v_i = \int u^i K^2(u)\mathrm{d}u$，$K(u)$ 为核函数。

对于变系数模型即式（7.21），假定 $(U_i, X_i^{\mathrm{T}}, Y_i), i=1,2,\cdots,n$ 是来自 (U, X^{T}, Y) 的样本，其中 $E(\varepsilon)=0$，$\mathrm{VaR}(\varepsilon)=\sigma^2(U)$，对于每一个给定的 u，$a(u)$ 的局部线性估计 $\hat{a}(u)$ 为极小化式（7.22）得出的估计值：

$$L(a,b) = \sum_{i=1}^{n}\left\{Y_i - X_i^{\mathrm{T}}a - X_i^{\mathrm{T}}b(U_i - u)\right\}^2 K_h(U_i - u) \qquad （7.22）$$

式中，$K_h(x) = K(x/h)/h$，$K(t)$ 是核函数，通常采用 Epanechnikov 核函数，即 $K(u) = 0.75(1-u^2)I(|u|\leqslant 1)$，$h$ 为窗宽。令

$$X = (X_1,\cdots,X_n)^{\mathrm{T}}$$
$$U_n = \mathrm{diag}(U_1 - u,\cdots,U_n - u)$$
$$\Gamma_u = (X, U_n X), \quad Y = (Y_1,\cdots,Y_n)^{\mathrm{T}}$$
$$W_n = \mathrm{diag}(K_h(U_1 - u),\cdots,K_h(U_n - u))$$

则经过运算可以得到

$$\hat{a}(u) = (I_p, O_p)\left(\Gamma_u^{\mathrm{T}} W_u \Gamma_u\right)^{-1} \Gamma_u^{\mathrm{T}} W_u Y \qquad （7.23）$$

式中，I_p 为 p 阶单位矩阵；O_p 为每个分量为 0 的 p 阶矩阵；$\hat{a}(u)$ 为 $a(u)$ 的局部线性估计，服从渐近正态分布。

变系数模型的产生源于实际问题的研究需要，为了解决在研究实际数据时，一些传统的参数模型容易忽略其中的动态特征的问题，便于捕捉研究对象的动态数据特征，使模型能够更好地拟合数据，研究者对传统的参数模型进行了优化与改进，变系数模型就是线性模型在实际应用中的发展。

7.2.2　变系数模型推广与应用

在刻画相依性方面，使用最广泛的方法是相关系数以及线性回归模型，但这种模型和方法只考虑到了变量之间的对称线性相关关系，具有一定的局限性。自从 Koenker 和 Bassett（1978）提出分位点回归模型以来，该方法在非线性相依建模方面已经成为学者常用的工具。对应于不同的分位点，该模型不仅适用于研究平均相依关系，还适用于度量上尾相依关系和下尾相依关系，并且能够深入探究因变量的分位点与条件变量之间的因果关系。较之传统的回归模型，分位点回归方法在条件变量对因变量的效应上给出了更精确的结果，该模型已经被广泛用于检测金融变量之间的相依性和相依结构。

变系数分位点回归模型是变系数模型与分位点回归方法的结合应用与推广，由于线性分位点模型不能描述参数随着时间的变化趋势，因此学者为了研究在某一时间段内，回归系数会不会随着时间推移或某种极端事件的发生而产生较为显著的变化，将分位点回归方法用变系数模型加以推广得到变系数分位点回归模型。

在线性分位点回归模型与变系数模型的基础上，本节将介绍变系数分位点回归模型的构建与参数估计。假设 Y 为因变量，X 为自变量，Y 的 τ 条件分位点函数满足如下的表达式：

$$Q_y(\tau \mid x) = \inf\left\{b \mid F_y(b \mid x) \geqslant \tau\right\} = \sum_k \beta_k(\tau) x_k = x^{\mathrm{T}} \beta(\tau) \tag{7.24}$$

式中，$F_y(b \mid x)$ 为给定 X 时 Y 的条件分布函数；分位点回归系数 $\beta(\tau)$ 决定了 X 与 Y 的 τ 条件分位点间的相依关系。在给定 τ 值时，系数 $\beta(\tau)$ 的估计是通过使 Y 与 X 间的加权绝对离差最小得到的，即最小化式（7.25）：

$$L(\beta(\tau)) = \sum_{t=1}^n \rho_\tau(y_t - x_t \beta(\tau)) \tag{7.25}$$

式中，$\rho_\tau(u) = (\tau - I(u<0))u$，$I(u<0) = \begin{cases} 1, u<0 \\ 0, u \geqslant 0 \end{cases}$，为示性函数。

给定时间序列 $\{x_t, y_t\}_{t=1}^T$，假设 Y 和 X 之间满足上述线性分位点回归模型，为了研究回归系数 $\beta(\tau)$ 会不会随着时间 t 发生较为显著的变化，对线性分位点回归模型进行推广，得到变系数分位点回归模型：

$$Q_\tau(U_t, X_t) = \sum_{k=0}^d X_t \beta_{k,\tau}(U_t) = X_t^{\mathrm{T}} \beta_\tau(U_t) \tag{7.26}$$

式中，U_t 为一维平滑变量，可以是解释变量 X_t 的某一分量，也可以是一个外生变量；$\beta_{k,\tau}(\cdot)$ 为平滑系数函数，$\beta_\tau(\cdot)=(\beta_{0,\tau}(\cdot),\cdots,\beta_{d,\tau}(\cdot))^{\mathrm{T}}$，即将线性分位点回归模型中的系数 $\beta(\tau)$ 推广为随着 U_t 变化的函数。

接下来将基于局部多项式回归思想给出变系数分位点回归模型参数的估计。假定观测值为 $\{(U_t,X_t,Y_t)\}_{t=1}^n$，$\beta_\tau(\cdot)$ 具有 $q+1$ 阶导数（$q\geqslant 1$），在 U_t 的任一点 u_0 附近，$\beta_\tau(\cdot)$ 可以进行 q 阶泰勒展开：

$$\beta_\tau(U_t)\approx\sum_{j=0}^q\gamma_j(U_t-u_0)^j$$

式中，$\gamma_j=\beta^{(j)}/j!$，$\beta^{(j)}(u_0)$ 是 $\beta(u_0)$ 的第 j 阶导数，进而分位点可以表示为

$$Q_\tau(U_t,X_t)\approx\sum_{j=0}^q X_t^{\mathrm{T}}\gamma_j(U_t-u_0)^j \tag{7.27}$$

在 u_0 附近，可以通过最小化式（7.28）得到变系数分位点回归模型中的参数值：

$$L(\beta_\tau)=\sum_{t=1}^n\rho_\tau\left(Y_t-\sum_{j=0}^q X_t^{\mathrm{T}}\gamma_j(U_t-u_0)^j\right)K_h(U_t-u_0) \tag{7.28}$$

式中，$K_h(x)=K(x/h)/h$，$K(\cdot)$ 是核函数，h 为窗宽，在实证分析时常用 Epanechnikov 核函数：$K(u)=0.75(1-u^2)I(|u|\leqslant 1)$。

最小化式（7.28）可以得到参数向量 γ_j 的估计量，记为 $\hat\gamma_j$，则 $\beta(u_0)$ 的局部多项式估计为 $\hat\beta(u_0)=\hat\gamma_j$，且 $\beta(u_0)$ 的第 j 阶导数的估计为 $\hat\beta^{(j)}(u_0)=j!\hat\gamma_j(j\geqslant 1)$。

如果要捕捉系数随着时间的变化特征，则选择平滑变量为时间 t，考虑如下的变系数分位点回归模型：

$$q_\tau(t,X_t)=\beta_0(t)+\beta_1(t)X_{1t}+\cdots+\beta_p(t)X_{pt} \tag{7.29}$$

为了得到截距和系数 $\beta_j(t),j=0,1,\cdots,p$ 随着时间的变化趋势，在实证分析时可以采用局部线性方法对其进行估计，在时刻 t_0，该模型的系数记为 $\beta_j(t_0),j=0,1,\cdots,p$，系数的一阶导数记为 $\beta_j'(t_0),j=0,1,\cdots,p$，则上述系数值和导数值的估计可以通过最小化下式得到

$$L(\beta_\tau)=\min_{\beta_j,\beta_j'}\sum_{t=1}^n\rho_\tau\left(Y_t-\sum_{j=0}^p\left(\beta_j(t_0)+\beta_j'(t_0)(t-t_0)X_{jt}\right)\right)K_h(t-t_0)$$

7.3　平滑转换条件相关系数思想及应用

　　线性模型在金融与计量经济学领域已有广泛的应用，然而，基本经济理论通过对已实现过程的观察，发现金融序列中的非线性行为并不少见，因此在一些实际研究中需要使用非线性模型，如切换回归模型、平滑转换（smooth transition，ST）模型、马尔可夫切换回归模型等。其中，平滑转换模型包含了连续的线性状态，转换变量控制着从一种状态到另一种状态的转换，该模型使用的转换变量通常是固定随机变量或时间等确定性的变量。平滑转换模型与线性模型及其他非线性模型相比，优势在于其机制转换具有连续性特征，更符合现实经济运行的特点，因此，目前涵盖平滑转换模型的统计建模已有大量的研究成果，该模型在金融领域得到了广泛应用。

　　在平滑转换模型的基础上，Hurn 等（2016）为了更好地描述二元因变量下潜在指数行为的基本结构变化，建立了平滑转换条件相关（smooth transition conditional correlation，STCC）系数模型并推导出了模型参数的极大似然估计量及其渐近特性。该模型的优势之一在于，它允许条件相关系数通过一个转移变量进行平滑转换，该变量是一个可观测的随机变量，这个变量的选取可以有很多种，只要满足具有经济意义、获取便捷等条件就可以作为一个候选的研究指标。

　　本章参照叶五一等（2018）的做法，在平滑转换条件相关系数模型的基础上，结合动态 Copula 模型，提出了时变动态 Copula 模型——ST-VCopula 模型，该模型能够分析不同状态下的市场波动率是否影响市场间联动性的变动。由于模型中的转移变量可以作为相关性的外生变量，并且变量的选取不唯一，因此该模型在研究外生金融变量对金融市场间相关性的影响当中具有较大的价值。

7.3.1　平滑转换模型

　　在经济学的许多实际问题中，对于属于不同范围的变量，各经济变量间的关系往往是不同的，例如，生产能力接近饱和与经济疲软、生产能力过剩时，厂商决策模型会存在差异等。在研究类似问题时，学者主要用机制转换模型来进行描述，从而得到许多非线性时间序列模型，简单的单方程形式是

$$y_t = \alpha_0 + \alpha_1 x_{t-1} + (\beta_0 + \beta_1 x_{t-1}) F(x_{t-d} - \mu) + u_t \qquad （7.30）$$

$F(x_{t-d} - \mu)$ 即为转换函数，正是转换函数设定与状态变量 x_{t-d} 选取的不同，才

产生不同特征的机制转换模型。当转换函数 $F(x_{t-d} - \mu)$ 选取平滑转换函数时，得到的模型即为平滑转换模型，形式如下：

$$y_t = x_t^{\mathrm{T}} \Phi_1 + \left(x_t^{\mathrm{T}} \Phi_2\right) G(\gamma, c; s_{t-d}) + u_t \qquad (7.31)$$

式中，Φ_1 和 Φ_2 为参数向量；y_t 为被解释变量；x_t^{T} 为解释变量组成的向量；$G(\gamma, c; s_{t-d})$ 为转换函数，随着状态变量 s_{t-d} 的变化，$G(\gamma, c; s_{t-d})$ 在两个极端值 0 与 1 间平滑转变，这两个极端值可以理解为机制转换模型中的两个极端状态；转换变量 s_{t-d} 可以是一个滞后的内生变量，也可以是一个外生变量；参数 γ 决定了转换的速度，从而决定了从一种机制向另外一种机制转换的平滑性；c 为转换发生的位置参数。目前常用的转换函数 $G(\gamma, c; s_{t-d})$ 形式有指数函数和逻辑函数两种，如下：

$$G(\gamma, c; s_{t-d}) = 1 - \exp\left(-\gamma\left(s_{t-d} - c\right)^2\right), \qquad \gamma > 0$$

$$G(\gamma, c; s_{t-d}) = \left(1 + \exp\left(-\gamma\left(s_{t-d} - c\right)\right)\right)^{-1}, \qquad \gamma > 0$$

平滑转换模型由于能够细致地刻画变量不同状态间的非线性转换，较好地描述变量之间的非线性、非等效的联动效应，已经成为非线性关系研究的典型工具之一，如今成功应用于经济、金融、资本市场、宏观政策模拟等领域。接下来，本章将重点介绍在平滑转换模型基础上发展延伸出的平滑转换条件相关系数模型及其在金融中的应用。

7.3.2 平滑转换条件相关系数模型

独立二元观测值对外生解释变量的依赖关系通常能够在概率模型 $\Pr(y_i = 0, 1 | x_i, \phi)$ 方面捕捉到，其中 x_i 是一个 $n \times 1$ 的可观察条件变量的向量，ϕ 是一个合适的模型参数向量，y_i 为因变量，序列 $\{y_i\}, i = 1, 2, \cdots, N$ 被视为独立的序列，N 为事件的个数。一般来说，模型通常以不可观察变量的索引函数的形式进行强制转换，对于每一个 i：

$$y_i^* = x_i^{\mathrm{T}} \phi + e_i \qquad (7.32)$$

式中，e_i 为具有对称分布的独立同分布扰动项，通常，指标 y_i^* 与观察到的有限因变量 y_i 间的关系是当 y_i^* 为正时，$y_i = 1$，实现这种关系要求下式成立：

$$\Pr(y_i = 1 | x_i, \phi) = \Pr\left(x_i^{\mathrm{T}} \phi + e_i > 0\right) = F\left(x_i^{\mathrm{T}} \phi\right) = \left(1 + \exp\left\{-x_i^{\mathrm{T}} \phi\right\}\right)^{-1}$$

式中，e_i 具有分布的对称性；$F(*)$ 表示 e_i 的累积分布函数，为 Logistic 分布。

选择平滑转换条件相关系数模型解决问题具有的优势是在确定 y_i^* 的任何变化方式和时间上都具有很大的灵活性。为了更加灵活地捕捉变量时变的特征，模型被指定为非线性灵活形式：

$$y_i^* = x_i^\mathrm{T} \phi + x_i^\mathrm{T}{}_i \psi G(s_i; \gamma, c) + e_i \tag{7.33}$$

式中，ϕ 和 ψ 为 $n \times 1$ 的参数向量；x_i 为 $n \times 1$ 的独立可观察变量的向量；s_i 要么是一个独立的平稳随机变量，要么是一个确定性随机变量；e_i 为 Logistic 分布的独立同分布扰动项，并且

$$G(s_i; \gamma, c) = \left(1 + \exp\{-\gamma(s_i - c)\}\right)^{-1} = G(s_i), \quad \gamma > 0 \tag{7.34}$$

是一个跃迁函数，围绕位置参数 c，在（0，1）中有界。为了便于识别，斜率参数 γ 假设为正，这意味着 $G(s_i)$ 严格递增，因此，因素的负荷变化从 ϕ 到 $\phi + \psi$ 随 s_i 值的增加而增加。参数 γ 的作用是控制从一个极端状态过渡到另一个极端状态的速度，随着 γ 的数值增加，过渡变得迅速，最终接近一个 $\gamma \to \infty$ 的阶跃函数。在另一个极端，$\gamma = 0$ 表示 $G(s_i) = 1/2$，可以视为将模型简化为标准线性模型即式（7.32）。

由上文可得平滑转换条件相关系数模型：

$$\Pr(y_i = 1 | x_i, \phi) = \Pr\left(x_i^\mathrm{T}\phi + x_i^\mathrm{T}\psi G(s_i; \gamma, c) + e_i > 0\right) F\left(x_i^\mathrm{T}\phi + x_i^\mathrm{T}\psi G(s_i; \gamma, c)\right)$$

$$= \left(1 + \exp\left\{-\left(x_i^\mathrm{T}\phi + x_i^\mathrm{T}\psi G(s_i; \gamma, c)\right)\right\}\right)^{-1} \tag{7.35}$$

式中，$F(*)$ 为累积分布函数；$G(s_i; \gamma, c)$ 由式（7.34）定义。该模型在确定 y_i^* 的任何变化方式和时间上都具有很大的灵活性，可以形式化地检验潜在指数模型的函数形式的线性。

7.3.3　ST-VCopula 模型

1. 模型简介

自 20 世纪 90 年代以来，世界金融危机多次发生，越来越多的学者意识到对金融危机期间联动性变化进行分析研究的必要性，而相关性的显著增加被认为是危机传染发生的重要检验标准之一，因此针对相关性的研究方法层出不穷。目前多数研究忽略了外生金融变量对金融市场间相关性的影响，所使用的模型一般都缺乏对相关性的驱动因素的刻画，因此外生变量对市场间相关性的影响是一个极具研究意义的课题。

在实际研究中可以发现，当美国股票市场处在一个较高的波动率水平时，它与其他市场间的相关性是低波动率水平下的 2～3.5 倍，股票市场异常高水平的波动率是使市场间相关性增大的重要因素，可以说，尤其是在波动率水平较高时，波动率是影响相关性的重要因素已经成为被大众普遍接受的观点，因此，在研究市场间相关关系受到外生变量的影响时，波动率可以作为一个合适的外生变量。

以二元条件 Copula 函数为例进行说明：考虑一个具有边缘分布 $F_1(\cdot\,|\,\Omega)$、$F_2(\cdot\,|\,\Omega)$ 的二元联合分布函数 F，Ω 是信息集，那么就存在条件 Copula 函数使得

$$F(x_1, x_2\,|\,\Omega) = C(F_1(x_1\,|\,\Omega), F_2(x_2\,|\,\Omega)) \tag{7.36}$$

若 $C(\cdot\,|\,\cdot)$ 是条件 Copula 函数，$F_1(x_1\,|\,\Omega)$、$F_2(x_2\,|\,\Omega)$ 是随机变量 x_1、x_2 的边缘分布函数，那么 $F(x_1, x_2\,|\,\Omega)$ 是二元条件联合分布函数。

平滑转换条件相关系数模型假设两个变量之间的条件相关系数由一个范围在[0,1]的平滑函数 f_t 构成。近几年来，Copula 技术不断发展，为研究变量间的相依关系提供了新的思路。根据已有的研究，二元变量之间的相关性可能会随着波动率等外生变量发生变化，为了研究该问题，本节将平滑转换条件相关系数模型平滑转移的思想应用到动态 Copula 模型中，从 Copula 参数受外生变量影响的角度，假定其相关性参数是波动率变量的函数，提出了一种新的时变动态 Copula 模型：ST-VCopula 模型。

2. 模型构建

令平滑函数 f_t 成为波动率 x_t 的函数，公式如下：

$$\rho_t = \alpha f_t + \beta(1 - f_t)$$
$$f_t = \left(1 + \exp(-\gamma(x_t - c))\right)^{-1}$$

式中，$\gamma > 0$；α 和 β 为变量之间的相关系数，前者是低相关水平，后者为高相关水平；f_t 随着 x_t 的增加而增加，这个模型可以用来捕捉市场波动率增加时相关性增强的情形。假定二元 Copula 参数按照上述模式演化，进而提出如下的 ST-VCopula 模型，Copula 函数假定为 $C(u, v\,|\,\Theta_t)$，Θ_t 为 Copula 函数中的参数向量集合，且

$$\Theta_t = \Theta_l f_t + \Theta_h(1 - f_t)$$
$$f_t = \left(1 + \exp(-\gamma(x_t - c))\right)^{-1}$$

式中，$\gamma > 0$；x_t 为某外生变量，上述模型将参数向量集合 Θ_t 看作 Θ_l、Θ_h 的加权平均；权重 f_t 为外生变量的平滑函数。在建模时需要注意参数向量集合 Θ_t 的取值范围，例如，选择二元正态 Copula，那么 Θ_t 只包含一个相关系数参数 ρ_t，取值范围为 $[-1, 1]$。

3. 模型估计

由条件联合分布的函数表达式即式（7.36），可以得到二元条件联合密度函数如下：

$$h_t(x, y \mid \Omega_{t-1}; \theta_h)$$
$$\equiv c_t(F_1(x_{1t} \mid \Omega_{t-1}, \theta_1), F_2(x_{2t} \mid \Omega_{t-1}, \theta_2) \mid \Omega_{t-1}, \theta_{c,t}) f_1(x_{1t} \mid \Omega_{t-1}, \theta_1) f_2(x_{2t} \mid \Omega_{t-1}, \theta_2)$$

式中，$c_t(F_1(x_{1t} \mid \Omega_{t-1}, \theta_1), F_2(x_{2t} \mid \Omega_{t-1}, \theta_2) \mid \Omega_{t-1}, \theta_{c,t})$ 为动态 Copula 密度函数；$f_1(x_{1t} \mid \Omega_{t-1}, \theta_1)$ 与 $f_2(x_{2t} \mid \Omega_{t-1}, \theta_2)$ 为动态边缘密度函数。

对 Copula 参数进行动态建模，然后通过极大化如下动态 Copula 函数的对数似然函数值来估计各模型的参数：

$$L(\theta) = \sum_{t=1}^{T} \ln c_t(F_1(x_{1t} \mid \Omega_{t-1}, \theta_1), F_2(x_{2t} \mid \Omega_{t-1}, \theta_2) \mid \Omega_{t-1}, \theta_{c,t})$$
$$+ \sum_{t=1}^{T} \ln f_1(x_{1t} \mid \Omega_{t-1}, \theta_1) + \sum_{t=1}^{T} \ln f_2(x_{2t} \mid \Omega_{t-1}, \theta_2)$$

式中，θ_1、θ_2、$\theta_{c,t}$ 分别为各边缘分布和 Copula 函数的参数；T 为时间序列的长度。参数估计过程可以分成如下两步进行：首先利用一元金融波动模型对时间序列进行建模；再利用拟极大似然函数方法估计 Copula 函数的参数。

首先，估计边缘分布的参数 $\hat{\theta}_1$、$\hat{\theta}_2$，使其满足：

$$\hat{\theta}_1 = \arg\max L_1(\theta_1) = \arg\max \sum_{t=1}^{T} \ln f_1(x_{1t} \mid \Omega_{t-1}, \theta_1)$$

$$\hat{\theta}_2 = \arg\max L_2(\theta_2) = \arg\max \sum_{t=1}^{T} \ln f_2(x_{2t} \mid \Omega_{t-1}, \theta_2)$$

在估计出参数 $\hat{\theta}_1$、$\hat{\theta}_2$ 后，再估计 Copula 函数的参数 $\hat{\theta}_{c,t}$，使其满足：

$$\hat{\theta}_{c,t} = \arg\max = \arg\max \sum_{t=1}^{T} \ln(c_t(F_t(x_{1t} \mid \Omega_{t-1}, \hat{\theta}_1), G_t(x_{2t} \mid \Omega_{t-1}, \hat{\theta}_2)) \mid \Omega_{t-1}, \hat{\theta}_{c,t})$$

为了检验 ST-VCopula 模型的外生变量是否对 Copula 参数产生显著的影响，在实证研究中可以利用似然比检验的方法进行模型选择的假设检验。

设置原假设为外生变量不对 Copula 参数产生显著影响，即权重 f_t 对参数不产生影响，那么当原假设的约束条件成立时，ST-VCopula 模型退化为一般的静态 Copula 模型。假设其极大似然函数值为 L_R，无约束时 ST-VCopula 模型的极大似然函数值为 L_U，按照似然比检验方法，构造检验统计量 LR = $-2\ln(L_R/L_U)$，当原假设成立时，LR 应渐近服从自由度为 p 的卡方分布，其中 p 为约束条件个数，根据卡方分布临界值表，即可判断模型是否存在显著性差异。

7.4　局部多项式回归思想及其金融应用

在过去的研究中，学术界经常借助参数模型来刻画被解释变量和解释变量之间的关系，但具体设定的模型并不一定能够较好地刻画变量之间的关系。非参数模型的出现使统计学得到了进一步的发展，目前非参数模型的函数类型大致分为两类：第一类是全局上的函数逼近方法，如样条函数和小波函数等方法；另一类则是局部拟合方法，如核估计、局部多项式估计和 K 近邻估计等。本节着重介绍的就是局部多项式估计方法。金融变量之间的关系刻画有时并没有完美的理论支撑，也就无法有把握地提出一个有说服力的函数形式，而相较于过去的参数模型，局部多项式回归模型并不会对变量之间的关系设一个具体的固定函数 $m(x)$，而是让观测到的数据去决定函数形式，这就让局部多项式回归模型能够适用于更多的分布总体，从而得出更有普遍性的结论。

7.4.1　局部多项式回归思想

对于一个含有自变量的非参数回归模型：

$$y_i = r(x_i) + \varepsilon_i, \quad E(\varepsilon_i) = 0, \quad i = 1, 2, \cdots, n$$

式中，$(x_1, y_1), (x_2, y_2), \cdots, (x_n, y_n)$ 为给定的 n 对观测值，x 为自变量，y 为因变量；$r(\cdot)$ 为回归函数；ε_i 为残差。泰勒证明了如果函数足够光滑，在已知函数某一点各阶导数的前提下，泰勒公式可以利用这些导数值作为系数构建一个多项式来近似该函数在这一点的邻域中的值，泰勒定理开创了有限差分理论，表明任何单变量函数都可以展开成幂级数，由一元函数的泰勒公式，又能够进一步证明多元函数的泰勒公式。这表明任意函数都可以用多项式逼近，而局部多项式回归就是用回归变量的局部多项式对响应变量进行逼近的一种方法。由于回归函数的形式未知，因而对于给定的自变量 x_0，距离 x_0 越远的数据点对 $r(x_0)$ 的贡献越少，基于此，仅需要利用 x_0 附近的局部数据点进行函数逼近。假设 $r(x)$ 为 $q+1$ 阶导函数的光滑函数，在 x_0 的局部邻域对 $r(x)$ 进行泰勒展开得到

$$r(x) = r(x_0) + r'(x_0)(x - x_0)$$
$$+ \frac{r''(x_0)}{2!}(x - x_0)^2 + \cdots + \frac{r^{(q)}(x_0)}{q!}(x - x_0)^q + O\left((x - x_0)^{q+1}\right)$$

通过多项式近似可得

$$r(x) \approx r(x_0) + r'(x_0)(x - x_0) + \frac{r''(x_0)}{2!}(x - x_0)^2 + \cdots + \frac{r^{(q)}(x_0)}{q!}(x - x_0)^q$$

用参数表示为

$$r(x) \approx \alpha_0 + \alpha_1(x - x_0) + \alpha_2(x - x_0)^2 + \cdots + \alpha_q(x - x_0)^q = \sum_{j=0}^{q} \alpha_j(x - x_0)^j$$

式中，$\alpha_0, \alpha_1, \cdots, \alpha_q$ 为依赖于 x_0 的局部函数。选择使用局部平方和加权最小的方法对参数做出估计，权函数选择带宽为 h 的核函数 $K_h(x_i - x_0)$，即寻找使 $\sum_{i=1}^{n}\left(y_i - \sum_{j=0}^{q} \alpha_j(x_i - x_0)^j\right)^2 K_h(x_i - x_0)$ 最小的 $\hat{\alpha} = (\hat{\alpha}_0, \hat{\alpha}_1, \cdots, \hat{\alpha}_q)$ 来估计 $\alpha = (\alpha_0, \alpha_1, \cdots, \alpha_q)$。

7.4.2　基于局部多项式思想的金融应用

局部多项式回归思想在金融中的一大应用便是估计时变参数，因为局部多项式回归相当于在一个时间点上对模型参数进行泰勒展开，如果将该时间点代入估计模型，便得到了该时间点上的参数估计值。其估计过程中由于用到了核加权，所以该模型能够用于样本内估计与样本外预测，而且 Fan 和 Gijbels（2018）指出，该方法具有很多优良特点，例如，其克服了一般核加权方法在边界处偏差较大的缺点。需要注意的是，除了基于局部多项式的估计方法之外，滑窗方法、核估计方法也可以用来估计时变参数。但是，Fan 和 Gijbels（2018）指出基于局部多项式的方法比滑窗方法和核估计方法能够产生更加精确和有效的估计，特别是对于数据边界位置的参数估计。

借助局部多项式回归思想，本书将 4.7.1 节的分位点相协回归模型拓展到

时变情形。该拓展有利于分析协变量对两个变量之间相依性的时变影响，同时也能估计两个变量之间相依测度随时间变化的特征。

为了能够研究两个变量之间相依测度随时间的变化情况，本书基于 Fan 和 Gijbels（2018）的研究提出的时变的分位点相协回归模型为

$$\text{qor}(t,\tau\,|\,Z) = \exp\left\{\sum_{k=0}^{m}\frac{\gamma_0^{(k)}(t_0/N,\tau)}{k!}\left(\frac{t}{N}-\frac{t_0}{N}\right)^k + \sum_{i=1}^{p_3}\left(\sum_{k=0}^{m}\frac{\gamma_i^{(k)}(t_0/N,\tau)}{k!}\left(\frac{t}{N}-\frac{t_0}{N}\right)^k\right)Z_{3it}\right\}$$

用向量形式表示为

$$\text{qor}(t,\tau\,|\,Z^*) = \exp\{(Z_3^*)^{\text{T}}\gamma^*(t,\tau)\} \tag{7.37}$$

式中

$$Z_3^* = \left(1, \frac{1}{1!}\left(\frac{t}{N}-\frac{t_0}{N}\right)^1, \cdots, \frac{1}{m!}\left(\frac{t}{N}-\frac{t_0}{N}\right)^m, Z_{31t}, \frac{1}{1!}\left(\frac{t}{N}-\frac{t_0}{N}\right)^1 Z_{31t}, \cdots, \frac{1}{m!}\left(\frac{t}{N}-\frac{t_0}{N}\right)^m Z_{31t},\right.$$

$$\left.\cdots, Z_{3p_3t}, \frac{1}{1!}\left(\frac{t}{N}-\frac{t_0}{N}\right)^1 Z_{3p_3t}, \cdots, \frac{1}{m!}\left(\frac{t}{N}-\frac{t_0}{N}\right)^m Z_{3p_3t}\right)^{\text{T}}$$

$$\gamma^*(t,\tau) = (\gamma_0^{(0)}(t_0/N,\tau), \gamma_0^{(1)}(t_0/N,\tau), \cdots, \gamma_0^{(m)}(t_0/N,\tau),$$

$$\gamma_1^{(0)}(t_0/N,\tau), \gamma_1^{(1)}(t_0/N,\tau), \cdots, \gamma_1^{(m)}(t_0/N,\tau), \cdots, \gamma_{p_3}^{(0)}(t_0/N,\tau),$$

$$\gamma_{p_3}^{(1)}(t_0/N,\tau), \cdots, \gamma_{p_3}^{(m)}(t_0/N,\tau))^{\text{T}}$$

$$t/N \in (t_0/N - h, t_0/N + h)，\quad t, t_0 \in \{1,2,\cdots,N\}，\quad \tau \in (0,1)^2$$

N 为样本容量，h 为带宽，m 为局部多项式的阶数。

该模型可以用来分析两个时间序列的尾部相依关系随时间的变化规律。相依关系可以通过 qor 的大小来衡量。$\text{qor}(t,\tau\,|\,Z)>1$ 表示 t 时刻两个时间序列在 τ 分位点上存在正相依关系；$\text{qor}(t,\tau\,|\,Z)<1$ 表示 t 时刻两个时间序列在 τ 分位点上存在负相依关系；$\text{qor}(t,\tau\,|\,Z)=1$ 表示 t 时刻两个时间序列在 τ 分位点上相互独立。

结合局部多项式的估计思想，本书提出了如下的时变分位点相协回归模型的估计过程。

（1）按照 4.7.2 节中分位点相协回归模型步骤（1）的估计方法，估计参数向量 $\beta_j(\tau_j)$。

（2）类似地，通过 $\hat{A}_i(\tau\,|\,Z_i) = I\left(Y_{1,i} \leqslant Z_{1i}^{\text{T}}\hat{\beta}_1(\tau_1), Y_{2,i} \leqslant Z_{2i}^{\text{T}}\hat{\beta}_2(\tau_2)\right)$ 估计 $A_i(\tau\,|\,Z_i)$，$i=1,2,\cdots,N$。通过求解如下的方程，估计式（7.37）中的参数向量 $\gamma^*(t,\tau)$：

$$N^{-1} \sum_{i=1}^{N} Z_{3i}^{*} \{\hat{A}_i(\tau \mid Z_i) - g((Z_{3i}^{*})^{\mathrm{T}} \gamma^{*}(t, \tau))\} K_h(i/N - t_0/N) = 0, \quad \tau \in (0,1)^2 \quad (7.38)$$

式中，$g(y) = \phi^{-1}(\exp(y))$；$K_h(x) = K(x/h)/h$，$K(\cdot)$是核函数，$h$是带宽。参考 Fan 和 Gijbels（2018）的研究，核函数选择 Epanechnikov 核函数，$K(x) = 0.75(1 - x^2)I(\mid x \mid \leqslant 1)$。

7.5　傅里叶变换思想及其金融应用

7.4 节介绍了如何利用局部多项式回归思想来对时变参数进行拟合，相较于基于局部多项式来对时变参数进行拟合，傅里叶变换是一种更具有优势的拟合方法。局部多项式的拟合精度极大地依赖于基准点和预测点之间的距离，这给预测未来较长时间的相依测度设置了障碍。同时，基于局部多项式的拟合无法像傅里叶变换一样在函数的全体定义域都能提供一个精确的拟合。

7.5.1　傅里叶变换思想

傅里叶变换是一种线性的积分变换，其主要研究信号的时域和频域之间的关系，它可以将一个信号分割成正弦信号和余弦信号，提取这些信号的幅值和频率，所以也可以称傅里叶变换为时域信号到频域信号的一个映射函数。

傅里叶变换可以将具有一定规律的周期性波或者不具有周期性的无规律波分解成一系列的正弦函数和余弦函数。傅里叶变换可以分为连续傅里叶变换和离散傅里叶变换两种。

1）连续傅里叶变换

连续傅里叶变换定义为：假设 $f(x)$ 是 $(-\infty, +\infty)$ 上的连续实值函数，并且满足 $\int_{-\infty}^{\infty} |f(x)| \mathrm{d}x < \infty$，那么 $f(x)$ 的傅里叶变换可定义为

$$F\{f(x)\} = \int_{-\infty}^{\infty} \mathrm{e}^{-\mathrm{i}\omega x} f(x) \mathrm{d}x$$

傅里叶逆变换为

$$F^{-1}\{\hat{f}(u)\} = \frac{1}{2\pi} \int_{-\infty}^{\infty} \mathrm{e}^{\mathrm{i}ux} f(x) \mathrm{d}x$$

式中，i 为虚数单位；ω 为频率。

2）离散傅里叶变换

N 点离散傅里叶变换是离散时间信号傅里叶变换在一个周期内的 N 点等间隔抽样，即

$$X(k) = X(\mathrm{e}^{\mathrm{j}\omega})\big|_{\omega=k\frac{2\pi}{N}}$$

经过频域抽样得到频域离散、时域也离散的傅里叶变换对，就是离散傅里叶级数：

$$X(k) = \sum_{n=0}^{N-1} x(n)\mathrm{e}^{-\mathrm{j}\frac{2\pi}{N}nk}, \quad k \in (-\infty, \infty)$$

为了适应实际信号处理中序列有限长的特点，对信号加以截断，取离散傅里叶级数一个周期，从而得到离散傅里叶变换式：

$$X(k) = \sum_{n=0}^{N-1} x(n)\mathrm{e}^{-\mathrm{j}\frac{2\pi}{N}nk}, \quad 0 \leqslant k \leqslant N-1$$

根据离散傅里叶逆变换可以得到原信号：

$$x(n) = \frac{1}{N}\sum_{k=0}^{N-1} X(k)\mathrm{e}^{\mathrm{j}\frac{2\pi}{N}nk}, \quad 0 \leqslant n \leqslant N-1$$

指数部分我们可以通过欧拉公式将其转化为三角函数形式，但上述离散傅里叶变换的计算量是较大的，快速傅里叶变换作为离散傅里叶变化的一种快速算法，由 Cooley 和 Tukey（1965）提出，快速傅里叶变换算法能克服频域和时域之间相互转换的计算障碍，使计算量大大降低，计算时间缩短，特别是当 N 较大时，节约运算时间的效果更为显著。具体的快速傅里叶变换算法是将一个大的离散傅里叶变换分解为一些逐渐变小的离散傅里叶变换来计算，从而减少工作量。

7.5.2 基于傅里叶变换思想的金融应用

傅里叶变换在刻画绝对可积函数的特征以及描述时间序列的多个结构突变等方面具有强大的作用。也正是因为傅里叶变换在估计时变参数方面所具有的优势，本书基于 Li 等（2014）提出的特定分位点概率比模型，通过傅里叶变换对时变的 qpr 进行建模，建立了如下的时变分位点相协回归模型：

$$\mathrm{qpr}(t, \tau \mid Z) = \exp\left\{\beta_0(t) + \sum_{i=1}^{p_3} \beta_i(t) Z_{3i}^{\mathrm{T}}\right\} \tag{7.39}$$

式中

$$\beta_i(t) = a_i + \sum_{j=1}^{k_i} \left(\psi_{i,j} \sin\frac{2\mathrm{j}\pi t}{T} + \varphi_{i,j} \cos\frac{2\mathrm{j}\pi t}{T} \right), \quad i = 0,1,\cdots,p_3 \qquad （7.40）$$

式中，k_i 是一个常数，其表示对于对应的 Z_{3i} 而言有多少累积的傅里叶频率要被包含在近似值当中；T 为样本容量；$\psi_{i,j}$ 和 $\varphi_{i,j}$ 为对于 Z_{3i} 而言，第 j 个傅里叶变换的参数。写成向量形式如下：

$$\mathrm{qpr}\left(t,\tau|\ Z^*\right) = \exp\left\{ \left(Z_3^* \gamma(\tau)\right)^{\mathrm{T}} \right\} \qquad （7.41）$$

式中

$$Z_3^* = \left(1, \sin\left(\frac{2\pi t}{T}\right), \cdots, \sin\left(\frac{2k_0\pi t}{T}\right), \cos\left(\frac{2\pi t}{T}\right), \cdots, \cos\left(\frac{2k_0\pi t}{T}\right), Z_{31t}, \sin\left(\frac{2\pi t}{T}\right)Z_{31t}, \right.$$

$$\cdots, \sin\left(\frac{2k_1\pi t}{T}\right)Z_{31t}, \cos\left(\frac{2\pi t}{T}\right)Z_{31t}, \cdots, \cos\left(\frac{2k_1\pi t}{T}\right)Z_{31t}, \cdots, Z_{3p_3t}, \sin\left(\frac{2\pi t}{T}\right)Z_{3p_3t},$$

$$\left. \cdots, \sin\left(\frac{2k_i\pi t}{T}\right)Z_{3p_3t}, \cos\left(\frac{2\pi t}{T}\right)Z_{3p_3t}, \cdots, \cos\left(\frac{2k_i\pi t}{T}\right)Z_{3p_3t} \right)$$

$$\gamma(\tau) = \left(\gamma_0(\tau), \gamma_1(\tau), \cdots, \gamma_{p_3}(\tau)\right)^{\mathrm{T}}, \quad \tau \in (0,1)^2$$

T 为样本容量。

对上述时变 qpr 模型，可以做出如下估计。

（1）按照 4.7.2 节中分位点相协回归模型步骤（1）的估计方法，估计参数向量 $\beta_j(\tau_j)$。

（2）使用 $\hat{A}_i\left(\tau|(Z_{1i},Z_{2i})\right) = I\left(Y_{1i} \leqslant Z_{1i}^{\mathrm{T}}\hat{\theta}_1(\tau_1), Y_{2i} \leqslant Z_{2i}^{\mathrm{T}}\hat{\theta}_2(\tau_2)\right)$ 来估计 $A_i\left(\tau|(Z_{1i},Z_{2i})\right)$，$i=1,2,\cdots,N$。参数能从式（7.42）中得到

$$N^{-1}\sum_{i=1}^{N} Z_{3i}^* \left(\hat{A}_i\left(\tau|\ Z_i\right) - g\left(Z_3^{*\mathrm{T}}\gamma(\tau)\right) \right) = 0 \qquad （7.42）$$

式中

$$g(y) = \phi^{-1}(\exp(y))$$

根据上述过程估计出来的时变 qpr 模型也可以用于样本外的预测，预测过程与时变 qor 模型的预测过程完全相同，在此不再赘述。

7.6　本 章 小 结

在现有研究中，学术界主要基于 DCC 模型和 Copula 模型来刻画国际股市间的动态相依性以及相依结构。前者常与 GARCH 族模型相结合，刻画金融市场间的动态条件相关性，其"两阶段"建模流程简单高效，而后者突破了传统线性相关及正态分布理论架构的约束，可以有效地刻画金融市场间的非线性相依结构。因此 DCC 模型和 Copula 模型近年来受到了学者的广泛青睐。一方面，本章基于流行的 Copula 模型引入了马尔可夫机制转换模型、时变分位点相协回归模型和平滑转移波动率 Copula 模型来研究金融市场的动态相依性；另一方面，本章还对结合了变系数模型和分位点回归模型的变系数分位点回归模型进行了介绍。

第三部分

金融联动性实证分析

第8章 标准普尔500指数和行业指数之间的依赖性和系统性风险分析：有条件的风险价值方法

金融危机，特别是2007～2009年的全球金融危机，增强了学者对金融市场脆弱性和潜在系统性风险研究的兴趣，而马尔可夫机制转换模型可以捕获时间序列特征，在金融实证分析中得到了广泛使用。本章对马尔可夫机制转换动态Copula模型进行优化，使该模型可用于研究动态相依系数；并估计模型参数验证该优化模型的拟合能力；还研究宏观经济变量对Copula参数的影响。

本章具体结构和安排为：8.1节介绍现有文献研究及本章创新点；8.2节描述选用数据及其简单分析；8.3节～8.5节为实证分析；8.6节为本章小结。

8.1 文 献 综 述

尽管系统性风险已得到广泛研究，但目前对其的定义尚无一致意见。近年来，许多学者提出了系统性风险的定量定义，Puzanova和Düllmann（2013）将系统性风险定义为当发生低概率系统性事件时，对存款人和投资者造成的潜在损失。系统性风险的测量是研究系统性风险的重要组成部分，目前，衡量系统性风险的方法有很多，其中Adrian和Brunnermeier（2016）提出的CoVaR最具简单性和有效性，CoVaR广泛用于系统性风险的测量，并且通过简单易解释的公式很好地反映了系统内产生的风险。计算CoVaR的传统方法中，Karimalis和Nomikos（2018）提出的Copula模型被广泛应用。Copula函数提供了有关变量之间边际分布和相互依赖性的信息。这些可以在建模时独立构建，因此基于Copula的框架可用于在变量之间捕获CoVaR。

在马尔可夫机制转换模型在金融实证分析中的应用方面，da Silva Filho等

（2012）提出了一种机制转换动态 Copula 模型，并研究了不同国家股票市场之间的依赖性。依赖参数估计结果表明，国有股票市场间依存关系具有制度转换效应，引入制度转换提高了模型拟合能力。Fei 等（2017）使用 da Silva Filho 等（2012）的模型研究了信用违约掉期与股票市场之间的关系。本章对 da Silva Filho 等（2012）和 Fei 等（2017）提出的马尔可夫机制转换动态 Copula 模型进行了改进，提出了 Copula 参数的具体新演变，并提供了一种估计方法。仿真实验表明，改进的模型可以在不改变拟合能力的情况下获得 ρ_t 的时间序列。

大量文献研究了宏观经济变量对股市的影响。Sibande 等（2019）研究了英国股市回报率与失业率之间的时变因果关系，证实了宏观经济变量的变化对股市有影响。为了研究宏观经济变量对标准普尔 500 指数与美国部门指数之间相互依存关系的影响，本章将宏观经济变量确定为外生变量，将其引入依赖参数的演变中。为了进行更全面的研究，选择宏观经济变量进行实证分析。由于这些因素之间可能存在多重共线性或高度依赖性，因此使用主成分分析（principal component analysis，PCA）技术和独立成分分析（independent component analysis，ICA）方法来预处理宏观经济变量。

在最近的文献中，许多人关注了行业与更广泛指数之间的关系。例如，Kim 和 Sun（2017）研究了中国工业部门与标准普尔 500 指数之间的动态依赖性，发现相互依存关系在不同时期有所不同。

本章的主要贡献如下：首先，对马尔可夫机制转换动态 Copula 模型进行了优化，使该模型可用于研究动态相依系数，然后提出了模型参数的估计方法，并通过仿真验证了该优化模型的拟合能力；其次，大量文献研究了宏观经济变量的影响，但在调查系统性风险时，宏观经济变量对 Copula 参数的影响的研究较少，本章在使用 PCA 和 ICA 对宏观经济变量进行预处理后，将其引入相依系数的演化中，以增强模型的拟合和解释能力，从而证实了宏观经济变量对相依系数的影响；最后，基于 25 种不同的 Copula 模型研究了标准普尔 500（S&P 500）指数与 11 个不同行业指数之间的系统性风险。

8.2　数　据　来　源

我们从 Wind 经济数据库中获得了 2007 年 1 月 1 日至 2018 年 12 月 31 日

的标准普尔 500 指数和 11 个标准普尔板块指数的数据，以进行实证分析。11 个标准普尔板块指数分别为标准普尔 500 通信服务行业指数（彭博股票代码为 S5TELS）、标准普尔 500 非必需消费品行业指数（彭博股票代码为 S5COND）、标准普尔 500 必需消费品行业指数（彭博股票代码为 S5CONS）、标准普尔 500 能源行业指数（彭博股票代码为 SPN）、标准普尔 500 金融行业指数（彭博股票代码为 SPF）、标准普尔 500 医疗保健行业指数（彭博股票代码为 S5HLTH）、标准普尔 500 工业行业指数（彭博股票代码为 S5INDU）、标准普尔 500 信息技术行业指数（彭博股票代码为 S5INFT）、标准普尔 500 材料行业指数（彭博股票代码为 S5MATR）、标准普尔 500 房地产行业指数（彭博股票代码为 S5REAS）和标准普尔 500 公用事业行业指数（彭博股票代码为 S5UTIL）。

本章首先基于 GARCH 模型对标准普尔 500 指数和 11 个行业指数进行建模，并推导出行业指数对数回报的边际分布。然后，选择七个宏观经济因素，并通过主要和独立的成分分析确定四个宏观经济成分。这些被添加到 Copula 参数的演变中，作为四个外生变量。选择五个 Copula 函数，并使用五个演变对每个函数的参数进行建模，即 11 个标准普尔板块指数的对数返回与标准普尔 500 指数的对数返回之间的相关结构由 25 个不同的 Copula 函数进行建模。在估计结果的基础上，详细分析了行业指数和标准普尔 500 指数上下尾之间的依赖趋势，并根据边际分布模型（当标准普尔 500 指数陷入金融困境时，每个行业指数作为一个整体的 VaR）计算出时变 CoVaR。

8.3　边际模型结果

在计算了行业指数的对数收益率后，通过 GARCH 对边际分布进行建模。除了 SGED（skew general error distribution，有偏的广义误差分布）-GARCH 建模的工业和信息技术行业外，其他 9 个行业被指定为偏斜 t-GARCH，参数估计结果列在表 8.1 中，其中，K-S 检验用于检测边际分布的模型拟合效果，其 p 值大于 0.05，因此边际分布模型的选择是正确的。

表 8.1　边际分布模型的参数估计值

参数		S5TELS	S5COND	S5CONS	SPN	SPF	S5HLTH	S5INDU	S5INFT	S5MATR	S5REAS	S5UTIL
μ		0.000 159 3	0.000 641 8	0.000 398 7	0.000 237	0.000 491 1	0.000 776 6	0.000 397 6	0.000 795 8	0.000 412 6	0.000 252 7	0.000 312 8
		(0.000 177 5)	(0.000 155 6)	(0.000 119 2)	(0.000 214 3)	(0.000 192 7)	(0.000 146 1)	(0.000 162 6)	(0.000 173)	(0.000 188 3)	(0.000 176 3)	(0.000 153 7)
α_0		0.000 002 4	0.000 001 5	0.000 002 1	0.000 002 1	0.000 003 0	0.000 002 7	0.000 002 0	0.000 002 8	0.000 001 6	0.000 001 1	0.000 001 7
		(0.000 000 8)	(0.000 000 4)	(0.000 000 5)	(0.000 000 7)	(0.000 000 8)	(0.000 000 6)	(0.000 000 5)	(0.000 000 7)	(0.000 000 5)	(0.000 000 4)	(0.000 000 5)
α_1		0.910 7	0.884 9	0.846 1	0.911 6	0.866 4	0.857	0.884 1	0.887 4	0.902 4	0.897 3	0.904 7
		(0.015 74)	(0.013)	(0.019 04)	(0.011 13)	(0.015 78)	(0.015 47)	(0.013 92)	(0.015 22)	(0.012 48)	(0.012 32)	(0.012 01)
α_2		0.072 52	0.110 6	0.127 3	0.081 48	0.132 4	0.119 8	0.104 7	0.106 9	0.092 35	0.102 8	0.080 3
		(0.012 49)	(0.013 33)	(0.016 74)	(0.010 7)	(0.017 49)	(0.014 55)	(0.013 46)	(0.014 02)	(0.012 3)	(0.013 47)	(0.010 46)
skew		0.898 5	0.865 7	0.910 8	0.900 9	0.940 5	0.992 3	0.882	0.907	0.857 6	0.890 3	0.859 9
		(0.022 7)	(0.022 21)	(0.022 61)	(0.023 64)	(0.023 61)	(0.023 98)	(0.017 83)	(0.019 17)	(0.022 1)	(0.023 06)	(0.022 24)
shape		6.414	7.386	7.452	9.468	5.485	6.982	1.355	1.29	9.278	8.719	8.782
		(0.743 5)	(0.964 7)	(1.009)	(1.514)	(0.558 5)	(0.914 5)	(0.049 35)	(0.046 68)	(1.482)	(1.325)	(1.296)
K-S		0.647 6	0.102 5	0.207	0.310 1	0.146 3	0.439 7	0.268 6	0.162 3	0.235	0.949 1	0.530 9

注：本表给出了边际分布模型参数的最大似然估计和标准差（括号内），K-S 检验的 p 值小于 0.05 则表示原假设不成立，skew（偏度）和 shape（形状）也是边际分布模型的斜 t 分布的参数。

8.4　宏观经济组成部分

我们从国际货币基金组织（International Monetary Fund，IMF）获得了美国货币供应量（broad money supply，M2）。核心生产者物价指数（producer price index，PPI）、居民消费价格指数（consumer price index，CPI）、出口物价指数（export price index，EPI）和失业率（unemployment rate，UER）的水平来自美国劳工统计局（Bureau of Labor Statistics，BLS）。消费者信心指数（consumer confidence index，CCI）水平来自世界大型企业联合会，制造业采购经理人指数（purchasing managers' index，PMI）来自美国供应管理协会。以上七个宏观经济变量的月增长率被用作实证分析的宏观经济因素，样本区间都是 2007 年 1月到 2008 年 12 月。

本章对宏观经济变量进行标准化处理后，采用主成分分析法进行初步分析，并依据主成分特征值大于 1 的标准，选择了四个主成分进行进一步分析。

由于不同的主成分仅在正态分布假设下是相互独立的，然而宏观经济变量的分布很少满足正态分布的假定，因此需要进一步计算主成分中的独立成分。本章基于快速独立成分分析（fast independent component analysis，FastICA）方法，分析了前四个主成分，并计算了四个独立成分。为了命名这些独立成分，计算了四个独立成分与原始宏观经济因素之间的相关系数，如表 8.2 所示。第二个独立成分（x_2）与 CPI 的相关性最大，因此它被命名为 CPI 成分。类似地，第三个和第四个独立成分（x_3 和 x_4）分别与 PPI 和 UER 相关度最高，分别命名为 PPI 成分和 UER 成分。由于第一个独立成分（x_1）和 PMI 的斯皮尔曼相关系数和肯德尔相关系数高于其他宏观经济因素，因此第一主成分被命名为 PMI 因子。在随后的实证分析中，将四个宏观经济成分作为 Copula 参数过程中的外生变量。所有宏观经济因素都是月度数据，在下面的实证分析中，Copula 参数随每日数据而变化。因此，假设每日宏观经济成分在每个月都是固定的，等于相应月份的宏观经济成分值。

表 8.2　宏观经济因素与宏观经济成分的相关系数

成分	M2	CPI	PPI	EPI	UER	CCI	PMI
				皮尔逊相关系数			
x_1	0.6457	−0.3626	0.1142	−0.4489	−0.2253	−0.7195	−0.6841
x_2	−0.0298	−0.8361	−0.0847	−0.7693	0.0685	0.4479	−0.2721

续表

成分	M2	CPI	PPI	EPI	UER	CCI	PMI
				皮尔逊相关系数			
x_3	0.1841	−0.1608	−0.9346	−0.1269	0.2641	−0.1719	0.1850
x_4	0.3853	−0.0469	0.2417	0.1292	0.8619	0.0917	0.0703
				肯德尔相关系数			
x_1	0.4505	−0.01919	0.0536	−0.2743	0.1455	−0.4004	−0.4708
x_2	−0.0117	−0.6164	−0.1136	−0.5604	0.0669	0.2978	−0.1904
x_3	0.1360	−0.1568	−0.7830	−0.1401	0.1800	−0.1323	0.0954
x_4	0.2416	−0.0340	0.1530	0.1176	0.6528	0.0672	0.0629
				斯皮尔曼相关系数			
x_1	0.6245	−0.2785	0.0669	−0.3944	−0.2152	−0.5449	−0.6470
x_2	−0.0226	−0.8062	−0.1604	−0.7291	0.1101	0.4189	−0.2836
x_3	0.2026	−0.2403	−0.9043	−0.2117	0.2758	−0.2093	0.1420
x_4	0.3444	−0.0510	0.2070	0.1755	0.8518	0.0993	0.0855

8.5　马尔可夫机制转换 Copula 模型估计结果

在本节中，标准普尔 500 指数和每个行业指数之间的依赖关系结构由 11 个行业的动态 Copula 模型拟合。选择五个不同的 Copula 函数，每个 Copula 函数有五个不同的参数演变。Copula 函数是正常的 Copula、Student's t-Copula、Gumbel Copula、Rotated Copula 和 SJC Copula。Copula 参数的演变如下：

$$1: \rho = c$$

$$2: \rho_t = \Lambda\left(\omega + \beta\rho_{t-1} + \alpha\Gamma_n\right)$$

$$3: \rho_t = \sum_{i=1}^{k}\Lambda\left(\omega^{S_t=i} + \beta\rho_{t-1} + \alpha\Gamma_n\right) \times P\left(S_t = i \mid I_t\right)$$

$$4: \rho_t = \sum_{i=1}^{k}\Lambda\left(\omega^{S_t=i} + \beta\rho_{t-1} + \alpha\Gamma_n + \sum_{j=1}^{m}\gamma_j z_i\right) \times P\left(S_t = i \mid I_t\right) \quad (8.1)$$

$$5: \rho_t = \sum_{i=1}^{k}\Lambda\left(\omega^{S_t=i} + \beta^{S_t=i}\rho_{t-1} + \alpha\Gamma_n + \sum_{j=1}^{m}\gamma_j z_i\right) \times P\left(S_t = i \mid I_t\right)$$

演变 1 假设 Copula 参数是恒定的，演变 2 是 Patton（2006a）提出的。演变 3 假设参数变动服从基于巴顿模型的机制转换。演变 4 在演变 3 的基础上增加了外生变量 z_i，其中外生变量代表了 8.4 节中计算的四个宏观经济成分。演变 5 基于演变 4，假设自回归项的系数也具有机制转换效果。此外，在实证分析中，Copula 函数中的变量 u、v 被标准普尔 500 指数的经验分布函数和特定部门指数所取代。用于估计行业指数边际分布的 GARCH 模型的结果将仅适用于 CoVaR 的估计。

对于 11 个不同的行业，分别计算不同 Copula 模型的 AIC 值和对数似然函数值。由于篇幅有限，这些结果未在本章中显示。对数似然函数（log likelihood function，LLF）的结果表明，11 个行业对应的性能最佳的模型是 SJC Copula，其对应的是参数演变 5。为了方便起见，参数遵循演变 5 的 SJC Copula 被定义为 SJC5 Copula。SJC Copula 可以成功地捕获具有不对称尾部相依性的案例，这与实际的财务时间序列相吻合。在实证分析中，SJC Copula 函数的结果优于其他四个 Copula 函数。根据 AIC 值，SJC5 Copula 模型是其中七个行业中的最优模型，这表明外生变量（即宏观经济因素）对指数之间的依赖性有影响。此外，该结果还支持自回归系数和截距项的制度转换规范。在计算 CoVaR 时，关注的是模型的适应性（即对数似然值最大），而不是模型的质量，因此在下面的段落中只使用 SJC5 Copula 来估计系统性风险。

SJC5 Copula 模型的参数估计结果如表 8.3 所示。从表 8.3 可以看出，在不同制度下，所有部门的截距项和自回归系数都大不相同，这证实了引入机制转换的必要性。另一个关键点是，截距项的值在不同制度下变化很大，但其符号通常是相同的。自回归项的系数也显示出类似的结果。$p_{11}(p_{22})$ 代表了当前时刻 t 与下一时刻 $t+1$ 持续维持在状态 1（状态 2）的概率。参数结果均大于 0.96，说明在某一时刻处于某一状态的情况下，下一时刻也大概率继续处于该状态。

对于引入的四个外生变量，PMI 成分的系数介于 –0.1 和 0.1 之间，其影响小于其他分量。通信服务部门 Copula 参数中 CPI 成分的系数约为 0.133，其他十个行业的系数均在 [–0.1,0.1] 范围内。这一结果表明，PMI 对通信服务业与标准普尔 500 指数之间的依赖性产生了积极影响。同时 PMI 对通信服务行业与市场指数间依赖性的影响明显大于其他行业。非必需消费品板块和标准普尔 500 指数的 Copula 参数的 PPI 成分系数为 0.107，其他十个行业的指标均小于 0.1，表明核心 PPI 对非必需消费品部门与标准普尔 500 指数之间的依赖性有积极影响，其影响明显大于其他行业。对于四个外生变量的系数，六个行业的 UER 成分系数的绝对值大于其他三个成分系数的绝对值，表明失业率对行业指数与

表 8.3　标准普尔 500 指数和行业指数的 SJC5 Copula 参数结果

参数	S5TELS	S5COND	S5CONS	SPN	SPF	S5HLTH	S5INDU	S5INFT	S5MATR	S5REAS	S5UTIL
ω_U^1	0.726 09	1.491 44	1.201 31	0.101 86	1.884 01	0.423 89	1.219 11	1.145 85	-1.474 86	-2.174 26	-1.647 24
	(0.004 73)	(0.005 05)	(0.003 99)	(0.002 32)	(0.010 19)	(0.001 61)	(0.019 24)	(0.005 91)	(0.000 29)	(0.015 18)	(0.095 26)
ω_U^2	1.064 69	1.204 33	-1.314 09	1.932 09	3.024 48	1.701 45	1.571 48	1.965 93	-1.161 74	0.013 24	-1.854 96
	(0.001 42)	(0.001 82)	(0.011 66)	(0.002 21)	(0.009 16)	(0.016 5)	(0.003 76)	(0.051 07)	(0.000 33)	(0.000 05)	(0.092 04)
ω_L^1	1.772 39	1.186 33	-0.457 72	1.645 68	0.331 07	-0.659 74	1.273 73	0.748 3	3.236 08	1.036 29	-1.396 35
	(0.001 65)	(0.002 62)	(0.003 9)	(0.017 69)	(0.001 68)	(0.014 11)	(0.003 72)	(0.010 9)	(0.000 96)	(0.008 86)	(0.105 02)
ω_L^2	1.643 37	1.670 67	1.905 4	1.931 49	1.171 94	0.475 93	1.618 12	1.749 4	4.104 26	2.239 72	0.208 56
	(0.000 39)	(0.005 73)	(0.027 31)	(0.004 03)	(0.001 01)	(0.004 39)	(0.001 83)	(0.018 7)	(0.001 18)	(0.016 58)	(0.023 98)
β_U^1	-0.912 5	-0.250 35	2.860 65	0.839 43	-1.543 54	0.171 73	-0.121 94	-0.664 06	3.295 18	3.632 09	3.191 14
	(0.005 45)	(0.001 82)	(0.071 01)	(0.010 26)	(0.001 290)	(0.017 63)	(0.002 42)	(0.017 14)	(0.000 79)	(0.017 53)	(0.224 08)
β_U^2	0.329 58	0.169 71	-0.415 09	-0.521 25	-1.549 95	-0.223 53	0.132 79	0.000 00	3.323 16	0.813 33	3.911 84
	(0.000 6)	(0.000 09)	(0.000 92)	(0.002 93)	(0.005 78)	(0.000 02)	(0.000 1)	(0.003 98)	(0.000 83)	(0.007 81)	(0.154 04)
β_L^1	-3.253 37	-0.122 11	1.573 83	-0.365 24	1.004 81	1.180 31	0.033 14	-0.239 87	0.610 37	-1.925 49	2.958 74
	(0.003 51)	(0.000 31)	(0.071 01)	(0.010 26)	(0.009 14)	(0.068 61)	(0.000 19)	(0.017 14)	(0.001 24)	(0.017 53)	(0.251 45)
β_L^2	-0.700 64	0.137 32	-0.886 45	-0.050 93	1.033 89	1.130 24	0.320 08	-0.071 05	-2.505 85	-957 15	1.008 12
	(0.000 6)	(0.000 09)	(0.010 05)	(0.000 01)	(0.005 78)	(0.000 02)	(0.000 1)	(0.001 7)	(0.000 83)	(0.020 55)	(0.154 04)
α_U	-3.712 76	-0.930 23	-1.729 15	-3.547 09	-5.509 66	-5.325 34	0.065 4	-0.337 36	-1.388 89	0.987 08	-0.444 25
	(0.005 6)	(0.000 74)	(0.008 54)	(0.018 03)	(0.015 68)	(0.007 29)	(0.000 69)	(0.018 07)	(0.000 4)	(0.010 84)	(0.046 3)

续表

参数	S5TELS	S5COND	S5CONS	SPN	SPF	S5HLTH	S5INDU	S5INFT	S5MATR	S5REAS	S5UTIL
α_L	−1.203 14	−0.117 71	−0.910 55	−6.400 43	−3.380 48	−0.290 36	−0.026 81	−0.156 09	−6.248 24	−1.347 41	−1.631 16
	(0.003 99)	(0.000 04)	(0.016 15)	(0.005 97)	(0.013 25)	(0.000 46)	(0.000 03)	(0.001 37)	(0.000 95)	(0.014 02)	(0.137 4)
p_{11}	0.990 67	0.994 64	0.998 63	0.996 04	0.993 39	0.994 07	0.979 92	0.989 78	0.995 69	0.991 66	0.998 86
	(0.000 68)	(0.004 2)	(0.001 12)	(0.000 14)	(0.000 38)	(0.003 02)	(0.001 32)	(0.019 65)	(0.000 04)	(0.003 31)	(0.000 96)
p_{22}	0.981 49	0.997 23	0.998 22	0.996 4	0.997 46	0.976 18	0.980 56	0.964 76	0.998 77	0.986 6	0.997 75
	(0.002 44)	(0.000 63)	(0.001 35)	(0.002 3)	(0.001 45)	(0.005 25)	(0.002 45)	(0.016 65)	(0.000 55)	(0.004 27)	(0.001 17)
γ_1	−0.091 09	0.010 85	0.005 45	−0.092 73	−0.021 17	−0.009 09	−0.056 97	−0.041 45	−0.013 99	−0.024 07	0.010 7
	(0.000 22)	(0.000 02)	(0.000 11)	(0.000 01)	(0.000 11)	(0.000 18)	(0.000 04)	(0.000 37)	(0.000 00)	(0.000 14)	(0.002 04)
γ_2	0.132 93	−0.041 21	0.007 63	0.003 49	−0.035 87	−0.072 51	0.021 79	−0.032 69	0.013 28	0.051 19	0.009 66
	(0.000 58)	(0.000 03)	(0.000 03)	(0.000 01)	(0.000 15)	(0.001 44)	(0.000 02)	(0.000 44)	(0.000 00)	(0.000 99)	(0.002 03)
γ_3	0.029 83	0.106 6	0.047 12	0.093 41	−0.030 62	0.037 9	−0.045 78	−0.030 66	0.024 78	0.081 9	0.022 21
	(0.000 18)	(0.000 28)	(0.000 73)	(0.000 06)	(0.000 17)	(0.000 27)	(0.000 1)	(0.000 19)	(0.000 01)	(0.000 97)	(0.004 29)
γ_4	0.219 17	0.148 92	0.041 03	0.060 28	0.171	0.046 57	0.021 73	0.053 4	0.046 72	0.053 7	0.022 92
	(0.000 18)	(0.000 28)	(0.000 73)	(0.000 06)	(0.000 17)	(0.000 2)	(0.000 1)	(0.000 19)	(0.000 01)	(0.000 97)	(0.004 29)

注：本表给出了 SJC Copula 的最大似然估计，以及标准普尔 500 指数和行业指数绩效的演变 S，参数估计和标准偏差（括号内）在表中给出，参数的下标 U 和 L 分别对应 Copula 的上、下尾参数。

标准普尔 500 指数之间的依赖性具有显著而关键的影响。

　　本节在估计中结合了马尔可夫机制转换，参数结果在状态 1 和状态 2 之间存在转换平滑概率，平滑概率 p 趋近于 1 时可认为当前时刻处于状态 1，p 趋近于 0 时，可认为当前时刻处于状态 2。图 8.1 描述了标准普尔 500 指数与每个行业配对的状态 1 时对应的平滑概率以及 Copula 模型结果的上下尾部相依系数。可见，状态 1 的平滑概率在 2008 年初显著增大，其在 2008 年金融危机期间接近于 1，该状态在研究文献中经常被记录为危机状态。此外，通过结合相依系数曲线，可以看到状态 1 下的相依系数明显小于状态 2 下的相依系数。也就是说，状态 1 可以表示相依系数较低的状态。

　　对于通信服务行业，状态 1 的平滑概率波动很大。其他行业清楚地反映了 2008 年金融危机期间和 2010～2014 年非危机时期对平滑概率的影响，而通信服务行业则没有。也就是说，通信服务行业指数与标准普尔 500 指数之间的依赖性弱于受金融危机影响的其他行业。换句话说，通信服务行业的平滑概率不仅可能表明危机状态，而且会受到其他事件的影响。从通信服务行业指数和标准普尔 500 指数的上下尾部相依性可以看到，状态 1 下的相依系数明显小于状态 2 下的

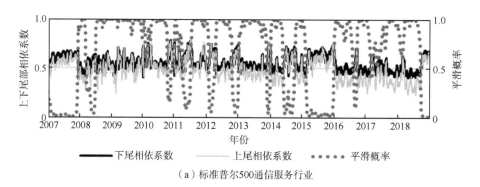

（a）标准普尔500通信服务行业

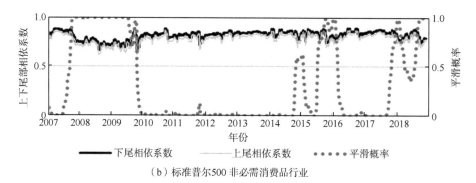

（b）标准普尔500非必需消费品行业

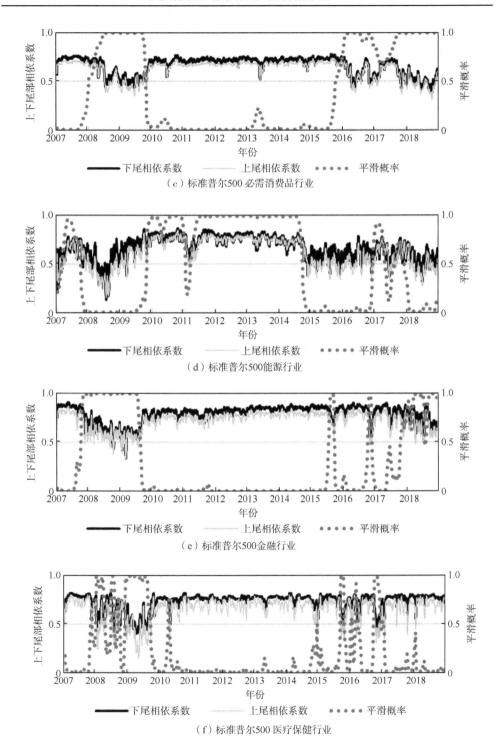

（c）标准普尔500 必需消费品行业

（d）标准普尔500能源行业

（e）标准普尔500金融行业

（f）标准普尔500 医疗保健行业

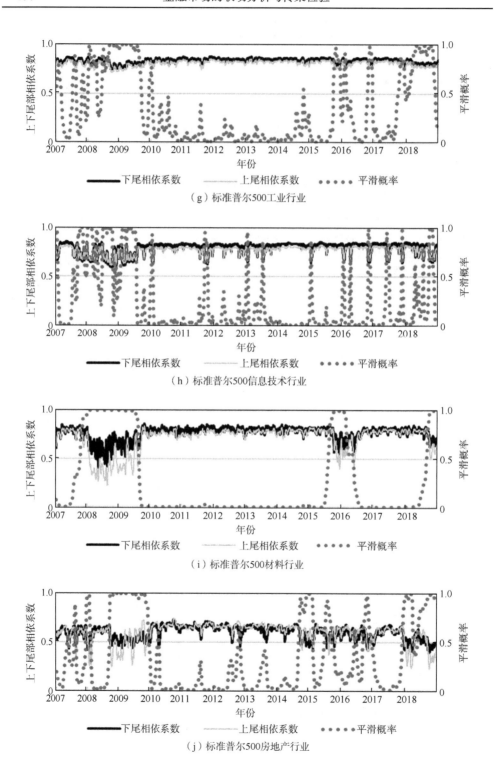

（g）标准普尔500工业行业

（h）标准普尔500信息技术行业

（i）标准普尔500材料行业

（j）标准普尔500房地产行业

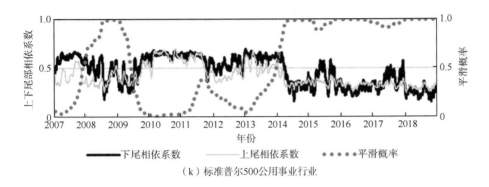

（k）标准普尔500公用事业行业

图 8.1　上下尾相依系数和制度平滑概率

相依系数。此外，状态转换频繁，这表明该行业指数与标准普尔 500 指数之间的相依性对各种外部影响很敏感，这些影响将显著改变相依性。

从其他 10 个行业的相应平滑概率可以清楚地看出，2008 年初，状态 1 的平滑概率显著增加。在 2008 年底和 2009 年初，平滑概率仍然很高。在 2013 年之前，在与大多数行业相对应的图中，平滑概率在 2010～2013 年振荡接近于零，这表明模型可以很好地应对危机和非危机时期。

图 8.1 显示，在状态 1 下，行业指数与标准普尔 500 指数之间的相依性显著下降，表明在 2008 年金融危机期间，标准普尔 500 指数对各行业指数趋势的影响显著降低。这是由于当时重大事件频繁发生，标准普尔 500 指数对其他行业的影响被其他影响所削弱，这意味着它们之间的相依性减小了。从图 8.1 可以看出，2013 年以后，各行业平滑概率的趋势不同，即影响平滑概率变化的因素因行业而异。一般而言，2013 年后，行业指数受到更多行业特定因素的影响，例如，与该行业密切相关但与标准普尔 500 指数没有高度相关性的因素。这导致每个行业指数与标准普尔 500 指数之间的相关系数下降不同的水平。对于能源行业，WTI 原油价格从 2014 年 7 月底开始持续下跌，直到 2016 年初才停止。由于 2016 年底欧佩克达成了主要的减产协议，能源库存也相应地表现不佳，能源行业指数在 2015 年下跌了 23%，与标准普尔 500 指数的趋势明显不同。因此，能源行业指数与标准普尔 500 指数之间的相依系数在 2014 年 7 月之后明显变小。

由于材料行业与能源行业高度相关，同样受到 2015 年能源股下跌的影响，材料行业指数从 2015 年 3 月开始继续下降，并在 2016 年初停止下跌。因此，在此期间，材料行业指数与标准普尔 500 指数之间的上下尾相依系数已经降低。

2016 年 11 月之后，金融和工业行业的状况逐渐发生变化，两者的尾部相依系数存在波动现象，这与特朗普当选后的经济政策调整有关。在特朗普成为总统之前，市场已经开始押注特朗普将推出一系列经济刺激政策来刺激股市。特朗普上任一年后，道琼斯工业平均指数上涨了约 35%，标准普尔 500 指数上涨了 23%。由于不同政策对这些部门的影响，工业和金融行业与标准普尔 500 指数之间的相依性降低了。

非必需消费品和必需品行业也受到了当前美国经济政策的影响，特别是在引入激进的贸易政策之后。一些消费品关税已经提高，导致两个消费品指数大幅波动，因此它们与标准普尔 500 指数的相关性也大幅波动。对于医疗保健和信息技术行业，这两个行业指数与标准普尔 500 指数之间的相关性也存在相应的波动。房地产行业已经对围绕特朗普政策的看法做出了回应，包括更严格的移民和贸易政策。房地产行业也受到利率变化的影响，美国利率继续出乎意料地保持在低位。这些变化对房地产行业指数和标准普尔 500 指数有不同的影响。因此，它们之间的相依系数是可变的。

长期以来，公用事业行业一直被认为是风险较低的行业，尽管利润有限，但股息却很高。公用事业行业与标准普尔 500 指数的相依系数整体上小于其他行业。2015 年初之后，包括原油价格持续下跌、英国脱欧公投、特朗普当选等一系列不稳定因素，使标准普尔 500 指数振荡，而公用事业行业持平，因此它们之间的相依系数有所下降。

8.6　本 章 小 结

本章研究了广泛的美国标准普尔 500 指数与几个组成部分行业指数在系统性风险方面的关系。首先对马尔可夫机制转换动态 Copula 模型进行优化，使其能够准确地获得 Copula 参数 ρ_t 的时间序列。然后，在主成分分析和独立成分分析的基础上，将宏观经济因素引入 Copula 参数的演化中，增强了基于 Copula 的模型的解释力。仿真结果表明，本章提出的模型对 Copula 模型的实际参数 ρ_t 具有良好的拟合能力，并且随着数据的增加，拟合能力得到提高。为了系统地研究标准普尔 500 指数与 11 个行业指数之间的系统性风险效应，本章使用 25 种不同的 Copula 对 2007 年 1 月 1 日至 2018 年 12 月 31 日标准普尔 500 指数和 11 个行业指数的对数回报进行建模，得到上下尾相关系数的时变参数和时间序列。

此外，本章还推导了状态 1 的平滑概率图和 CoVaR 的时间序列。每个行业的 CoVaR 是整个行业指数的 VaR，利用标准普尔 500 指数来代替市场指数，实证分析表明，在 2008 年金融危机期间，标准普尔 500 指数与 11 个行业指数之间的相依系数明显下降，危机后逐渐恢复到危机前的水平。2013 年后，冲击对不同行业的影响不同，导致不同行业指数与标准普尔 500 指数之间的相依系数趋势略有不同。对于 CoVaR 来说，不同行业的趋势基本上是一致的。不同板块的 CoVaR 有两个不同的峰值，在两个峰值的相应时间段之外，CoVaR 的趋势相对稳定。实证结果还表明，宏观经济因子的引入增强了 Copula 模型的解释力，美国失业率是六个行业指标中最重要的宏观经济因子。居民消费价格指数和核心生产者价格指数也对某些部门 Copula 模型的参数产生了重大影响。

第9章 高频连涨（连跌）收益率的分位点格兰杰因果检验与 CoVaR 估计

近年来，随着存储技术和计算技术的进步，高频金融数据的获得越来越容易，日内交易者在进行投资时，需要分析高频数据日内连涨（连跌）收益率的特征，尤其是连跌市场风险的度量。

本章基于条件 VaR 和分位点之间的一一对应关系，从市场风险的角度对连涨（连跌）收益率以及持续期之间的分位点格兰杰因果关系进行检验。在得到两者的分位点相关关系以后在上一过程收益率以及持续期的条件下，给出下一过程连跌收益率的条件 VaR 的估计，从而为日内投资者提供日内连跌风险的度量。

本章具体结构和安排为：9.1 节介绍现有文献研究；9.2 节描述本章使用的公式及模型；9.3 节描述选用的数据及其简单分析；9.4 节进行连涨（连跌）收益率的平稳性及拟合优度检验；9.5 节进行分位点格兰杰因果关系检验；9.6 节进行连跌收益率的条件 VaR 估计；9.7 节为本章小结。

9.1 文 献 综 述

日内交易者对日内高频数据的一些基本特征进行了大量研究，如波动率、长记忆性质等，叶五一等（2013）运用 Copula 函数研究了高频连涨（连跌）收益率之间的联合分布，并基于此对条件 VaR 进行了计算和分析。

已有文献大多基于日内低频数据进行连涨（连跌）的分析，而不是基于高频数据进行分析。然而，现在有很多量化投资者需要把握股票的日内变化特征，进而寻找日内的套利机会进行投资，这就需要对股市的高频日内涨跌规律以及风险进行刻画和分析。因此，本章将对日内的高频数据进行涨跌分析，这具有一定的理论研究意义和实际应用价值。本章基于 1min 高频收益率定义高频连涨（连跌）收益率，并给出相应的连涨（连跌）持续期的定义。而且，以往的研究大都单独分析连涨或者连跌收益率的分布特征，并没有将收益率和持续期联合起来进行分析。然而，高频连涨、连跌两个过程之间应该存在一定的相关关系，只有对连涨（连跌）收益率以及持续期之间的内在联系进行分析，才能更好地对市场状况进行了解，并为投资者的投资行为提供一定的指导，例如，已知连涨收益率以及持续期的条件下，连跌收益率的条件风险等。

股票的连涨（连跌）收益率可以看作股票连涨（连跌）持续过程的累积收益率，一个连涨过程以后跟随着一个连跌过程，每一个过程的持续时间可以定义一个连涨或者连跌持续期。本章研究连涨和连跌两个过程的收益率以及持续期之间是否存在因果关系，研究变量之间的因果关系时大多基于 VaR 模型和传统的格兰杰因果关系检验方法。格兰杰因果关系检验在很多领域都得到了成功的应用，例如，Wang 等（2014）研究了中国货币和出口之间的动态因果关系。由于在进行投资时，市场风险的度量和影响因素的研究非常重要，本章从另一个角度，基于条件 VaR 和分位点之间的一一对应关系，借助于分位点格兰杰因果关系检验方法，从市场风险的角度对连涨（连跌）收益率以及持续期之间的分位点格兰杰因果关系进行检验。Yang 等（2014）运用分位点格兰杰因果检验研究了 9 个亚洲国家的股票和外汇变化之间的相关关系，发现相关关系基本是负向的。Lee 和 Yang（2014）则从分位点的角度对全球主要国家股市之间的因果关系进行了检验。

近年来，条件 VaR 的度量成了学者关心的问题，在本章中，基于现有信息构建分位点回归模型以后，则可以在上一过程信息的基础上，对下一过程收益率的条件风险进行预测。VaR 为特定的投资组合提供了很好的风险度量方法，VaR 的准确估计显得至关重要，VaR 的常用估计方法主要包括分布法、历史模拟法以及蒙特卡罗模拟法。本章应用条件 VaR 进行风险度量，并应用线性分位点回归模型对条件 VaR 进行估计，尝试给出变量之间的分位点格兰杰因果关系。本章还将在上一过程收益率以及持续期的条件下，给出下一过程连跌收益率的条件 VaR 的估计，从而为日内投资者提供日内连跌风险的度量。关于分位点回归的相关理论，请参见 Koenker 和 Bassett（1978）的研究。

9.2　公式及模型

9.2.1　高频连涨（连跌）收益率序列

首先说明高频连涨（连跌）收益率以及持续期的计算方法。设所研究的高频数据收益率样本序列为 $\{r_1, r_2, \cdots, r_n\}$，由上述收益率序列可以得到连涨以及连跌收益率序列。假定高频连涨对数收益率样本序列为 $\{x_1^1, x_2^1, \cdots, x_{n_1}^1\}$，连跌对数收益率样本序列为 $\{x_1^2, x_2^2, \cdots, x_{n_2}^2\}$，其中 $n_1 + n_2 \leqslant n$。股票的连涨（连跌）收益率是指股票在一段连续上涨（下跌）时期内对数收益率的和。这里的连涨时期（或者连涨过程）是指股票从由跌转到涨到由涨转到跌之间经过的时期，具体来说是指包括收益率为正和为零的时期。按照同样的方法可以定义连跌时期（或者连跌过程）。相应的连涨（连跌）持续期则被定义为连续上涨（下跌）所持续的时间（单位：min）。

在下面的分析中，首先对高频连涨和连跌收益率以及持续期的边缘特征进行估计。本章的目的是基于分位点回归模型综合分析连涨以及连跌收益率（持续期）序列，研究变量之间的分位点（风险）格兰杰因果关系。同时分析连跌收益率的条件风险，以连跌收益率为因变量，以已经发生的连续过程的连涨或者连跌收益率及相应持续期作为自变量进行分位点回归分析。

9.2.2　基于分位点回归模型的分位点格兰杰因果检验以及条件 VaR 估计

格兰杰因果关系是由格兰杰基于随机变量时间序列的因果关系提出的。假设 $X = \{x_t\}$、$Y = \{y_t\}$ 是两个随机时间序列，并令 $X_t = \{x_{t-s}, s \geqslant 0\}$、$Y_t = \{y_{t-s}, s \geqslant 0\}$ 分别表示它们到时刻 t 的整个时间序列。

如果用联合序列 $X_{t-1} \bigcup Y_{t-1}$ 预测 Y_t 比用 Y_{t-1} 预测更加准确，则认为 X 对 Y 具有因果关系，X 是 Y 的格兰杰因果关系的原因。在本章中，将基于线性分位点回归模型分析连涨、连跌收益率以及持续期之间的分位点格兰杰因果关系。

假定 $Q_\tau(y_t | X_{t-1} \bigcup Y_{t-1})$ 表示在 $X_{t-1} \bigcup Y_{t-1}$ 条件下，y_t 在 t 时刻的 τ 条件分位点，其中 $Q_\tau(y_t | \cdot)$ 可以由 y_t 的条件分布 $F(y_t | \cdot)$ 求反函数得到，即 $Q_\tau(y_t | \cdot) = \inf\{y_t : F(y_t | \cdot) \geqslant \tau\}$。

定义 9.1（非分位点格兰杰因果关系）　如果 $Q_\tau(y_t Y_t | X_{t-1} \bigcup Y_{t-1}) = Q_\tau(y_t | Y_{t-1})$ 几乎处处成立，则称在 τ 分位点处 X_{t-1} 对 y_t 不存在格兰杰因果关系，即信息集 X_{t-1} 对 y_t 的 τ 条件分位点预测不起任何作用。

本章将应用线性分位点回归模型进行分位点的估计，并进行分位点格兰杰因果关系检验。

9.2.3　分位点格兰杰因果关系检验概述

基于线性分位点回归模型进行分位点 $Q_\tau(Y_t|\cdot)$ 的估计,应用如下两个嵌套的分位点回归模型进行分位点格兰杰因果关系检验:

$$模型 1:\quad y_t = \sum_{i=1}^{p}\alpha_i y_{t-i} + u_{1,t} \qquad (9.1)$$

$$模型 2:\quad y_t = \sum_{i=1}^{p}\alpha_i y_{t-i} + \sum_{i=1}^{q}\beta_i x_{t-i} + u_{2,t} \qquad (9.2)$$

满足:

$$Q_\tau\left(u_{1,t}|y_{t-1},\cdots,y_{t-p}\right)=0$$
$$Q_\tau\left(u_{2,t}|y_{t-1},\cdots,y_{t-p},x_{t-1},\cdots,x_{t-q}\right)=0 \qquad (9.3)$$
$$\tau\in(0,1)$$

本章将从系数显著性的角度进行分位点格兰杰因果关系检验。在一定的置信水平下,如果 x_{t-i} 前面的系数 β_i 的估计值显著,则说明 x_{t-i} 对 y_t 的分位点的预测能够提供帮助,即 x_{t-i} 对 y_t 而言具有分位点格兰杰因果关系, x_{t-i} 是 y_t 分位点格兰杰因果关系的原因。

9.2.4　分位点回归的条件 VaR 估计

为了借助分位点回归模型分析分位点格兰杰因果关系,首先给出市场风险条件 VaR 的定义。假定 y_t 在 X_t 条件下的分布函数为 $F(\cdot|X_t)$,那么条件 VaR 被定义为

$$条件\,\mathrm{VaR}(p)=F^{-1}\left(1-p|X_t\right)$$

式中, $F^{-1}(\cdot|X_t)$ 为 $F(\cdot|X_t)$ 的反函数或者称为条件分位点函数。由定义可知,条件 VaR 实际上就是条件分位点的值。一般而言, p 又称为置信水平,取较大的值,如 95% 或 99% 等。

特别地,当分位点 τ 较小时(如 0.01 或者 0.05),由上述分位点回归模型可以得到条件分位点的估计。又因为市场风险条件 VaR 实际上就是条件分位点,因此当分位点 τ 较小时,如果 X_{t-1} 对 Y_t 存在分位点格兰杰因果关系,说明 X_{t-1} 对 Y_t 也存在分位点格兰杰因果关系,即基于 X_{t-1} 的信息能够提高 Y_t 的条件风险的预测能力。

9.3 数 据 描 述

本章对 2014 年 1 月 2 日至 2015 年 2 月 22 日上海证券交易所综合股价指数（简称上证综指）和深圳证券交易所成份股份指数（简称深证成指）的 1min 高频数据进行实证分析。

按照上述方法，可以得到中国股票市场两种指数（SH 表示上海市场，SZ 表示深圳市场）的高频连涨收益率（SH_Z 表示上证综指连涨收益率，SZ_Z 表示深证成指连涨收益率）、连跌收益率（SH_D 表示上证综指连跌收益率，SZ_D 表示深证成指连跌收益率）以及连涨持续期（SH_ZZ 表示上证综指连涨持续期，SZ_ZZ 表示深证成指连涨持续期）、连跌持续期（SH_DD 表示上证综指连跌持续期，SZ_DD 表示深证成指连跌持续期）样本，持续期的单位为 min。表 9.1 给出了上证综指和深证成指 1min 交易的连涨、连跌收益率及其相应持续期的描述性统计量。由表 9.1 可以看出，连涨、连跌收益率以及连涨、连跌持续期的样本序列的标准差均大于其均值，这说明数据存在着过度分散的特点。从峰度来看，连涨、连跌收益率和持续期序列均是尖峰的，从 Jarque-Bera 统计量来看，所有序列均是非正态的。

表 9.1　连涨、连跌收益率及相应持续期的描述性统计量

统计量	SH_Z	SH_D	SZ_Z	SZ_D	SH_ZZ	SH_DD	SZ_ZZ	SZ_DD
均值	0.001 1	−0.001 1	0.001 1	−0.001 0	3.598 0	3.377 1	3.205 0	3.027 5
最大值	0.034 3	-5.82×10^{-6}	0.032 9 37	-2.54×10^{-6}	32.000 0	33.000 0	26.000 0	32.000 0
最小值	5.82×10^{-6}	−0.018 8	2.51×10^{-6}	−0.017 8	1.000 0	1.000 0	1.000 0	1.000 0
标准差	0.002 1	0.002 0	0.002 0	0.001 8	3.970 7	3.925 5	3.324 1	3.512 0
偏度	5.331 3	−3.440 8	5.686 0	−3.598 3	1.944 6	2.154 9	1.981 2	2.627 8
峰度	65.098 5	19.283 6	69.816 0	20.131 0	7.507 2	8.716 7	7.606 0	12.084 0
Jarque-Bera	186 420.70[***]	14 675.04[***]	215 712.6[**]	16 212.95[***]	1 664.29[***]	2 406.82[***]	1 733.48[***]	5 172.00[***]

***、**分别表示在 1%和 5%的显著性水平上显著。

9.4 连涨（连跌）收益率的平稳性及拟合优度检验

为了对高频连涨（连跌）收益率进行分位点回归模型建模，首先对上述时间序列的平稳性进行检验，采用增广迪基–富勒（augmented Dickey-Fuller，ADF）检验方法，检验结果如表 9.2 所示。

表 9.2　上证综指、深证成指连涨和连跌收益率及其持续期的 ADF 检验

数据序列	检验统计量值	p 值
上证综指连涨收益率	−34.2716	0.0000
上证综指连跌收益率	−31.3515	0.0000
深证成指连涨收益率	−33.8682	0.0000
深证成指连跌收益率	−31.9854	0.0000
上证综指连涨持续期	−37.0442	0.0000
上证综指连跌持续期	−34.7566	0.0000
深证成指连涨持续期	−35.7574	0.0000
深证成指连跌持续期	−32.7880	0.0000

注：ADF 检验的原假设为序列存在单位根。ADF 检验的 1%、5%、10%显著性水平上的临界值分别为 −3.4359、−2.8639、−2.5681。

由表 9.2 可知，对于所分析的 8 个时间序列，ADF 检验统计量值均远远小于 1%显著性水平所对应的临界值，表明这 8 个高频连涨（连跌）收益率以及持续期序列在 1%的显著性水平上拒绝存在单位根的假设，即所分析的序列均是平稳时间序列。下面对高频连涨（连跌）收益率的分布特征进行分析。参考日内数据及高频数据的特点，尝试应用三种常见的连续型随机变量的分布函数对其进行拟合，拟合优度检验结果如表 9.3 所示（由于上证综指与深证成指的拟合结果类似，所以只给出上证综指的检验结果）。

表 9.3　上证综指连涨、连跌收益率的拟合优度检验

序列	方法	指数分布		伽马分布		韦布尔分布	
		统计量	概率	统计量	概率	统计量	概率
连跌 序列	Cramer-von Mises	40.8797	0.0000	8.8251	<0.005	4.1750	<0.01
	Watson	16.1650	0.0000	6.4431	<0.005	3.7547	<0.01
	Anderson-Darling	232.7774	0.0000	43.5661	<0.005	23.5597	<0.01
连涨 序列	Cramer-von Mises	34.7938	0.0000	7.0548	<0.005	3.4768	<0.01
	Watson	15.3015	0.0000	5.3236	<0.005	3.1531	<0.01
	Anderson-Darling	198.7910	0.0000	33.9727	<0.005	18.8105	<0.01

由表 9.3 可知，经验分布型拟合优度检验的 Anderson-Darling（安德森-达林）统计量、Watson（沃森）统计量、Cramer-von Mises（克拉默-冯·米塞斯）

统计量的检验结果表明，指数分布、伽马分布、韦布尔分布都不能很好地对高频连涨和连跌收益率序列进行拟合，这和低频数据的特征有所不同。在雷鸣等（2007）的研究中，日连涨（连跌）收益率可以很好地用伽马分布进行拟合。另外，持续期序列也可应用上述三种分布进行拟合，拟合结果也都不能通过检验，由于篇幅所限，这里没有给出具体的检验结果。在下面的分析中，将直接基于分位点回归模型进行变量之间关系的研究，避免对序列分布的假定与估计。

9.5　分位点格兰杰因果关系检验

按照前面计算连涨（连跌）收益率及其相应持续期的方法，可以得到上证综指和深证成指连涨、连跌收益率及相应的持续期序列。对于本章所分析的上证综指和深证成指两种指数数据，第一个连续过程都是连涨过程，因此第一个数据是连涨收益率及相应的连涨持续期，第二个数据是连跌收益率及相应的连跌持续期。以 X_t 表示第 t 个连涨过程的连涨收益率，Y_t 表示第 t 个连跌过程的连跌收益率，Z_t 表示第 t 个连涨过程的连涨持续期，D_t 表示第 t 个连跌过程的连跌持续期。上述序列可以按照下面的顺序给出：

$$\left.\begin{array}{l}X_1\\Z_1\end{array}\right\}\rightarrow\left.\begin{array}{l}Y_1\\D_1\end{array}\right\}\rightarrow\cdots\rightarrow\left.\begin{array}{l}X_{t-1}\\Z_{t-1}\end{array}\right\}\rightarrow\left.\begin{array}{l}Y_{t-1}\\D_{t-1}\end{array}\right\}\rightarrow\left.\begin{array}{l}X_t\\Z_t\end{array}\right\}\rightarrow\left.\begin{array}{l}Y_t\\D_t\end{array}\right\}\rightarrow\left.\begin{array}{l}X_{t+1}\\Z_{t+1}\end{array}\right\}\rightarrow\left.\begin{array}{l}Y_{t+1}\\D_{t+1}\end{array}\right\}\rightarrow\cdots \quad（9.4）$$

由于连涨在前，连跌在后，因此第 t 个连涨过程的连涨收益率 X_t 以及连涨持续期 Z_t 可以用来预测第 t 个连跌过程的连跌收益率 Y_t 的分位点。第 t 个连涨过程的连涨收益率 X_t 的分位点则只能用第 $t-1$ 个连跌过程的连跌收益率 Y_{t-1} 以及连跌持续期 D_{t-1} 来进行预测。

下面分别以连涨收益率和连跌收益率为因变量进行分位点回归分析，其中在选择变量时，仅选择前一连续过程的收益率以及持续期作为解释变量。以第 t 个连跌过程的连跌收益率 Y_t 为因变量，以第 t 个连涨过程的连涨收益率 X_t 以及连涨持续期 Z_t、第 $t-1$ 个连跌过程的连跌收益率 Y_{t-1} 以及连跌持续期 D_{t-1} 为解释变量，进行分位点回归分析。因为连跌收益率为负值，条件 VaR 所对应的分位点应该为较小的值，本章分析了 0.05 与 0.1 分位点的回归结果，结果如表 9.4 所示。

表 9.4　以连跌收益率 Y_t 为因变量的分位点格兰杰因果关系检验

分位点	上证综指连跌收益率序列			深圳成指连跌收益率序列		
	变量	系数值	p 值	变量	系数值	p 值
0.05	截距项	−0.004 84	0.000 00	截距项	−0.004 9	0.000 00
	X_t	−0.373 73	0.006 25	X_t	−0.593 35	0.002 35
	Z_t	0.000 13	0.037 72	Z_t	0.000 31	0.000 00
	Y_{t-1}	0.443 92	0.012 95	Y_{t-1}	0.618 88	0.000 13
	D_{t-1}	0.000 16	0.018 88	D_{t-1}	0.000 35	0.000 03
0.1	截距项	−0.003 19	0.000 00	截距项	−0.002 84	0.000 00
	X_t	−0.439 58	0.000 00	X_t	−0.497 88	0.000 00
	Z_t	0.000 15	0.000 00	Z_t	0.000 21	0.000 00
	Y_{t-1}	0.340 81	0.000 14	Y_{t-1}	0.341 06	0.002 96
	D_{t-1}	0.000 19	0.000 01	D_{t-1}	0.000 21	0.000 00

　　由表 9.4 可以看出，上证综指与深证成指的分位点回归结果具有类似的特征。所分析的 4 个变量 X_t、Z_t、Y_{t-1}、D_{t-1} 前面的系数都非常显著，说明这 4 个变量均影响 Y_t 的分位点。下面将具体分析 4 个变量对 Y_t 分位点的影响。

　　由表 9.4 可知，所有的截距项均显著且为负值，表示在不受协变量影响的情况下，相应分位点处的连跌收益率序列的最大损失。Y_{t-1} 前面的系数在 5% 的显著性水平上均显著，较小的分位点则对应着条件 VaR，因此说明连跌收益率的风险与上一连跌过程收益率的大小有关。对于两种指数，Y_{t-1} 的系数都为正值，说明上一连跌过程跌得越严重，下一连跌过程的条件 VaR 就越大，即条件风险越大，说明连跌过程具有一定的持续性。X_t（第 t 个连涨过程的连涨收益率，为正值）的系数在 1% 的显著性水平上均显著，而且 X_t 前面的系数都为负值，说明如果上一连涨过程收益率越大，则下一连跌过程收益率会越小，即大涨后面跟着大跌的概率较大。第 t 个连涨过程的持续期 Z_t 前面的系数也非常显著，系数为正值，因此 Z_t 越大，相应的连跌收益率 Y_t 的条件分位点也就越大，即市场风险越小。D_{t-1} 对 Y_t 的条件分位点的影响与 Z_t 对 Y_t 的条件分位点的影响相同。

　　下面以第 t 个连涨过程的连涨收益率 X_t 为因变量，以第 $t-1$ 个连涨过程的连涨收益率 X_{t-1} 以及连涨持续期 Z_{t-1}、第 $t-1$ 个连跌过程的连跌收益率 Y_{t-1} 以及

连跌持续期 D_{t-1} 为解释变量来构建分位点回归模型分析。由于连涨收益率为正值，本章分析了分位点为 0.9 以及 0.95 的回归结果，如表 9.5 所示。

表 9.5　以连涨收益率 X_t 为因变量的分位点格兰杰因果关系检验

分位点	上证综指连涨收益率序列			深圳成指连涨收益率序列		
	变量	系数值	p 值	变量	系数值	p 值
	截距项	0.002 87	0.000 00	截距项	0.002 36	0.000 00
	X_{t-1}	0.310 39	0.050 71	X_{t-1}	0.356 92	0.000 19
0.9	Z_{t-1}	−0.000 20	0.000 03	Z_{t-1}	−0.000 22	0.000 00
	Y_{t-1}	−0.359 26	0.101 01	Y_{t-1}	−0.103 73	0.547 17
	D_{t-1}	−0.000 03	0.623 39	D_{t-1}	0.000 09	0.166 72
	截距项	0.004 50	0.000 00	截距项	0.004 17	0.000 00
	X_{t-1}	0.452 99	0.030 03	X_{t-1}	0.004 23	0.000 00
0.95	Z_{t-1}	−0.000 18	0.043 41	Z_{t-1}	−0.279 16	0.069 18
	Y_{t-1}	−0.884 90	0.234 21	Y_{t-1}	−0.600 46	0.461 43
	D_{t-1}	−0.000 14	0.662 82	D_{t-1}	−0.000 37	0.543 26

由表 9.5 可以看出，上证综指与深证成指在以连涨收益率 X_t 为因变量的回归模型中的分位点回归结果具有类似的特征。所有的截距项均显著且为正值，表示在不受协变量影响的情况下，相应分位点处的连涨收益率序列的最大收益。对于 0.9 与 0.95 分位点，X_{t-1} 与 Z_{t-1} 前面的系数都比较显著，而 Y_{t-1} 与 D_{t-1} 前面的系数则不显著。X_{t-1} 前面的系数显著且为正值，表明前一过程的连涨收益率越大，则下一连涨过程的收益率的极端收益就越大。这说明连涨过程具有一定的惯性，大的连涨收益率后面跟着大的连涨收益率的概率较大。Z_{t-1} 表示上一连涨过程的连涨持续期，其前面的系数显著且为负值，表明上一过程持续时间越长，则下一连涨过程的极端收益越小。连跌收益率 Y_{t-1} 和连跌持续期 D_{t-1} 前面的系数均不显著，表明上一期的连跌收益率及相应的连跌持续期对下一期的连涨收益率的极端收益不存在格兰杰因果关系。

9.6　连跌收益率的条件 VaR 估计

本节将对连跌收益率的条件 VaR 进行度量。为了得到 95% 置信水平下连跌收益率的条件 VaR，以 Y_t 为自变量进行 0.05 分位点回归分析，上证综指、深证成指两种指数的变量选择过程以及具体回归结果如表 9.6 所示。

表 9.6　在 0.05 水平上的连跌收益率（Y_t）的分位点回归结果

| 变量 | 上证综指 | | | | 深证成指 | | | |
| | 步骤 I | | 步骤 II | | 步骤 I | | 步骤 II | |
	系数值	p 值	系数值	p 值	系数值	p 值	系数值	p 值
截距项	−0.0036	0.0000	−0.0037	0.0000	−0.0039	0.0000	−0.0039	0.0000
X_t	−0.2906	0.0000	−0.2824	0.0000	−0.5346	0.0001	−0.5477	0.0000
Z_t	0.0001	0.0316	0.0001	0.0004	0.0003	0.0000	0.0003	0.0000
X_{t-1}	−0.9190	0.0000	−1.0790	0.0000	−1.1179	0.0000	−0.9944	0.0000
Z_{t-1}	−0.0001	0.1801	—	—	0.0001	0.3327	—	—
Y_{t-1}	0.2995	0.0027	0.2825	0.0028	0.3853	0.0000	0.4078	0.0000
D_{t-1}	0.0002	0.0002	0.0002	0.0003	0.0003	0.0000	0.0003	0.0000

从表 9.6 中步骤 I 的回归结果可以看出，Z_{t-1} 前面的系数对于两种指数都不显著，因此去除该变量进行回归，由回归结果发现，所给出的变量前面的系数都显著。

由分位点与条件 VaR 之间的关系可以得到上证综指与深证成指 95% 置信水平下的条件 VaR 的估计为

$$\text{VaR}_{\text{SH}} = -0.0037 - 0.2824X_t + 0.0001Z_t - 1.0790X_{t-1} + 0.2825Y_{t-1} + 0.0002D_{t-1}$$

$$\text{VaR}_{\text{SZ}} = -0.0039 - 0.5477X_t + 0.0003Z_t - 0.9944X_{t-1} + 0.4078Y_{t-1} + 0.0003D_{t-1}$$

$$(9.5)$$

由式（9.5）可以看出，X_t 与 X_{t-1} 前面的系数显著为负，这说明已经发生的连续过程的连涨收益率越大，则下一连跌过程的连跌收益率的条件 VaR 越小，即条件风险越大。Y_{t-1} 前面的系数为正，这说明如果上一连跌过程的连跌收益率越小（为负值），则下一连跌过程的条件 VaR 也越小，即条件风险越大，这说明大的下跌后面紧跟着下跌过程的连跌收益率的条件风险越大。Z_t 与 D_{t-1} 前面的系数都显著为正，这两个变量分别表示连涨和连跌过程的持续期，都为正值，因此连涨与连跌持续期越长，则下一个连涨或连跌过程的分位点就越大，对应的条件风险越小。

9.7　本 章 小 结

本章对 1min 高频数据中的连涨（连跌）收益率进行了分析，并对其分布进行了拟合，拟合优度检验结果表明指数分布、伽马分布以及韦布尔分布拟合效果都不是很好。同时，为了分析连涨收益率和连跌收益率之间的内在联系，本章基于线性分位点回归模型分析了连涨、连跌收益率以及持续期之间的分位点格兰杰因果关系，并给出了连跌收益率的条件 VaR 估计。实证结果表明，上一连跌过程跌得越严重，下一连跌过程的条件风险就越大，连跌过程具有一定的持续性；大的连涨过程之后的连跌过程收益率的分位点较小，即大的连涨后跟着大的连跌的可能性较大；而且上一连涨或连跌过程的持续期越长，连跌收益率过程的风险就越小。但是在对连涨收益率进行分析时发现，连涨收益率的极端收益与上一过程的连跌收益率没有显著的关系。这说明大的连跌后并不一定跟着一个大的连涨过程；而上一连涨过程大的极端收益率后面跟着大的连涨极端收益率的概率较大；上一连跌收益率过程的持续期对下一连涨收益率的极端收益不存在格兰杰因果关系影响。另外，对 95%置信水平下连跌收益率条件 VaR 进行了预测，结果发现基于分位点回归模型的条件 VaR 估计值的预测效果较好，在 5%的显著性水平下不能拒绝原假设。

然而，本章的研究还存在一定的不足，本章采用的是线性分位点回归模型，而在实际中可能会出现非线性的情况，在以后的研究中，将尝试应用门限分位点回归模型以及非线性分位点回归模型等进行进一步的分析。

第 10 章　基于 TV-Copula-X 模型的金砖国家股指收益率与波动率的动态相依关系

本章在动态 Copula 函数中加入外生变量，构建了时变 Copula-X（time varying-Copula-X，TV- Copula-X）模型，在定义"波动率惊喜"的基础上，选取金砖四国和美国股市的数据进行实证研究，从均值溢出和波动溢出两个角度研究金砖国家股市间的相依结构是否会受到美国股市的影响。

本章内容如下：10.1 节介绍国内外相关文献；10.2 节介绍实证模型和方法；10.3 节为数据和描述性分析；10.4 节为实证分析；10.5 节为本章小结。

10.1　文　献　综　述

国内外关于金砖国家股票市场联动性的研究主要分为三类：第一类是金砖国家股市之间相关性的研究（王海龙，2016）；第二类则关注全球因素对金砖国家股市收益率的影响（Mensi et al.，2016）；第三类则关注全球因素对金砖国家股票市场间相关性的影响（王璐等，2018）。

系统地从相依结构的角度研究全球金融市场之间相依结构的影响的文献较少，因此本章着重研究以美国为代表的金融市场对金砖国家股票市场之间相依结构的影响，并且从收益率相关性和波动率相关性两个方向进行研究分析。

溢出效应是指金融市场间可以被观测到的信息传导现象。关于股票市场间溢出效应研究的文章，一般分为对均值溢出和波动溢出效应的研究。关于均值溢出效应研究的文献相对较多，学者通常更加关注金融市场价格收益率之间的相关性（Ross，1989）。在波动溢出效应的研究中，学者通常将关注点放在可预测的波动率上，或者称为条件方差和隐含波动率（Engle，1993）。本章在金砖国家股市波动率相关性的研究中将考虑"波动率惊喜"间的相依关系。

早期关于金融变量间相关性的研究中，皮尔逊相关系数和格兰杰因果检验是较为常用的方法，但这两种方法存在很大的局限性。皮尔逊相关系数忽略了变量间可能存在的非线性相关关系，格兰杰因果检验无法对变量间的相关关系给出定量的描述。近年来，DCC 模型和 Copula 函数在相关性的研究中应用较多，并被引入金融领域进行应用（Reboredo and Ugolini，2015）。

　　本章在动态 Copula 模型参数的演化过程中，考虑外生变量的影响，提出时变加外生变量的 TV-Copula-X 模型，对金砖国家股市之间的相依关系以及美国股市作为外生变量对金砖国家股市间相依关系的影响进行研究，并综合考虑均值溢出和波动溢出效应。在波动溢出效应的研究中，本章将波动率中不能被隐含波动率解释的"波动率惊喜"部分剥离，并对其相依关系进行了实证研究。

10.2　模型和方法

10.2.1　波动率惊喜

　　Engle（1993）首先提出了"波动率惊喜"的概念，认为"波动率惊喜"是波动率中不可预测的部分，代表波动率中的不确定性，可以根据金融市场的收益率得到，"波动率惊喜"在金融市场的研究中十分重要，但是却经常被学者忽视。Aboura 和 Chevallier（2014）根据"波动率惊喜"的定义，给出了其估计过程。

　　首先，考虑一个标准 GARCH（1，1）的均值方程：

$$r_t = \mu + \varepsilon_t \tag{10.1}$$

式中，r_t 为所研究的金融市场的收益率；μ 为均值；$\varepsilon_t = z_t\sigma_t$ 代表新息，z_t 是一个强白噪声序列，具有 $E(z_t) = 0$，$E(z_t^2) = 1$ 的性质。$V(r_t \mid r_{t-1}) = \sigma_t^2$，$\sigma_t^2$ 表示条件方差，或称为隐含波动率。通过 GARCH（1，1）过程，得到隐含波动率 σ_t^2 的表达式为

$$\sigma_t^2 = \omega + \alpha\varepsilon_{t-1}^2 + \beta\sigma_{t-1}^2 \tag{10.2}$$

　　其次，根据"波动率惊喜"的定义，"波动率惊喜"为残差序列的平方项 ε_t^2 与条件方差 σ_t^2 的差值，用 ζ_t 表示，即

$$\zeta_t = \varepsilon_t^2 - \sigma_t^2 \tag{10.3}$$

　　Aboura 和 Chevallier（2014）指出，为了去除规模化的影响，可以通过除以 σ_t^2 对 ζ_t 进行标准化，标准化的"波动率惊喜" $\widetilde{\zeta_t}$ 为

$$\widetilde{\zeta}_t = \frac{\varepsilon_t^2 - \sigma_t^2}{\sigma_t^2} \qquad (10.4)$$

基于金融市场股票收益率的时间序列，可以通过上述方法得到与其对应的标准化后的"波动率惊喜"的序列。

10.2.2　Copula 函数相关理论

本节的理论基础涉及 4.1.1 节中所阐述的 Copula 的定义及基本性质以及 4.1.2 节中关于尾部相依系数的定义，具体公式可参照式（4.1）、式（4.2）和式（4.7）。

10.2.3　TV-Copula-X 模型

已有的研究很少考虑外生变量在动态的 Copula 模型中对参数的影响，本章在 Patton（2006b）提出的动态 Copula 模型的基础上，借鉴 Reboredo 和 Ugolini（2015）的思想，在动态演化方程中加入外生变量，提出 TV-Copula-X 模型。以 Gaussian Copula 和 SJC Copula 的动态模型为例，具体演化过程已在 4.2 节中详细介绍，下面给出其加入外生变量后的动态演化方程形式。

对于动态 Gaussian Copula，其参数 ρ_t 的动态方程如式（4.16）所示，考虑到外生变量的影响，假定参数 ρ_t 的动态演化过程与外生变量 X_{t-1} 之间也呈线性关系，即可得到

$$\rho_t = \tilde{\Lambda}\left(\omega_{\mathrm{G}} + \beta_{\mathrm{G}} \cdot \rho_{t-1} + \alpha_{\mathrm{G}} \cdot \frac{1}{10} \sum_{j=1}^{10} \Phi^{-1}\left(u_{t-j}\right) \cdot \Phi^{-1}\left(v_{t-j}\right) + \gamma_{\mathrm{G}} X_{t-1} \right) \qquad (10.5)$$

在参数 ρ_t 的动态演化过程中，共需要估计 ω_{G}、β_{G}、α_{G}、γ_{G} 四个参数。本章将运用极大似然方法对其进行估计。对于 Student's t-Copula，只需要将式（10.5）中的标准正态分布函数 $\Phi(\cdot)$ 改为自由度为 v 的 Student's t 分布函数 $t_v(\cdot)$ 即可。

对于动态 SJC Copula，其上下尾相依系数 λ_t^{U} 和 λ_t^{L} 的动态演化方程如式（4.20）所示，类似地，考虑到外生变量的影响，假定上下尾相依系数 λ_t^{U} 和 λ_t^{L} 的动态演化过程与外生变量 X_{t-1} 之间也呈线性关系，即可得到

$$\lambda_t^{\mathrm{U}} = \varLambda\left(\omega_{\mathrm{U}} + \beta_{\mathrm{U}} \cdot \lambda_{t-1}^{\mathrm{U}} + \alpha_{\mathrm{U}} \cdot \frac{1}{10}\sum_{j=1}^{10}\left|u_{t-j} - v_{t-j}\right| + \gamma_{\mathrm{U}} X_{t-1}\right)$$

$$\lambda_t^{\mathrm{L}} = \varLambda\left(\omega_{\mathrm{L}} + \beta_{\mathrm{L}} \cdot \lambda_{t-1}^{\mathrm{L}} + \alpha_{\mathrm{L}} \cdot \frac{1}{10}\sum_{j=1}^{10}\left|u_{t-j} - v_{t-j}\right| + \gamma_{\mathrm{L}} X_{t-1}\right) \qquad (10.6)$$

在上下尾相依系数 λ_t^{U} 和 λ_t^{L} 的动态演化过程中，共需要估计 ω_{U}、β_{U}、α_{U}、γ_{U}、ω_{L}、β_{L}、α_{L}、γ_{L} 八个参数。

10.2.4　参数估计方法

本章采用极大似然估计方法估计动态 Copula 模型中的参数，具体估计过程见 4.3.2 节。与一般的极大似然估计的性质相同，动态 Copula 模型的极大似然估计也满足渐近正态性，但是协方差矩阵需要进行一些调整。具体调整如下：

$$\sqrt{T}\left(\widehat{\theta_h} - \theta_0\right) \to N\left(0, V^{-1}(\theta_0)\right) \qquad (10.7)$$

式中，$V(\theta_0) = D^{-1}M\left(D^{-1}\right)^{\mathrm{T}}$ 为 Godambe 信息矩阵，$D = E\left[\partial g(\theta)^{\mathrm{T}} / \partial \theta\right]$，

$M = E\left[g(\theta)^{\mathrm{T}}, g(\theta)\right]$，$g(\theta) = \left(\dfrac{\partial L_x}{\partial \theta_f}, \dfrac{\partial L_y}{\partial \theta_g}, \dfrac{\partial L_c}{\partial \theta_c}\right)$ 为得分方程（score function）。

本章在实证部分将运用两大类 Copula 函数，包括研究对称相依结构的 Gaussian Copula、Student's t-Copula 和研究非对称相依结构的 Gumbel Copula、Rotated Gumbel Copula、SJC Copula 以及本章提出的 TV-Copula-X 模型，研究金砖国家收益率和"波动率惊喜"之间的相依结构是否存在时变性和非对称性以及是否受到外生变量的影响。

10.3　数据和描述性分析

为了样本数据时间的统一性，本章选取了俄罗斯交易系统市值加权指数（指数代码为 RTS）、中国上证综合指数（指数代码为 SSE）、巴西圣保罗指数（指数代码为 BVSP）、印度孟买敏感指数（指数代码为 BSESN）以及美国标准普尔 500 指数（指数代码为 S&P500）每日的收盘价 P_t 作为各国股票市场价

格的代表，数据来自 Wind 数据库和雅虎金融（Yahoo Finance）。时间从 2006年 1 月 10 日至 2018 年 12 月 28 日，剔除了不同国家节假日造成的影响，选取了样本中五个国家相匹配日期的收益率作为研究对象，总计 2703 个观测值。收益率的计算公式为

$$r_t = \ln P_t - \ln P_{t-1}$$

表 10.1 给出了金砖四国和美国股票市场收益率序列的描述性统计结果。可以看出，除了俄罗斯之外，其他金砖国家和美国平均收益率均为正数。美国股市相比于金砖四国股市波动幅度最小，风险相对较低；金砖国家中俄罗斯股市波动率最高，风险相对更高。从收益率序列的偏度来看，各国均呈现出不对称的特征。根据 Jarque-Bera 统计量，各国的股市收益率序列均不服从正态分布，呈现出尖峰厚尾的特征，存在一定的尾部相依关系。

表 10.1　金砖四国和美国股票市场收益率序列的描述性统计结果

股票市场	均值	最大值	最小值	标准差	偏度	峰度	Jarque-Bera	ADF
俄罗斯	−0.000 025	0.087 75	−1.713 49	0.010 01	−2.056 38	41.671 00	170 329.6***	−49.161 52***
巴西	0.000 053	0.059 397	−0.052 532	0.007 340	−0.083 918	8.299 445	3 166.147***	−53.925 40***
中国	0.000 045	0.039 236	−0.040 199	0.007 209	−0.617 678	7.473 763	2 426.016***	−51.146 37***
印度	0.000 158	0.069 444	−0.050 397	0.006 186	0.232 934	13.425 50	12 265.78***	−38.272 54***
美国	0.000 050	0.047 587	−0.041 126	0.005 146	−0.466 312	12.749 31	10 802.85***	−55.694 50***

***表示在 1%水平上显著。

表 10.2 给出了金砖四国和美国股票市场收益率之间的皮尔逊相关系数，可以看出，皮尔逊相关系数均是显著的，不同金砖国家之间差异较大，美国与金砖国家股市之间也具有一定的相关性，因此，将美国股市收益率作为外生变量加入金砖国家股市间收益率相依结构的研究是有意义的。

表 10.2　金砖四国和美国股票市场收益率之间的皮尔逊相关系数

股票市场	俄罗斯	巴西	中国	印度
巴西	0.4003***			
中国	0.2111***	0.1504***		
印度	0.3887***	0.2902***	0.2254***	
美国	0.3348***	0.6328***	0.0829***	0.2781***

***表示在 1%水平上显著。

10.4 实 证 分 析

10.4.1 金砖国家股市收益率相依的实证结果

本节对金砖四国股票市场收益率两两之间进行实证研究,共有六组组合:俄罗斯与巴西(RTS+BVSP)、俄罗斯与中国(RTS+SSE)、俄罗斯与印度(RTS+BSESN)、巴西与中国(BVSP+SSE)、巴西与印度(BVSP+BSESN)以及中国与印度(SSE+BSESN),并以美国股市收益率的滞后一期作为外生变量,以研究美国股市收益率是否会对金砖国家股市收益率之间的相关性产生溢出效应。

表 10.3 和表 10.4 给出了不同 Copula 函数的参数估计结果。首先根据 AIC,选择拟合效果最优的 Copula 函数,作为最佳拟合模型进行后续分析。从参数估计结果来看,金砖国家股市收益率之间的尾部相依结构各不相同,大部分金砖国家股市收益率之间的尾部相依关系用动态的 Copula 模型能够得到更好的拟合结果。其中,俄罗斯与巴西、中国与印度股票收益率之间存在非对称的相依结构,TV-SJC Copula 模型可以较好地刻画上下尾部的相依关系;俄罗斯与中国、俄罗斯与印度、巴西与印度股票收益率之间存在对称的相依结构,TV-Student's t-Copula 模型可以很好地刻画尾部的相依关系;巴西与中国股市收益率之间的上下尾部相依关系可以被常数 Student's t-Copula 拟合。

表 10.3 椭圆 Copula 函数的参数估计结果(金砖国家收益率)

参数	RTS+BVSP	RTS+SSE	RTS+BSESN	BVSP+SSE	BVSP+BSESN	SSE+BSESN
			Gaussian Copula			
ρ	0.3964***	0.1991***	0.3874***	0.1358***	0.2623***	0.2276***
	(0.0146)	(0.0207)	(0.0158)	(0.0169)	(0.0155)	(0.0233)
AIC	−456.2625	−106.2692	−427.2760	−47.8488	−188.9650	−140.3655
			TV-Gaussian Copula			
ω	1.7750***	0.0006	−0.0071	0.5311***	0.9599***	0.4681
	(0.1036)	(0.0049)	(0.0157)	(0.0895)	(0.0841)	(0.4532)
β	1.8730***	2.0408***	2.1638***	−2.0339***	−2.1267***	0.1475
	(0.1967)	(0.0228)	(0.0365)	(0.0245)	(0.0189)	(1.9613)

续表

参数	RTS+BVSP	RTS+SSE	RTS+BSESN	BVSP+SSE	BVSP+BSESN	SSE+BSESN
			TV-Gaussian Copula			
α	−0.2893***	−0.0078***	−0.0112***	0.1806***	0.1979***	−0.0898***
	（0.0725）	（0.0034）	（0.0027）	（0.0946）	（0.0751）	（0.0681）
AIC	−469.0813	−106.6205	−449.3620	−46.4586	−192.6804	−138.6260
			TV-Gaussian-X Copula			
ω	1.7897***	0.4777**	0.5797	0.2040	0.9788***	0.4469*
	（0.0948）	（0.2231）	（1.1662）	（0.1288）	（0.0868）	（0.2457）
β	−1.9079***	−0.3877	0.6387	0.4769	−2.1108***	0.2174
	（0.1518）	（1.1219）	（3.3899）	（0.9057）	（0.0530）	（0.9920）
α	−0.2981***	0.0025	−0.0144*	0.0045	0.1859***	−0.0864
	（0.0711）	（0.0688）	（0.0571）	（0.0507）	（0.0684）	（0.0735）
γ	−3.1835	−4.9999	−5.0000	−4.9998	0.6978	−4.9996
	（2.9084）	（4.6431）	（6.6201）	（5.1818）	（1.9513）	（5.2246）
AIC	−468.4281	−104.7407	−426.6697	−45.0675	−191.0133	−138.6589
			Student's t-Copula			
ρ	0.3946***	0.1967***	0.3857***	0.1268***	0.2529***	0.2287***
	（0.0179）	（0.0209）	（0.0182）	（0.0209）	（0.0195）	（0.0205）
υ	5.1157***	5.4465***	5.2690***	7.6272***	4.2640***	6.2342***
	（0.6439）	（0.6371）	（0.5914）	（1.3305）	（0.4816）	（1.4394）
AIC	−546.1949	−177.5379	−516.1204	−85.7944	−299.6474	−194.7677
			TV-Student's t-Copula			
ω	1.7169***	0.0016	1.1860***	0.0915	0.9694***	0.5511**
	（0.1235）	（0.0053）	（0.3744）	（0.2220）	（0.0984）	（0.2546）
β	−0.1394***	−0.0034	0.0062	0.0091	0.0644*	−0.0594
	（0.0448）	（0.0021）	（0.0246）	（0.0640）	（0.0334）	（0.0549）
α	−1.8594***	2.0324	−0.9734	1.2713	−2.1137***	−0.2159
	（0.2290）	（0.0253）	（0.9942）	（1.7438）	（0.0372）	（1.0538）
υ	5.2268***	5.4812***	5.2778***	7.6133***	4.3225***	6.2900***
	（0.6441）	（1.9202）	（0.6870）	（2.3221）	（0.4048）	（0.4235）
AIC	−552.9104	−178.2850	−512.1672	−82.0162	−300.9014	−192.1967
			TV-Student's t-X Copula			
ω	1.7107***	0.4190***	0.5735**	0.1760*	0.8920***	0.3723**
	（0.1069）	（0.1121）	（0.2866）	（0.0965）	（0.1292）	（0.1644）

参数	RTS+BVSP	RTS+SSE	RTS+BSESN	BVSP+SSE	BVSP+BSESN	SSE+BSESN
			TV-Student's *t*-X Copula			
β	−0.1445***	−0.0107	−0.0016	0.0081	0.0653**	−0.0389
	（0.0458）	（0.0407）	（0.0170）	（0.0357）	（0.0293）	（0.0396）
α	−1.8351***	−0.0965	0.6276	0.5583	−1.7150***	0.4907
	（0.1673）	（0.5192）	（0.7432）	（0.7327）	（0.3750）	（0.6693）
υ	5.2511***	5.5037***	5.3476***	7.7585***	4.2944***	6.2455***
	（0.6512）	（0.6672）	（0.6670）	（0.8864）	（0.4333）	（0.9314）
γ	−3.4364	−14.4929**	−15.2706***	−9.5265	4.6774	−11.9430*
	（3.9081）	（5.7688）	（5.7923）	（6.5049）	（3.7425）	（6.1575）
AIC	−551.7872	−177.5514	−516.9339	−82.3503	−300.2501	−193.9571

注：括号内为参数的残差值。

***表示在1%水平上显著，**表示在5%水平上显著，*表示在10%水平上显著。

表 10.4　阿基米德 Copula 函数的参数估计结果（金砖国家收益率）

参数	RTS+BVSP	RTS+SSE	RTS+BSESN	BVSP+SSE	BVSP+BSESN	SSE+BSESN
			Gumbel Copula			
δ	1.3168***	1.1359***	1.3056***	1.1000***	1.1919***	1.1574***
	（0.0194）	（0.0155）	（0.0195）	（0.0141）	（0.0166）	（0.0158）
AIC	−430.5569	−118.7736	−400.4582	−66.8292	−209.3290	−144.2562
			TV-Gumbel Copula			
ω	0.7698**	2.1660***	1.1501**	−2.1457***	0.9846	−0.2363**
	（0.3458）	（0.0822）	（0.5012）	（0.0838）	（0.9507）	（0.0631）
β	0.0255	−0.9410***	−0.2719	1.5869***	−0.2483	0.6860***
	（0.2227）	（0.0563）	（0.3380）	（0.1231）	（0.7017）	（0.0346）
α	−0.9005***	−2.2758***	−0.90266***	0.3281*	−0.8158**	−0.5382***
	（0.2642）	（0.3312）	（0.3246）	（0.1598）	（0.4094）	（0.0842）
AIC	−448.0629	−139.8116	−410.7752	−64.8566	−220.0848	−170.3918
			TV-Gumbel-X Copula			
ω	0.7283	0.8623	1.2069**	0.0109	1.0346	−0.2127**
	（0.3597）	（0.8639）	（2.3642）	（0.5267）	（0.9394）	（0.0898）
β	0.0521	−0.1052	−0.3084	0.2809	−0.2851	0.6744***
	（0.2303）	（0.5753）	（1.5684）	（0.4553）	（0.6894）	（0.0462）

续表

参数	RTS+BVSP	RTS+SSE	RTS+BSESN	BVSP+SSE	BVSP+BSESN	SSE+BSESN
	TV-Gumbel-X Copula					
α	−0.8769***	−1.1463***	−0.9196**	−0.0515	−0.8355**	−0.5760***
	(0.2634)	(0.7764)	(1.3967)	(0.2522)	(0.4225)	(0.1329)
γ	0.4841	−4.9999*	−5.0000*	−3.5267	−0.5334	−2.3137
	(2.0846)	(2.2649)	(2.2503)	(3.5901)	(3.1710)	(1.7575)
AIC	−446.0984	−138.5179	−420.8639	−62.7570	−218.1364	−169.9494
	Rotated Gumbel Copula					
δ	1.3452***	1.1461***	1.3290***	1.1000***	1.2028***	1.1666***
	(0.0192)	(0.0152)	(0.0190)	(0.0143)	(0.0166)	(0.0155)
AIC	−518.9229	−129.8641	−485.3301	−52.2291	−242.5866	−163.8921
	TV-Rotated Gumbel Copula					
ω	0.6007***	2.0725***	0.2196	−2.1189***	1.0017***	−0.3294***
	(0.2413)	(0.1612)	(0.6601)	(0.1679)	(0.3683)	(0.1048)
β	0.1583	−0.8549***	0.3557	1.5508***	−0.2236	0.7331***
	(0.1560)	(0.1191)	(0.4330)	(0.2277)	(0.2540)	(0.0596)
α	−0.8497***	−2.2616***	−0.4516	0.4220	−0.9438**	−0.3888***
	(0.1848)	(0.3541)	(0.3117)	(0.3237)	(0.4327)	(0.1248)
AIC	−542.8311	−155.5851	−495.9502	−52.0358	−256.2829	−184.2449
	TV-Rotated Gumbel-X Copula					
ω	0.3622	2.0438	0.8965	−0.4048	0.7161	−0.3138
	(0.3296)	(0.2877)	(6.4277)	(0.5338)	(0.5714)	(0.1038)
β	0.3019	−0.8349	−0.0889	0.6805	−0.0106	0.7255
	(0.1925)	(0.2138)	(3.2760)	(0.4649)	(0.4007)	(0.0584)
α	−0.6736	−2.2465	−0.7738	−0.1447	−0.8351	−0.4177
	(0.2859)	(0.3665)	(5.6080)	(0.1959)	(0.3439)	(0.1269)
γ	4.9998	−0.4872	−2.0122	−4.3309	3.9783	−1.6466
	(1.9187)	(4.4609)	(3.6418)	(2.9916)	(2.7089)	(1.7001)
AIC	−548.2714	−153.6195	−494.3992	−50.3299	−256.6421	−183.1368

续表

参数	RTS+BVSP	RTS+SSE	RTS+BSESN	BVSP+SSE	BVSP+BSESN	SSE+BSESN
SJC Copula						
λ_U	0.1591***	0.0486***	0.1485***	0.0394**	0.0903***	0.0614***
	(0.0266)	(0.0212)	(0.0276)	(0.0189)	(0.0243)	(0.0213)
λ_L	0.2879***	0.0863***	0.2731***	0.0142	0.1537***	0.1091***
	(0.0222)	(0.0236)	(0.0225)	(0.0138)	(0.0238)	(0.0240)
AIC	−538.8831	−140.7875	−500.6816	−70.5846	−261.5105	−173.8644
TV-SJC Copula						
ω_U	−0.4082	−0.9498***	−0.1753	−5.6580***	0.9492**	−0.8564**
	(14.6698)	(0.1508)	(0.7241)	(1.8078)	(0.4838)	(0.4089)
α_U	−4.6065	−7.1283***	−4.4344***	4.9712	−7.8351***	−6.6247***
	(40.3201)	(1.1283)	(0.8029)	(3.6832)	(1.7339)	(1.7227)
β_U	−0.3161	4.2424***	−2.5362	8.7270***	−9.3318***	3.6423***
	(0.6669)	(0.1561)	(1.6123)	(3.3673)	(1.9316)	(0.5344)
ω_L	−0.3288	2.9927***	−1.4337***	−0.2532	1.0545	−1.5747**
	(7.1607)	(1.1243)	(0.5190)	(0.4947)	(0.9212)	(0.6132)
α_L	−3.7802	−15.9792***	−1.4823	−13.4774***	−8.1510***	−3.3090*
	(13.4316)	(4.9890)	(1.0464)	(4.9632)	(2.8319)	(1.7933)
β_L	1.3964***	−5.1741***	3.0348***	4.4037***	−2.8104	4.1154***
	(0.3225)	(1.2015)	(0.9213)	(0.6029)	(1.7394)	(1.1329)
AIC	−558.7355	−170.9467	−509.0576	−70.4812	−275.4823	−197.0243
TV-SJC-X Copula						
ω_U	−0.5271	−0.9619	0.4637	−4.8334*	−2.3496***	−0.7443
	(0.5363)	(1.0046)	(0.4609)	(2.4943)	(0.5480)	(0.4883)
β_U	0.2493	4.2288***	−3.6500	0.4534	5.0982***	3.5221***
	(0.5494)	(0.4498)	(15.3041)	(5.8881)	(1.2408)	(0.6269)
α_U	−4.6424**	−7.0024	−6.5959	4.3558	−1.4569	−6.9195***
	(1.8912)	(7.2457)	(4.0428)	(6.1452)	(2.6428)	(1.9223)
γ_U	13.7588**	−3.8489	−41.9268	−13.0136	17.0197	−17.0364
	(6.9638)	(20.3992)	(80.0146)	(43.9747)	(25.3389)	(20.7415)

续表

参数	RTS+BVSP	RTS+SSE	RTS+BSESN	BVSP+SSE	BVSP+BSESN	SSE+BSESN
			TV-SJC-X Copula			
ω_L	−0.9219***	3.2072	−1.8744***	−0.1820	1.2691	−0.9160
	（0.3428）	（2.6802）	（0.1070）	（0.5523）	（1.2824）	（1.0546）
β_L	2.3652***	−5.2505***	4.0154*	4.4835***	−2.9809*	1.6094
	（0.4880）	（1.5294）	（2.2351）	（0.4993）	（1.7070）	（3.1429）
α_L	−2.4846***	−16.5391	−0.7698	−14.2346***	−8.6807***	−4.8333*
	（0.9177）	（10.6837）	（5.8663）	（5.0862）	（2.9480）	（2.6555）
γ_L	22.6692**	12.8765	9.3748***	−34.6586	2.1185	−38.9003
	（9.6463）	（11.4318）	（1.3558）	（36.0814）	（10.1975）	（25.0661）
AIC	−561.1739	−168.0553	−513.0910	−65.7755	−269.2867	−195.6601

注：括号内为参数的残差值。

***表示在 1%水平上显著，**表示在 5%水平上显著，*表示在 10%水平上显著。

10.4.2　金砖国家股市"波动率惊喜"相依

本节对金砖四国股票市场波动率中不可预测的部分——"波动率惊喜"两两之间进行实证研究，同样有六种组合，选择美国股票市场"波动率惊喜"（volatility surprise，VS）的滞后一期作为外生变量。

根据模型拟合的结果，金砖国家股市"波动率惊喜"之间仅存在上尾部分。从"波动率惊喜"和上尾相依系数的定义来看，这里上尾部分是指波动率中的不确定性部分 $\widetilde{\zeta}_t$ 极大的情况，即当实际偏误远大于可预测的波动率时，其经济意义是：一国股市实际收益率的波动幅度远远超过预期波动幅度，这部分超出预期的波动率增加，也被理解为风险的增加。表 10.5 给出了 Gumbel Copula 和 SJC Copula 两类函数对金砖国家"波动率惊喜"的模型拟合结果和上尾对应的参数估计值。

表 10.5　Gumbel Copula 和 SJC Copula 参数估计结果（金砖国家"波动率惊喜"）

参数	RTS+BVSP	RTS+SSE	RTS+BSESN	BVSP+SSE	BVSP+BSESN	SSE+BSESN
			Gumbel Copula			
δ	1.1062***	1.0684***	1.0839***	1.0252***	1.0657***	1.0377***
	（0.0140）	（0.0116）	（0.0130）	（0.0100）	（0.0140）	（0.0116）
AIC	−80.9314	−40.6122	−58.0782	−8.1779	−31.7857	−14.0147

参数	RTS+BVSP	RTS+SSE	RTS+BSESN	BVSP+SSE	BVSP+BSESN	SSE+BSESN
			TV-Gumbel Copula			
ω	−0.7661	−0.7373	−2.3822***	1.3516***	−2.3489***	2.3911***
	(1.5884)	(2.6020)	(0.1655)	(0.2782)	(0.1872)	(0.3451)
β	0.3267	0.4966	1.6730***	−1.2921***	1.6704***	−2.4410***
	(1.3852)	(2.4142)	(0.1255)	(0.3948)	(0.2160)	(0.3418)
α	0.2552	−0.1735	0.9377**	−0.5171	1.0154**	0.9908***
	(0.3743)	(0.4554)	(0.4621)	(0.3960)	(0.4394)	(0.2793)
AIC	−77.4957	−36.5691	−57.4931	−8.8184	−33.0314	−14.9042
			TV-Gumbel-X Copula			
ω	−2.5683***	0.2243	−0.8580***	0.8174	1.9617***	2.7343***
	(0.0953)	(1.5189)	(0.2766)	(0.5413)	(0.6518)	(0.4315)
β	1.5756***	−0.0138	1.0663***	−0.3577	−1.3480**	−2.7911***
	(0.1116)	(1.4841)	(0.2283)	(0.5451)	(0.5563)	(0.4241)
α	1.7510***	0.1531	−0.0328	−1.5432***	−0.8502	0.9400***
	(0.1767)	(0.4258)	(0.1856)	(0.4603)	(0.5286)	(0.2615)
γ	0.0094***	0.0058	0.0077*	−0.0045	−0.0056	−0.0134***
	(0.0016)	(0.0056)	(0.0041)	(0.0066)	(0.0064)	(0.0027)
AIC	−89.9130	−35.5223	−57.2655	−5.8438	−31.1007	−13.2868
			SJC Copula			
λ_U	0.0920***	0.0429**	0.0649***	0.0003	0.0258*	0.0055
	(0.0212)	(0.0177)	(0.0197)	(0.0013)	(0.0156)	(0.0077)
AIC	−82.5898	−40.2545	−55.4926	−1.8212	−34.2500	−8.6645
			TV-SJC Copula			
ω_U	−1.3507	−4.1288	0.7207*	−14.4634	0.5166	−15.3460
	(2.2061)	(2.6805)	(0.4173)	(102.4329)	(1.7901)	(466.8314)
α_U	−2.3094	3.0633	−8.3219***	−0.2464	−10.7008	24.9991
	(3.6500)	(7.0921)	(1.1834)	(3.9805)	(7.2967)	(942.6334)
β_U	−2.4905	0.3207	−19.2935***	−0.0090	−24.6378	4.3017
	(15.7562)	(28.1559)	(5.2340)	(1.0100)	(13.0032)	(70.7849)
AIC	−78.9999	−36.3926	−58.7930	2.2997	−33.6247	−5.5326

续表

参数	RTS+BVSP	RTS+SSE	RTS+BSESN	BVSP+SSE	BVSP+BSESN	SSE+BSESN
			TV-SJC-X Copula			
ω_U	1.4933***	−4.8846***	0.5925	−18.7034*	0.6371	−17.3969**
	(0.2870)	(1.5176)	(0.3024)	(83.0951)	(2.7920)	(7.0263)
α_U	−12.1663***	5.3926***	−16.3975**	0.1019***	−15.5808	3.7106**
	(1.8907)	(1.7521)	(3.3623)	(9.6427)	(14.0164)	(1.6855)
β_U	−9.2641***	4.4403	−7.4051***	2.5522***	−12.1605	29.2587**
	(0.5960)	(3.8579)	(0.1529)	(51.1999)	(10.6913)	(14.1997)
γ_U	−0.0552***	0.0382	−0.0167	−14.8465*	−0.0479	0.1424***
	(0.0113)	(0.0373)	(0.0096)	(61.6643)	(0.1501)	(0.0296)
AIC	−94.7070	−36.3926	−58.8379	−0.0135	−31.1192	−8.7144

注：括号内为参数的残差值。

***表示在 1%水平上显著，**表示在 5%水平上显著，*表示在 10%水平上显著。

除俄罗斯与中国、巴西与印度之间的上尾相依性较弱以外，其余四组相依性均呈现一定的波动，且美国股市的"波动率惊喜"对俄罗斯与巴西、巴西与中国之间的相依关系均产生了显著的负向影响，这意味着当美国股市波动率的不确定性增加时，俄罗斯与巴西、巴西与中国股市波动率不确定性之间的相关性会降低。

10.4.3　实证结果总结

不同金砖国家股市收益率和波动率之间的相依结构在样本期间相差很大，呈现出不同的变化，受美国股市的影响也各不相同，主要研究结果有以下三点。

（1）金砖国家股市均存在相关性，但是相依结构各不相同，总体上收益率之间的相关性要大于波动率之间的相关性。其中，金砖国家波动率之间全部呈现出非对称的相依结构，然而仅部分金砖国家收益率之间存在非对称的相依结构。

（2）美国股市对部分金砖国家间的相依关系产生了一定的影响。俄罗斯与巴西、俄罗斯与印度之间，无论在收益率还是波动率的相关性上，均受到美国股市的显著影响。

（3）在某些特定的时间段内，金砖国家股市间收益率和波动率的相依系数均会发生显著变化。当金融危机发生或者当金砖国家发生正向积极事件时，金砖国家股市间的相关性都会增强，但是收益率相关性的变化具有一定的滞后性。

10.5　本章小结

本章对动态 Copula 函数进行了改进，在原有模型中加入外生变量，提出了 TV-Copula-X 模型，从均值溢出和波动溢出两个角度对金砖国家间的相关性是否受美国的影响进行研究。不同金砖国家股市收益率和波动率之间的相依结构在样本期间相差很大，呈现出不同的变化，受美国股市的影响也各不相同。研究发现，在某些特定的时间段内，不同金砖国家股市之间收益率和波动率的相依系数均会发生显著变化。

从本章的研究结果可以分析出金砖国家金融市场之间的相关性会受到外部金融危机、全球金融市场波动以及金砖国家内部事件的影响，这项研究结果对基金经理在国际投资组合配置时有一定的帮助，使其可以根据金砖国家股市呈现的不同特征以及金砖国家股市间相依结构的变化对资产组合进行合理的调整。本章内容对金砖国家制定金融市场相关的政策以及共同抵御金融风险上，也有一定的启示。

第 11 章　VIX 对股票市场间联动性影响的实证研究

近些年，国际金融市场之间的动态联动性成为一个重要的研究课题。以往学者大都直接研究金融市场间的相关性，而忽略了外生金融变量对金融市场间相关性的影响。本章对上述问题进行研究，借鉴平滑转换条件相关系数模型的思想，假定 Copula 参数受外生变量的影响，建立时变动态 Copula 模型——ST-VCopula 模型，并基于该模型探究市场波动率对股票市场之间相关性的影响，进而对几个国家的股票指数数据进行实证分析。

本章内容如下：11.1 节对目前已有文献中关于金融危机期间联动性变化的分析研究进行梳理与总结；11.2 节简要介绍 Copula 函数，借鉴平滑转换条件相关系数模型的思想，建立 ST-VCopula 模型，并进行模型的估计以及假设检验；11.3 节利用 ST-VCopula 模型分别对几个国家的股票指数收益率之间的相依结构进行建模分析，实证结果表明 VIX 对股票市场间的联动性产生了显著的影响；11.4 节对本章内容进行总结，由于 VIX 获取简单、便捷且更为直观，为市场间动态联动性的研究提供了另一种途径，可以为投资者在进行分散投资等金融活动时提供一定的指导和建议。

11.1　文　献　综　述

随着金融危机的频繁发生，对金融危机期间联动性变化的分析越来越重要，相关研究也越发深入和细致。相关性作为衡量市场联动性高低的重要指标之一，其研究方法层出不穷。

多数研究直接对相关性进行建模，分析相关性的动态变化情况等，研究股票市场间收益率相关关系受外生变量影响的文献则较少，而且相关性的主要决定因素也难以明确确定。因此，外生变量对市场间相关性的影响是一个极具研究意义的课题。以往的模型很少对相关性的驱动因素进行研究。Silvennoinen 和 Teräsvirta（2015）建立了 STCC-GARCH 模型，该模型允许条件相关系数通过一个转移变量进行平滑转换。本章将选取 VIX 作为相关性的影响因素，因为 VIX 已经十分成熟，获取便捷，且经过多年的市场检验，人们认为 VIX 是衡量美国股市波动性最重要的基准指标之一，而美国股市的波动性在一定程度上可以反映出全球金融市场的波动情况。

Copula 理论在研究金融变量之间的相依关系时得到了极大的重视。Patton（2006b）提出当前 Copula 系数可由历史 Copula 系数进行解释，进而构建了动态的 Copula 模型。动态 Copula 模型以条件 Copula 函数刻画金融资产间的相依结构，更为准确地描述多元金融时间序列的统计特征。动态相关系数是判断股票市场间联动程度高低的重要指标。该数值越大代表联动程度越大，市场一体化程度越高。更进一步讲，若是在危机期间，两个股票市场的相关系数明显变大，则表明危机时期金融市场间的联动性增强了。

本章将平滑转换条件相关系数模型的思想应用到动态 Copula 模型中，从 Copula 参数受外生变量影响的角度，提出一种新的动态 Copula 模型，并将外生变量假定为 VIX，提出了 ST-VCopula 模型，进而分析不同状态下的市场波动率是否影响市场间联动性的变动。本章基于该模型对全球主要股市之间的数据进行实证分析，实证结果表明市场波动率的高低确实可以反映市场间联动性的不断变化，这为人们在做投资决策时提供了直观、简便且有效的手段。

11.2　ST-VCopula 模型的估计以及假设检验

11.2.1　Copula 函数

Copula 方法是由边缘分布和联合分布共同构成的函数，由于边缘分布不能唯一确定联合分布，因此对于一组确定的边缘分布有很多种联合分布。设 C 为一个 Copula 函数，则 $C\big(F_1(x_1), F_2(x_2), \cdots, F_p(x_p)\big)$ 确定了 $(X_1, X_2, \cdots, X_n)$ 的联合分布 F，它们的边缘分布为 $F_i, i = 1, 2, \cdots, p$。

条件 Copula 函数是在 Copula 函数的基础上提出的一个新的定义，考虑了条件对相依结构的影响，下面以二元条件 Copula 函数为例进行说明。

考虑一个具有边缘分布 $F_1(\cdot \mid \Omega)$、$F_2(\cdot \mid \Omega)$ 的二元联合分布函数 F，Ω 是信息集，那么就存在着一个条件 Copula 函数使得

$$F(x_1, x_2 \mid \Omega) = C(F_1(x_1 \mid \Omega), F_2(x_2 \mid \Omega)) \tag{11.1}$$

如果边缘分布函数 $F_1(\cdot \mid \cdot)$、$F_2(\cdot \mid \cdot)$ 连续，那么 Copula 函数是唯一的。反过来，若 $C(\cdot \mid \cdot)$ 是条件 Copula 函数，$F_1(x_1 \mid \Omega)$、$F_2(x_2 \mid \Omega)$ 是随机变量 x_1、x_2 的边缘分布函数，那么 $F(x_1, x_2 \mid \Omega)$ 是二元条件联合分布函数。

在实际中，二元变量之间的相关性可能会随着某外生变量（如波动率）发生变化，因此在上述 Copula 函数中，本章假定其参数是某外生变量的函数。本章借鉴 Bauwens 和 Otranto（2016）的思想，假定相关性受波动率的影响，并提出 ST-VCopula 模型，模型的具体构建过程见 7.3.3 节。

11.2.2　模型选择的假设检验

为了检验该模型的外生变量即 VIX 是否对 Copula 参数产生显著的影响，利用似然比检验的方法进行模型选择的假设检验。似然比检验是一种基于极大似然函数值的假设检验方法，可以用于模型选择（一个是所有参数都是自由参数的无约束模型，另一个是由原假设约束的含较少参数的相应约束模型）。

如果外生变量（VIX）不对 Copula 参数产生显著影响，即权重 f_t 对参数不产生影响，此时 $\Theta_l = \Theta_h$。于是原假设、对立假设可以设置如下：

$$H_0: \ \Theta_l = \Theta_h \leftrightarrow H_1: \ \Theta_l \neq \Theta_h$$

当原假设的约束条件成立时，ST-VCopula 模型即退化为一般的静态 Copula 模型。假设有约束的极大似然函数值为 L_R，无约束时（ST-VCopula 模型）的极大似然函数值为 L_U，按照似然比检验方法，构造如下的检验统计量：

$$LR = -2\ln(L_R / L_U)$$

当原假设成立时，LR 渐近服从自由度为 p 的卡方分布，其中 p 为约束条件个数，在该检验中即为参数 Θ 的维数。根据卡方分布临界值表，可以判断模型是否存在显著性差异，即可以选择基于哪个模型对数据进行拟合。

11.3　实　证　研　究

11.3.1　数据描述

综合考虑股市的影响力和区域等因素，并参考其他学者的研究，本节选取美国、日本、中国、葡萄牙、英国、德国、希腊、意大利、法国、韩国的股票

指数进行实证分析，代表指数为 S&P500 指数、日经 225 指数（指数代码为
N225）、上海证券交易所综合指数（指数代码为 SSE）、葡萄牙指数（指数代码
为 PSI）、伦敦富时 100 指数（指数代码为 FTSE）、法兰克福指数（指数代码为
GDAXI）、希腊指数（指数代码为 ASE）、意大利富时米兰证券交易所指数（指
数代码为 FTSEMIB）、法国巴黎证券交易所指数（指数代码为 FCHI）、韩国综
合股票价格指数（指数代码为 KS11）。时间跨度为 2006 年 12 月 4 日至 2012
年 7 月 30 日。选取上述股票指数的日收盘价，并转化为日收益率，用于后续的
实证研究。

　　我们参照 Silvennoinen 和 Teräsvirta（2015）的研究，用 VIX 来代表波动率
这一外生变量。由芝加哥期权交易所（Chicago Board Options Exchange，CBOE）
发布的 VIX 又称"恐慌指数"，是选取标准普尔 500 指数期权的近月份与次月
份所有序列，分别计算其隐含波动率进行加权平均所得出的指数。投资者对于
未来波动的预期随着该指数的升高而加剧。

　　对数据进行初步分析之后，我们得到了这些国家股指收益率的描述性统计
量，如表 11.1 所示。

表 11.1　股指收益率的描述性统计量

股指	均值	偏度	峰度	标准差	K-S 检验 p 值
S&P500	0.0002	−0.5730	14.50	0.0126	<0.01
N225	0.0001	−0.6400	8.96	0.0158	<0.01
FTSEMIB	−0.0001	−0.2357	5.10	0.0155	<0.01
FCHI	0.0001	−0.0987	6.83	0.0147	<0.01
GDAXI	0.0003	−0.1978	7.18	0.0142	<0.01
FTSE	0.0001	−0.2561	9.14	0.0121	<0.01
KS11	0.0003	−0.6351	8.94	0.0013	<0.01
ASE	0.0001	−0.6226	16.61	0.0120	<0.01
SSE	0.0004	−0.4868	2.59	0.0198	<0.01
PSI	0.0001	−0.3470	30.25	0.0129	<0.01

　　从表 11.1 可以看出，这几个国家的股指收益率的均值都接近于 0，标准差
基本都在 0.01 附近。偏度小于 0，说明其分布都是左偏的。峰度系数都显著
不为 0，收益率分布具有尖峰厚尾的特征。另外，K-S 检验的 p 值均小于 0.01，
即所分析国家的对数收益率均不服从正态分布。综合考虑以上因素，在进行

边缘分布估计时，应用 GARCH-t 模型对数据进行拟合。

11.3.2　收益率序列的边缘分布建模

为了应用本章提出的 ST-VCopula 模型对数据进行拟合，首先需要估计各个国家股指收益率的边际分布，应用 AR(1)-GARCH(1,1)-t 模型来拟合各国的股指收益率，进而估计边缘分布。模型表达式如下：

$$r_{i,t} = \mu + \alpha r_{i,t-1} + e_{i,t}$$
$$e_{i,t} = \delta_{i,t}\varepsilon_{i,t}, \quad \varepsilon_{i,t} \sim t(v)$$
$$\delta_{i,t}{}^2 = \omega + \beta\varepsilon_{i,t-1}{}^2 + \gamma\delta_{i,t-1}^2$$

式中，μ、α、ω、β、γ 都为待估参数；$r_{i,t}$ 为股指 i 在 t 时刻的收益率；$\delta_{i,t}$ 为条件标准差；$e_{i,t}$ 为残差；$\varepsilon_{i,t}$ 为白噪声序列；$t(v)$ 表示自由度为 v 的 t 分布。

基于极大似然方法对上述模型进行估计，参数的具体估计结果见表 11.2。

表 11.2　股指收益率边缘分布估计结果

股指	μ	α	ω	β	γ	shape
S&P500	0.082 93***	−0.062 21***	0.018 9***	0.116 69***	0.878 6***	4.585 1***
	（0.013 73）	（0.018 33）	（0.005 0）	（0.016 25）	（0.014 70）	（0.451 6）
N225	0.084 57***	−0.041 96*	0.042 15***	0.095 4***	0.891 03***	5.625 29***
	（0.021 27）	（0.018 67）	（0.011 82）	（0.013 08）	（0.013 87）	（0.645 19）
FTSEMIB	0.068 6***	−0.038 2*	0.018 1**	0.093 4***	0.904 3***	7.094 2***
	（0.019 9）	（0.018 4）	（0.006 3）	（0.012 3）	（0.0117）	（0.906 9）
FCHI	0.0455*	−0.0446*	0.0316***	0.0987***	0.8906***	5.831 6***
	（0.019 4）	（0.018 7）	（0.008 9）	（0.013 9）	（0.014 3）	（0.658 9）
GDAXI	0.103 2***	−0.018 1*	0.025 5**	0.093 3***	0.900 2***	5.253 4***
	（0.018 93）	（0.018 5）	（0.079 4）	（0.013 2）	（0.012 9）	（0.577 2）
FTSE	0.055 6***	−0.025 8*	0.024 1***	0.123 2***	0.866 4***	5.619 6***
	（0.014 9）	（0.019 1）	（0.006 6）	（0.018 0）	（0.017 9）	（0.632 5）
KS11	0.067 3***	−0.009 5	0.011 4**	0.066 6***	0.929 2***	5.137 2***
	（0.016 4）	（0.017 8）	（0.004 3）	（0.010 6）	（0.010 8）	（0.550 9）
ASE	0.071 2***	−0.049 1*	0.025 2***	0.114 5***	0.870 2***	6.659 4***
	（0.015 7）	（0.0193）	（0.006 7）	（0.016 7）	（0.017 6）	（0.788 4）

股指	μ	α	ω	β	γ	shape
SSE	0.075 1**	0.0255*	0.0351**	0.0571***	0.935 5***	5.795 4***
	（0.028 8）	（0.018 2）	（0.012 3）	（0.008 6）	（0.009 4）	（0.659 8）
PSI	0.076 6***	0.075 1**	0.011 1***	0.132 8***	0.874 5***	5.187 1***
	（0.013 3）	（0.018 4）	（0.003 7）	（0.018 5）	（0.015 5）	（0.171 0）

注：括号内的值为参数估计的标准差。

***、**和*分别表示在 0.5%、1%和 5%的水平下显著。

对估计得到的残差序列进行独立性和分布假设检验是检验模型优劣的重要手段，需要进行 LB 检验（Ljung-Box 检验）和 K-S 检验。LB 检验表明在 5%的显著性水平下残差序列不存在自相关，即处理后的残差序列有独立性。K-S 检验结果表明，在 5%的显著性水平下通过检验，即处理后的数据是[0,1]上的均匀分布。以上两个检验表明，应用 AR(1)-GARCH(1,1)-t 模型对收益率数据边缘分布进行估计是可行的。

11.3.3　ST-VCopula 模型估计结果

得到收益率的边缘分布后，建立 ST-VCopula 模型对收益率之间的相依结构进行建模，可以分别对国家两两之间的相依结构进行建模分析。在实证分析时，将对其他国家与美国、意大利以及中国三个主要国家之间的相依结构进行建模分析。

邵颖超和吴菡（2012）提到了意大利政府提前消费，赤字十分严重，债务水平持续超过国内生产总值（gross domestic product，GDP）。自 1992 年后，债务与 GDP 之比甚至高于 1.2，在欧洲国家排名第二，意大利的经济发展水平一直是低于欧盟的平均水平的。欧盟制度的缺陷以及意大利本身的经济状态都使意大利在金融危机的冲击下陷入困境。意大利属于经济外向程度较高的国家，和很多国家有着频繁的贸易往来，危机传染的重要途径之一就是贸易渠道。美国是公认的经济强国，与很多国家有着高度的贸易相关性、金融相关性，美国在危机传染中扮演着较为重要的角色。中国经济在飞速发展，是亚洲经济的领头羊，在世界范围内经济地位日益升高。因此以意大利、美国、中国为对象研究 VIX 对股票市场相关性的影响，具有一定的代表性。

表 11.3～表 11.5 分别给出了意大利、美国、中国与其他国家的参数估计结

果，在进行参数估计时基于极大似然方法。分别运用正态 Copula、Student's
t-Copula 以及 Gumbel Copula 进行了拟合，实证结果表明 Student's *t*-Copula
（ST-VCopula）能够更好地描述国家股指收益率的动态相依关系，因此在后面
的实证分析中仅列出了 ST-VCopula 的结果。为了检验该模型的外生变量也就
是 VIX 是否显著地影响 Copula 参数，在该部分应用似然比检验的方法进行假
设检验，进而完成模型的选择。

表 11.3　ST-VCopula 模型的参数估计结果（意大利与其他国家）

股指	θ_l	θ_h	γ	c	ST-VCopula 对数似然函数值	静态 Student's *t*-Copula 对数似然函数值	LR 统计量	p 值
S&P500	0.352	0.588	0.310	11.46	290	288	4	0.04
N225	0.237	0.368	787.80	43.26	26.9	25.9	2	0.15
FCHI	0.872	0.953	0.055	40.04	1097	1093	8	<0.01
GDAXI	0.809	0.892	0.592	22.85	875	864	22	<0.01
FTSE	0.639	0.929	0.033	21.96	698	694	8	<0.01
KS11	0.239	0.393	44.41	32.85	45.1	42.9	4.4	0.04
ASE	0.269	0.416	487.52	39.73	58.2	56.7	3	0.08
SSE	0.112	0.211	1440.87	31.35	0.121	−0.776	1.8	0.18
PSI	0.548	0.574	0.697	39.86	1097	1093	8	<0.01

表 11.4　ST-VCopula 模型的参数估计结果（美国与其他国家）

股指	θ_l	θ_h	γ	c	ST-VCopula 对数似然函数值	静态 Student's *t*-Copula 对数似然函数值	LR 统计量	p 值
N225	0.051	0.141	526.37	27.34	9.2	−25.9	35.1	<0.01
FTSEMIB	0.352	0.588	0.310	11.46	290	288	4	0.04
FCHI	0.600	0.648	1354.10	24.76	391	390	2	0.15
GDAXI	0.588	0.650	1.39	19.75	386	385	2	0.15
FTSE	0.504	0.605	17.25	73.44	361	358	6	0.01
KS11	0.174	0.297	497.29	32.77	25.4	24	2.8	0.09
ASE	0.141	0.206	131.72	31.45	11.1	11.7	0.8	0.37
SSE	0.230	0.312	401.38	26.56	50.9	23.5	54.8	<0.01
PSI	0.080	0.425	0.973	11.37	147	140	14	<0.01

表 11.5　ST-VCopula 模型的参数估计结果（中国与其他国家）

股指	θ_l	θ_h	γ	c	ST-VCopula 对数似然函数值	静态 Student's t-Copula 对数似然函数值	LR 统计量	p 值
S&P500	0.230	0.312	401.38	26.561	50.9	23.5	54.8	<0.01
N225	0.216	0.32	517.06	26.597	32.7	31.3	2.8	0.09
FTSEMIB	0.112	0.211	1440.9	31.359	0.121	−0.776	1.8	0.18
FCHI	0.125	0.229	1228.5	31.313	10	8.9	2.2	0.13
GDAXI	0.124	0.205	362.60	31.36	7.8	7.2	1.2	0.27
FTSE	0.144	0.2	128.77	31.447	11.3	12	0.6	0.43
KS11	0.287	0.362	0.244	34.012	72.7	72	1.4	0.23
ASE	0.263	0.37	209.17	31.432	58	50	16	<0.01
PSI	0.125	0.233	339.50	32.41	5.8	−17.9	47.4	<0.01

　　在自由度为 1、显著性水平为 0.05 时，卡方检验临界值为 3.841。为了得到更加直观的检验结果，ST-VCopula 模型和静态 Student's t-Copula 模型对数极大似然值、LR 统计量以及 p 值的结果如表 11.3～表 11.5 所示。

　　由表 11.3 的参数估计结果可以看出，意大利和法国、德国、英国等较发达的国家之间的相关系数较大。在低状态下的参数（θ_l）仍大于 0.6，明显高于其他国家。这种高相关性与欧盟之间贸易和金融往来频繁密切相关，并且德国和法国都是欧盟的核心国家。德国作为欧元区第一大经济体，在 2003～2009 年对外出口贸易世界排名第一，其经济实力不可小觑，德国对欧盟其他国家的影响力从某种程度上来说已经超过美国。意大利与英国联动性的增幅较大，这与英国对欧盟的贸易依赖密不可分，英国是一个对国际贸易依赖程度很高的国家，而欧洲是英国最重要的市场。尽管没有加入欧元区，但英国从欧洲市场中获取了巨大的利益，其与欧盟国家进行的进出口贸易占50%以上。因此危机发生时，意大利与法国、德国以及英国之间的相关系数都会相应地增加。然而，意大利与另外两个同属欧盟的国家——希腊和葡萄牙的相关系数较低，这与希腊和葡萄牙的经济发展在欧盟国家中不属于上游国家，与意大利在贸易往来上相对较少有关，贸易、金融市场均处于欠发达状态。尤其是希腊，相关系数仅为 0.269，略高于中国和韩国。意大利与日本、韩国和中国相关系数很低，意大利作为欧盟的一员，其贸易金融往来主要以欧盟成员国为主，与亚洲国家联动性明显要弱于欧盟国家。

整体来看：θ_h 相比于 θ_l 都有所上升，这表明市场之间的联动性变动总体来说是受外生变量 VIX 的影响的，进而形成了高、低两个水平。希腊、日本和中国未通过假设检验，这表明 VIX 作为外生变量在拟合意大利与希腊、日本和中国的股指数据时，对联动性变化影响的描述并不是很理想。由表 11.3 可以看出，除了中国、希腊和日本外，意大利与其他国家的 ST-VCopula 模型与静态 Student's t-Copula 模型选择的似然比检验结果表示，在显著性水平为 0.05 时均拒绝原假设，即接受 ST-VCopula 模型，也就是说可以通过 ST-VCopula 模型研究 VIX 对股票市场间的相关性的影响。意大利与中国没有通过检验的原因可能与中国国情有关，当时中国股票市场对境外投资的约束相对较强。有研究发现，当时中国股票市场对国际主要市场的波动溢出效应为单向的，即中国股市发生波动会影响其他股市，而其他股市危机传染对中国的影响并不是很显著。因此危机发生时，当以意大利为传染源分析时，波动溢出效应在中国股票市场不明显。意大利与日本之间则存在显著的经济结构、货币政策差异，且两国之间的产业依赖差距较大，意大利以传统制造业为主，而日本则以出口科技为重要导向，金融危机传染相对较弱。金融危机传染主要的传染渠道为贸易传染，由于希腊的经济体制，它在贸易方面较为封闭，且其资本市场也处于欠发达状态，使希腊与意大利的贸易往来、相互投资等经济往来相对较少。正因为两国之间的经济联系不密切，所以两个国家之间的传染效应不显著。

由表 11.4 可知，美国与意大利、法国、德国和英国的相关系数较大，因为这些国家与美国在贸易和投融资方面有较为紧密的经济联系。美国与希腊、葡萄牙、中国、韩国等的相关系数较小。美国与大部分样本国之间的相关性能够拒绝原假设，即可以通过 ST-VCopula 模型，研究 VIX 对股票市场间的相关性的影响。

从中国与其他样本国的参数估计结果来看（表 11.5），中国与其他国家的相关系数并不高，即使在高状态下也不超过 0.4。我国一直实施国际资本管制的政策，中国的金融动态与国际金融市场表现出较为独立的状态。不过，θ_h 与 θ_l 相比仍有所上升。在参数估计结果中，中国与其他国家的 γ 普遍很大，这表明 VIX 作为外生变量分析中国相关问题的有效性有所下降。在亚洲范围内，估计结果较好，这也与实际情况相符。中国与日本、韩国在资金往来、贸易交流以及投资者信息传递等方面都有着相对强烈的相关性。

11.4　本章小结

　　本章借鉴了平滑转换条件相关系数模型的思想，建立了 ST-VCopula 模型，考虑外生变量对 Copula 参数的影响。基于极大似然估计方法对模型参数进行了估计，并通过似然比检验的方法对模型进行了选择。对十个国家的股指进行了实证分析，结果表明将 VIX 作为外生变量建立 ST-VCopula 模型，可以较好地刻画出市场间相关系数的变化情况，即 VIX 可以作为影响国家间联动性的因素之一。本章以意大利、美国、中国与其他相关国家的相依关系为例进行了实证分析。其中，整体来看，意大利与欧盟成员国的相关系数远大于与非欧盟成员国。中国因政策性原因，与国际经济的联动性稍弱。但是，随着经济全球一体化的不断推进，国家间的联动性增强，在危机发生时，很难有某个国家可以完全置身事外，市场间的联动性分析对投资者进行风险预测和对冲有重要意义。

第 12 章　基于傅里叶变换的分位点相协模型研究

qpr 测度能够描述两个随机变量同时低于特定分位点的相依情况。本章基于傅里叶变换思想对 qpr 进行时变上的建模，傅里叶思想相较于局部多项式回归思想有着许多好处，如能够从全局的角度对模型进行拟合。因此基于傅里叶变换思想的 qpr 模型在金融危机传染性研究上拥有更广的适用范围，本章利用基于傅里叶变换的 qpr 对金融危机在原油市场和汇率市场之间的传染进行研究。

本章内容如下：12.1 节为文献综述；12.2 节介绍时变 qpr 模型及其估计方法；12.3 节利用时变 qpr 模型对金融危机传染进行实证检验；12.4 节为本章小结。

12.1　文　献　综　述

原油是世界上重要的经济能源，在几乎所有的生产活动中都发挥着至关重要的作用。尽管近几年来，新能源领域所受到的关注度越来越高，但原油价波动仍然对全球经济产生了重大影响（Tian et al.，2021）。因此，长期以来，学术文献一直在密切关注与决策者、大宗商品市场交易员和外汇市场交易员密切相关的原油价格（Ji et al.，2019）。

在这些文献中，有一部分探讨了原油价格与汇率之间的联系，这是能源价格影响经济增长、贸易条件和国民财富的一个重要渠道（Brahmasrene et al.，2014）。有证据表明，原油价格和汇率之间的动态关系可能在短期和长期范围内有所不同（Brahmasrene et al.，2014）。

同时，一些文献中提出了多种方法来探索这种复杂的动态关系。早期的研究倾向于采用静态模型来研究相关关系，如向量自回归、协整和因果关系检验

（Lizardo and Mollick，2010）。后续的文献侧重于更先进的方法，包括 Copula-GARCH 模型（Wu et al.，2012）、动态条件相关（Yang et al.，2017）和 CoVaR 方法（Ji et al.，2019）。人们的共识是，油价与汇率之间的联系是时变性的，在金融危机期间会更加紧密。

　　qpr 测度能够提供关于变量之间相依性强弱的有用信息。本章使用傅里叶变换来对时变的 qpr 进行建模。与常用的局部多项式函数相比，傅里叶变换具有明显的优势。首先，傅里叶变换方法是针对全局进行拟合的，而多项式函数往往是在某一点进行泰勒展开的局部拟合。因此，傅里叶变换无须构建回归并获得完整序列，从而避免了过度拟合的问题。其次，文献中早有记载，广泛采用的二阶多项式会导致对泰勒级数展开的展开点的估计结果是有偏的。使用局部多项式函数导致的偏差实际上可以通过傅里叶变换来揭示，所以傅里叶变换强大到足以精确拟合任何具有良好性质的多元函数。最后，傅里叶变换能够捕获时间序列中的结构突变，包括急剧突变或未知突变（Gallant and Souza，1991）。

　　同时，本章利用得到的时变 qpr 模型对 2000 年 1 月至 2019 年 12 月的 WTI 原油和布伦特原油现货每日数据和九种汇率进行了实证，实证结果包括以下几点。首先，汇率与原油价格之间的相依性通常较弱，且尾部对称。然而，它在危机期间迅速上升，并表现出强烈的尾部相依性，这对于石油出口国来说比石油进口国更为严重。结果进一步揭示了危机指标对原油与汇率之间的关系的重大影响，这突出了危机期间的高度相依性。其次，还评估了 0.1～0.5 不同分位点的 qpr，结果表明，分位点越高，相关性越低，波动越小。最后，本章还进行了稳健性检验，将标准普尔 500 指数的回报添加到模型中，以说明美国股市可能同时影响汇率和原油价格，从而可能出现虚假的协动，实证结果表明，时变 qpr 模型在考虑了标准普尔 500 指数可能产生的影响之后，仍然是稳健的。总而言之，从不同的方法论角度来看，实证结果提供了明确的证据，证明原油价格和外汇汇率之间存在着错综复杂的联系。时变 qpr 动态方法为尾部相依的建模和预测提供了一种新颖而灵活的估计方法。因此，本章的研究对国际原油和汇率市场的决策者和投资者而言是有意义的。通过这一易于实施的方法，决策者能够监控油价对汇率的通胀压力，从而制定更有效的财政政策。该方法也使投资者能够在面临油价冲击时规划和管理汇率风险。本章对时变 qpr 的估计模型与第 7 章所述完全一致，在此不再赘述。

12.2　利用时变 qpr 模型对金融危机传染的实证检验

12.2.1　数据准备

本章的数据来源是 Wind 数据库，数据日期从 2000 年 1 月 1 日到 2019 年 12 月 31 日。关注的是以美元为基础的其他九个国家和地区的汇率：澳元（Australian Dollar，AUD）、巴西雷亚尔（Brazilian Reais，BRL）、加拿大元（Canadian Dollar，CAD）、欧元（Euro，EUR）、日元（Japanese Yen，JPY）、墨西哥比索（Mexican Peso，MEX）、挪威克朗（Norwegian Krone，NOK）、瑞士法郎（Swiss Franc，CHF）和英镑（Great Britain Sterling Pound，GBP）。在这些货币对应的国家中，澳大利亚、巴西、加拿大、墨西哥和挪威是原油出口国，剩下的都是原油进口国。所选取的原油标的是 WTI 原油和布伦特原油，它们使用美元/桶进行标价。收益率使用连续日价格之间的对数差来表示。

表 12.1 提供了两种石油产品和九种汇率回报的描述性统计数据。所有资产的平均日回报率都非常接近于零。与标准差较高的汇率相比，WTI 原油和布伦特原油的回报更具波动性。所有回报都是不对称的，但一些回报是正偏态的，而另一些回报是负偏态的。所有收益率序列均表现为尖峰，峰度范围为 1.64～119.04。用于分布正态性检测的 Jarque-Bera 检验统计量清楚地表明所有收益率序列均是非正态的。

表 12.1　两种石油产品和九种汇率回报的描述性统计数据

指标	平均值	标准差	偏度	峰度	Jarque-Bera 统计量	$\rho_\tau(B)$	$\rho(B)$	$\rho_\tau(W)$	$\rho(W)$
原油									
WTI	0.017 4	2.40	−0.03	4.77	4 741.31	0.85	0.67		
布伦特	0.019 5	2.19	−0.15	3.04	1 938.67				
汇率									
AUD	0.001 4	0.80	−0.40	9.35	18 332.27	0.18	0.30	0.18	0.28
BRL	−0.016 0	1.04	−0.18	5.44	6 192.44	0.13	0.21	0.13	0.21
CAD	0.002 1	0.57	−0.10	2.80	1 641.73	0.22	0.37	0.23	0.21
CHF	0.010 0	0.71	3.82	119.04	2 958 431.90	0.08	0.09	0.08	0.08
EUR	0.002 2	0.61	0.01	1.64	561.78	0.11	0.17	0.11	0.16
GBP	−0.004 0	0.59	−0.93	11.43	27 873.47	0.11	0.19	0.11	0.17
JPY	−0.001 2	0.63	0.16	3.99	3 327.52	−0.01	−0.0	−0.02	−0.06

续表

指标	平均值	标准差	偏度	峰度	Jarque-Bera 统计量	$\rho_\tau(B)$	$\rho(B)$	$\rho_\tau(W)$	$\rho(W)$
汇率									
MEX	−0.013 9	0.71	−0.77	11.33	27 190.24	0.14	0.24	0.14	0.22
NOK	−0.001 8	0.75	−0.18	2.60	1 438.34	0.19	0.32	0.20	0.31

注：$\rho(B)$ 和 $\rho(W)$ 分别代表了汇率或原油与布伦特原油和与 WTI 原油的斯皮尔曼相关性，$\rho_\tau(B)$ 和 $\rho_\tau(W)$ 分别代表了汇率或原油与布伦特原油和与 WTI 原油的肯德尔相关性。

表 12.1 还总结了在原油产品回报率之间，以及原油产品回报率与汇率的回报率之间的无条件肯德尔（斯皮尔曼）相关系数 $\rho_\tau(\rho)$。观察到两种原油产品之间的肯德尔和斯皮尔曼相关系数分别为 0.85 和 0.67。在汇率与原油产品之间的相关性中，除 JPY 外，所有汇率均与原油产品呈无条件正相关，如下所示：ρ_τ 范围为 0.08~0.23，而 ρ 的范围为 0.08~0.37。

图 12.1 和图 12.2 分别绘制了这两种资产收益率的时间序列。注意到，在

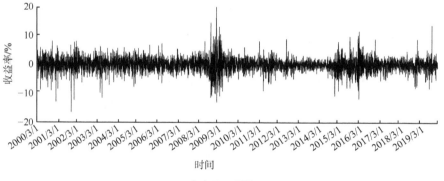

（a）WTI 原油

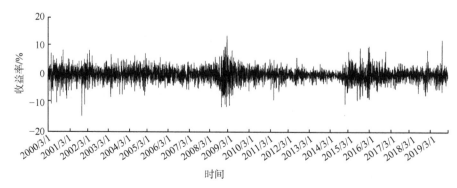

（b）布伦特原油

图 12.1　原油收益率的时间序列

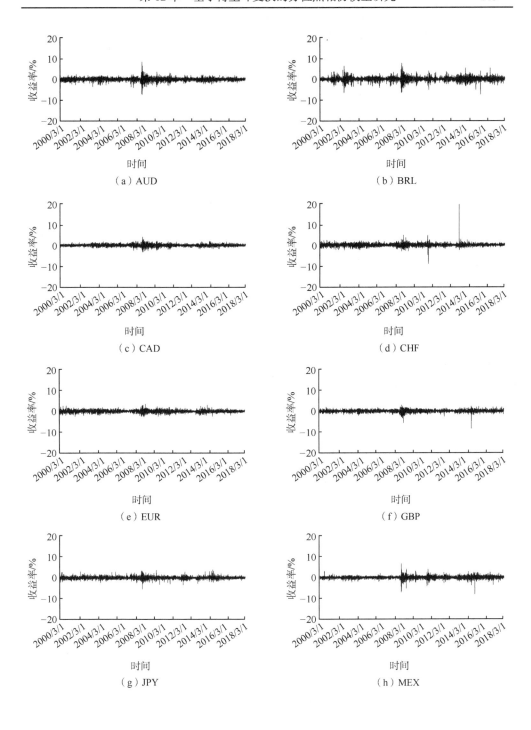

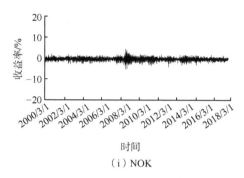

（ⅰ）NOK

图 12.2　汇率收益率的时间序列

2008 年全球金融危机和 2014 年油价下跌后，WTI 原油和布伦特原油产品的收益率变得非常不稳定；尽管 2008 年全球金融危机期间汇率波动加剧，但在 2014年前后并不特别剧烈。

12.2.2　边际分位点

在分位点 $u=0.1$ 的水平下估计式（4.66）所表示的分位点回归模型并采用贝叶斯信息准则（Bayesian information criterion，BIC）来选择最优的滞后长度，由于非对称性，这个滞后长度对于资产收益率的上尾和下尾而言是不同的。表12.2 中的面板 A 和面板 B 分别给出了对于下尾和上尾的系数的估计值。注意到，对于所有的资产而言，截距项 θ_0 在 1%的水平上是显著为负的，这表明在原油市场和汇率市场存在着不可忽视的风险。系数 $\theta_1 \sim \theta_5$ 衡量了边际分位点与收益率的滞后项之间的关系，显著的系数说明在时间序列中存在着明显的风险集聚现象。在面板 A 中，除了 CHF 以及 JPY 的 $\theta_1 \sim \theta_4$ 为负之外，对于所有的汇率和原油产品，$\theta_1 \sim \theta_4$ 要么显著为正，要么就不显著。与此同时，对于面板 B 中所显示的上尾系数，$\theta_1 \sim \theta_5$ 显著为负或者不显著，这表明收益率在上尾和下尾存在着明显的区别。

表 12.2　两种原油产品和九种汇率回报的描述性统计数据

原油和汇率	面板 A 下分位点				
	θ_0	θ_1	θ_2	θ_3	θ_4
AUD	−0.8916***	0.0013	0.0225	−0.0395	0.0874***
	（−36.253）	−0.0515	−0.8457	（−1.6276）	−3.0245

续表

原油和汇率	面板 A 下分位点				
	θ_0	θ_1	θ_2	θ_3	θ_4
BRL	−1.1564***	0.0517*	0.0377	0.1047***	0.0779***
	(−39.071)	−1.8835	−1.326	−3.8609	−3.0344
CAD	−0.6422***	−0.0248			
	(−39.932)	(−0.8715)			
CHF	−0.7396***	−0.0507**	−0.0281		
	(−40.989)	(−2.1819)	(−1.1265)		
EUR	−0.7347***	0.0377	−0.019	0.0091	0.0722***
	(−44.712)	−1.4092	(−0.7086)	(−0.3398)	−2.6945
GBP	−0.6819***	0.0449*	−0.0073	−0.0279	0.0760***
	(−39.204)	−1.755	(−0.3129)	(−1.1249)	−3.1504
JPY	−0.7185***	−0.0406*	−0.0501**		
	(−45.132)	(−1.7576)	(−2.0205)		
MEX	−0.8015***	0.0656**	0.0388	0.0690***	
	(−40.183)	−2.3807	−1.5186	−3.0678	
NOK	−0.8803***	0.0221			
	(−40.805)	−0.8508			
布伦特	−2.4617***	0.0103	0.0398	0.0739***	0.0492*
	(−42.477)	−0.3891	−1.5116	−2.8017	−1.871
WTI	−2.6611***	−0.001	0.0411	0.0680**	
	(−38.087)	(−0.0351)	−1.4265	−2.4847	

原油和汇率	面板 B 上分位点					
	θ_0	θ_1	θ_2	θ_3	θ_4	θ_5
AUD	−0.8643***	−0.0964***	−0.0171	−0.0655***	−0.0316	−0.0682***
	(−46.596)	(−4.3570)	(−0.7913)	(−3.1505)	(−1.4600)	(−3.3173)
BRL	−1.0936***	−0.0784***	−0.0851***	−0.0581***	−0.0303	−0.0512***
	(−48.117)	(−4.1332)	(−4.6308)	(−3.4366)	(−1.6077)	(−2.5821)
CAD	−0.6672***	−0.0756***	−0.0247	−0.033	−0.0541**	−0.0546**
	(−40.842)	(−2.9993)	(−0.9955)	(−1.3171)	(−2.1254)	(−2.1116)
CHF	−0.8004***	−0.006	0.0487*			
	(−40.303)	(−0.1916)	−1.7736			

续表

原油和汇率	面板 B 上分位点					
	θ_0	θ_1	θ_2	θ_3	θ_4	θ_5
EUR	−0.7292***	0.0015	0.0274			
	(−42.065)	−0.0527	−0.9731			
GBP	−0.6819***	−0.0157				
	(−47.498)	(−0.6370)				
JPY	−0.7286***	0.0353				
	(−42.689)	−1.3518				
MEX	−0.7252***	−0.1041***	−0.0665***	−0.0334*	−0.0813***	−0.0540***
	(−50.562)	(−5.4209)	(−4.4182)	(−1.8102)	(−5.1122)	(−3.3083)
NOK	−0.8715***	−0.0367	−0.0482**	−0.0455*		
	(−49.189)	(−1.5647)	(−2.0518)	(−1.9500)		
布伦特	−2.4556***	−0.0960***	−0.0492*			
	(−40.818)	(−3.5050)	(−1.7991)			
WTI	−2.6421***	−0.0944***				
	(−44.932)	(−3.9844)				

注：括号内标注的是 t 统计量。

*、**和***分别表示参数在 10%、5%和 1%的水平下显著。

边际分布中系数的显著性表明，汇率收益率的上升会使下分位点上升而上分位点下降，而汇率收益率的下降会导致分位点偏离平均值。在本章中，使用美元的直接标价法来衡量汇率。因此美元升值（贬值）就意味着更弱（更强）的波动和更低（高）的风险。

12.2.3　时变的 qpr

利用傅里叶变换方法对式（7.41）所示的时变分位点相协回归模型进行建模。根据 BIC，选择 $K=5$ 为滞后期，这对应着估计的窗口期为一周，如此长度的窗口期已经足以捕捉系统的动态变化。图 12.3 分别显示了 WTI 原油和布伦特原油和汇率之间的 qpr。

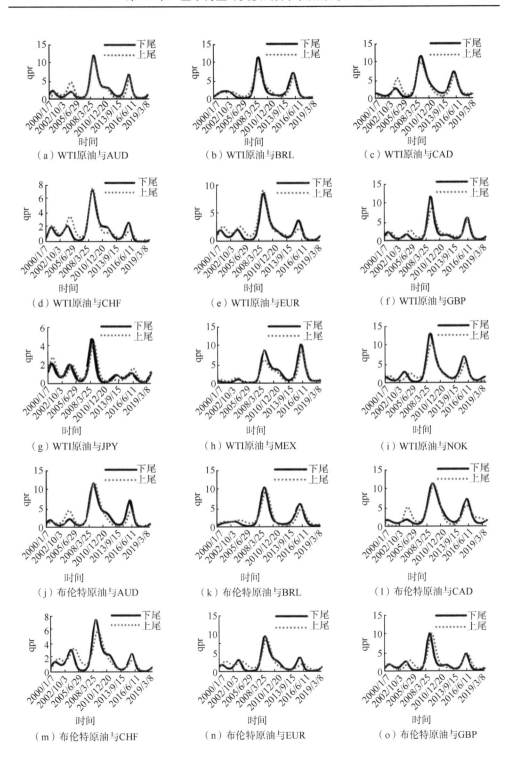

（a）WTI原油与AUD　　（b）WTI原油与BRL　　（c）WTI原油与CAD

（d）WTI原油与CHF　　（e）WTI原油与EUR　　（f）WTI原油与GBP

（g）WTI原油与JPY　　（h）WTI原油与MEX　　（i）WTI原油与NOK

（j）布伦特原油与AUD　　（k）布伦特原油与BRL　　（l）布伦特原油与CAD

（m）布伦特原油与CHF　　（n）布伦特原油与EUR　　（o）布伦特原油与GBP

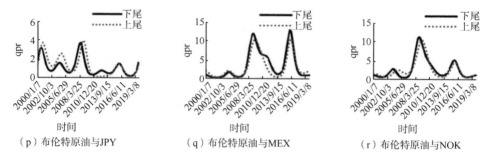

（p）布伦特原油与JPY　　　　（q）布伦特原油与MEX　　　　（r）布伦特原油与NOK

图 12.3　WTI 原油和布伦特原油和汇率之间的 qpr

图 12.3（a）～图 12.3（i）表示在 10% 的水平下，两种尾部各自的相依性。从图 12.3 可以得到许多有趣的结论。首先，在金融危机发生前和发生后，两个收益率序列之间的 qpr 几乎是围绕着 1 进行波动的，这表明它们之间的相关性是很弱的。其次，qpr 在 2001 年出现了一个小小的峰值，这对应着当时的网络经济泡沫破裂。之后在 2007 年和 2008 年的次贷危机期间，收益率分布的下尾 qpr 猛然上升到 1 以上，这表明两个资产收益率分布的下尾出现了显著的正相关。美国和澳大利亚、巴西、加拿大、英国和挪威的汇率收益率的 qpr 达到了 13 以上，这些国家都是石油出口国。如此之高的 qpr 表明 WTI 原油收益率和这些国家的汇率收益率之间存在着极强的相依关系。对于其他国家的汇率收益率而言，特别是像日本和瑞士这些石油进口国而言，qpr 也在上升，但是相较而言上升得没那么多。此外，可以观察到在 2014 年 6 月到 2016 年石油危机期间，qpr 又出现了另一个峰值，澳大利亚、巴西、加拿大、墨西哥、英国和挪威等石油出口国货币对美元的汇率尤其如此。对于所有的石油进口国而言，其汇率收益率的 qpr 也经历了一个较为温和的上涨，如欧盟和瑞士。值得注意的是日本，它的 qpr 在经历了次贷危机的上涨之后开始大幅下降，并且在剩余的样本期内一直在 1 附近波动。上述结果意味着这两类国家受原油价格的冲击影响并不是那么大。

反观分布的上尾相依性，次贷危机之后，上尾的 qpr 和下尾的 qpr 一样也开始大幅上涨。这表明在动荡的市场环境下，无论是石油出口国还是石油进口国，它们的货币都对汇率非常敏感。

图 12.3（j）～图 12.3（r）展示了 qpr 与布伦特原油以及汇率之间的时间序列。因为布伦特原油和 WTI 原油在价格上高度相关，所以 qpr 与布伦特原油之间的相关性和 qpr 与 WTI 原油之间的相关性也显示出相似性。布伦特原油和所

有汇率之间的尾部相依性在全球金融危机期间快速上升，然后逐渐减弱至一个低于 1 的水平。然而，在 2014 年 6 月到 2016 年石油危机期间，对于主要的石油出口国而言，qpr 再次上升到 1 以上，并且在 2014 年，对于 MEX 而言，qpr 的水平有一个非常显著的上升，这与墨西哥是一个大型石油出口国是密不可分的。

12.2.4　金融危机传染性检验

上述分析表明在一个金融市场动荡的时期，原油市场和汇率之间存在着较强的相依关系。现在需要通过引入象征着危机是否发生的示性变量来探索金融危机对这种相依结构的影响，模型如下：

$$qpr(t, \tau \mid Z) = \exp\{\gamma_0^*(\tau) + \gamma_1(\tau) I_{D,t}\} \qquad (12.1)$$

式中，$I_{D,t}$ 为虚拟变量，当危机发生时，该变量就等于 1；γ_1 用于衡量金融危机对相依结构的影响；γ_0^* 用于衡量市场在正常情况下，各标的之间的相依关系。如果 $\gamma_1 > 0$，就说明危机对于相依性有正向的促进作用，表明金融危机存在传染性。本节提出如下假设。

假设：在金融危机期间，危机导致了 qpr 的上升。

原假设 $H_0 : \gamma_1 = 0$

备择假设 $H_a : \gamma_1 > 0$

上述假设检验是单边检验，因为只关注金融危机会不会提升 qpr。在实证检验中，使用代表危机是否发生的虚拟变量 $I_{D,t}$ 来进行检测，检测的时期基于美国联邦储备系统所给出的每个国家的次贷危机开始和结束时期。所使用的数据来源是美国联邦储备系统官网。在表 12.3 中，展示了 γ_1 的估计值。

表 12.3　危机传染检验

原油产品	尾部	AUD	BRL	CAD	CHF	EUR	GBP	JPY	MEX	NOK
		面板 A：虚拟变量为本国是否发生了危机								
WTI 原油	下尾	0.59	1.4	0.65	0.82	0.45	1.17	0	−0.16	0.86
		（3.08）	（6.15）	（3.83）	（3.28）	（2.06）	（5.35）	（0.01）	（−0.79）	（4.80）
	上尾	0.66	1.34	0.69	0.76	0.37	1.16	0.08	−0.13	0.85
		（3.38）	（5.91）	（3.98）	（3.11）	（1.73）	（5.22）	（0.30）	（−0.65）	（4.74）

原油产品	尾部	AUD	BRL	CAD	CHF	EUR	GBP	JPY	MEX	NOK
面板 A: 虚拟变量为本国是否发生了危机										
布伦特原油	下尾	0.43	1.13	0.57	0.81	0.55	1.215	0.035	−0.18	0.77
		(2.42)	(5.11)	(3.41)	(3.34)	(2.63)	(5.56)	(0.11)	(−0.86)	(4.27)
	上尾	0.49	1.03	0.59	0.79	0.63	1.24	0.13	−0.18	0.81
		(2.71)	(4.89)	(3.52)	(3.39)	(3.08)	(5.80)	(0.47)	(0.93)	(4.60)
面板 B: 虚拟变量为美国是否发生了危机										
WTI 原油	下尾	0.61	0.92	0.28	0.17	0.31	0.83	0.58	0.61	0.37
		(3.19)	(4.30)	(1.64)	(0.72)	(1.39)	(3.46)	(1.85)	(2.96)	(2.09)
	上尾	0.56	0.86	0.29	0.06	0.24	0.83	0.58	0.62	0.33
		(2.94)	(4.07)	(1.71)	(0.26)	(1.09)	(3.44)	(1.86)	(3.08)	(1.86)
布伦特原油	下尾	0.35	0.74	0.28	0.10	0.23	0.67	0.59	0.42	0.17
		(1.97)	(3.51)	(1.68)	(0.46)	(1.12)	(3.10)	(1.89)	(2.23)	(1.02)
	上尾	0.46	0.88	0.31	0.10	0.24	0.61	0.59	0.51	0.21
		(2.52)	(3.97)	(1.87)	(0.47)	(1.14)	(2.78)	(1.99)	(2.51)	(1.19

注: 括号内的参数为 t 值, 大于 1.282 为在 10%水平下显著。

在面板 A 中, 当使用的虚拟变量标志次贷危机是否在其国家发生的时候, 发现 γ_1 在 JPY 和 MEX 中是不显著的, 但是对其他七个国家的货币都是显著为正的。此外, 对于 GBP 而言, γ_1 相当显著, 这表明原油价格对于英国的汇率产生了很大的影响。在面板 B 中, 使用的虚拟变量是美国是否发生了次贷危机, 并观察得到了与面板 A 一致的结论。注意到, 表示美国是否发生次贷危机的虚拟变量对于大多数国家的汇率而言, 其 γ_1 是显著为正的。但是与面板 A 略有不同的是, JPY 和 MEX 的 γ_1 开始变得显著, 但是 CHF 和 EUR 变得不显著。

12.2.5 稳健性检验

出于稳健性的考虑, 本节分别建立了分位点水平为 $u=0.2$、0.3 和 0.4 的分位点相协回归模型来对下尾相依性以及上尾相依性进行检测。它们在图 12.4 和图 12.5 中得到了展示。图 12.4 和图 12.5 表明, 相较于 $u=0.1$ 的水平, 其他的分位点水平下相依系数的波动趋势变化不大。与在式 (4.66) 中 qpr 的定义一

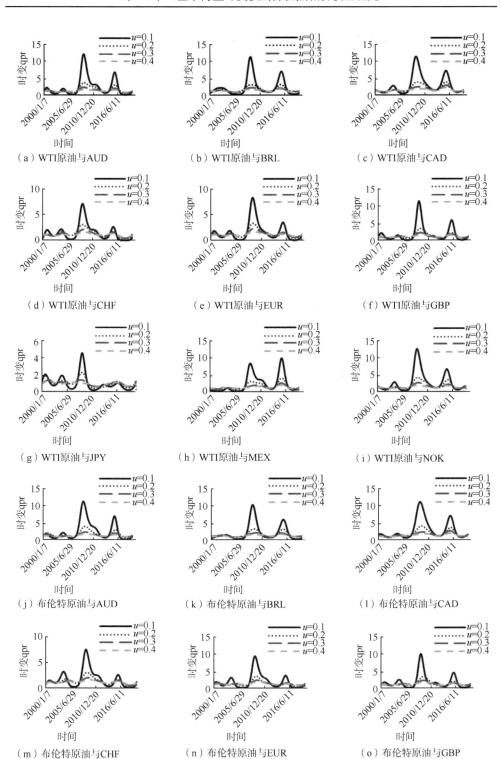

（a）WTI原油与AUD　　　（b）WTI原油与BRL　　　（c）WTI原油与CAD

（d）WTI原油与CHF　　　（e）WTI原油与EUR　　　（f）WTI原油与GBP

（g）WTI原油与JPY　　　（h）WTI原油与MEX　　　（i）WTI原油与NOK

（j）布伦特原油与AUD　　（k）布伦特原油与BRL　　（l）布伦特原油与CAD

（m）布伦特原油与CHF　　（n）布伦特原油与EUR　　（o）布伦特原油与GBP

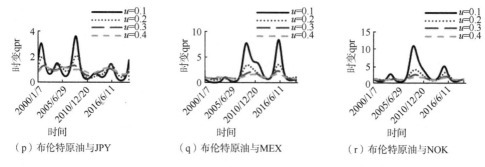

（p）布伦特原油与JPY　　　（q）布伦特原油与MEX　　　（r）布伦特原油与NOK

图 12.4　u=0.1、0.2、0.3 和 0.4 时原油市场与外汇市场之间的时变 qpr（下尾）

致的是，当 u 下降时，qpr 增大，当 u 上升时，qpr 下降。当 u 接近 0.4 的水平时，在该分位点上的两个市场之间的相关性就非常弱了，此时 qpr 在 1 附近波动。u 越大，相依性越弱，这和 Ye 等（2017）的研究是一致的。这也充分说明了分布的尾部包含了大量关于风险的信息，这与 Longin 和 Solnik（2001）的研究也是一致的，他们的研究表明，由于金融危机传染性的存在，市场在危机时期总是表现出更高的相依性。

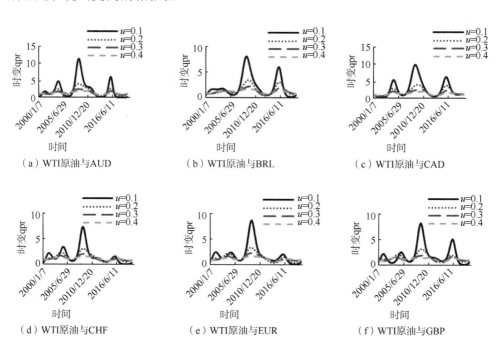

（a）WTI原油与AUD　　　（b）WTI原油与BRL　　　（c）WTI原油与CAD

（d）WTI原油与CHF　　　（e）WTI原油与EUR　　　（f）WTI原油与GBP

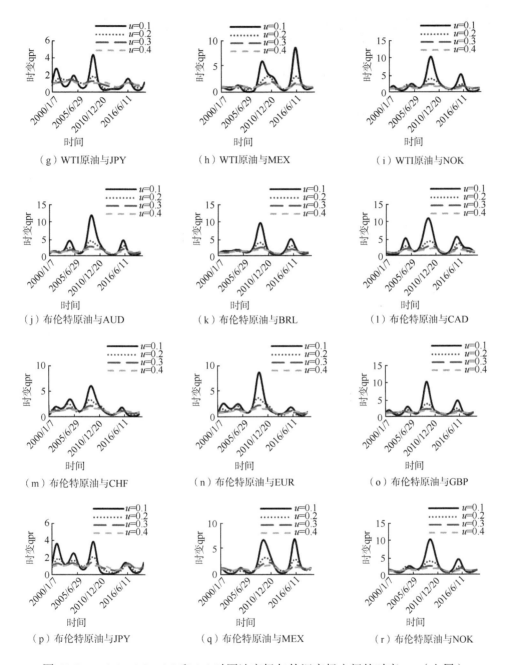

图 12.5　u=0.1、0.2、0.3 和 0.4 时原油市场与外汇市场之间的时变 qpr（上尾）

原油和汇率都会受到外部股票市场的影响，尤其是美国的股市波动常常会引起原油和汇率的波动。因此，本节进行了另一种稳健性检验，即在对汇率和原油的边际分位点进行回归时，引入了标准普尔 500 指数作为影响因素，模型如下：

$$Y_{j,i} = Z_{ji}^{\mathrm{T}} \theta_j(u) + \theta_j^{\mathrm{sp}} X_{\mathrm{S\&P500}} + \varepsilon_{ji} \qquad (12.2)$$

可以设定 $A_i^*\left(\tau | (Z_{1i}, Z_{2i})\right)$ 如下：

$$A_i^*\left(\tau | (Z_{1i}, Z_{2i})\right) = I\left(Y_{1,i} \leqslant Z_{1i}^{\mathrm{T}} \theta_1(u) + \theta_1^{\mathrm{sp}} X_{\mathrm{S\&P500}}, Y_{2,i} \leqslant Z_{2i}^{\mathrm{T}} \theta_2(u) + \theta_2^{\mathrm{sp}} X_{\mathrm{S\&P500}}\right)$$

$$(12.3)$$

这其实是 Copula 函数的另外一种表现形式，并且能够描述在标准普尔 500 指数移动的条件下，所感兴趣的变量之间的信息。

美国股票市场对于相依结构的影响可在图 12.6 中得到。注意到标准普尔 500 指数并没有在根本上影响时变 qpr 测度。qpr 在 2001 年有了第一个小峰值，

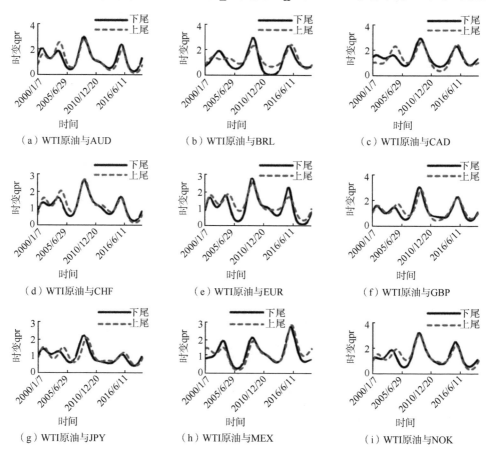

（a）WTI原油与AUD　　　　（b）WTI原油与BRL　　　　（c）WTI原油与CAD

（d）WTI原油与CHF　　　　（e）WTI原油与EUR　　　　（f）WTI原油与GBP

（g）WTI原油与JPY　　　　（h）WTI原油与MEX　　　　（i）WTI原油与NOK

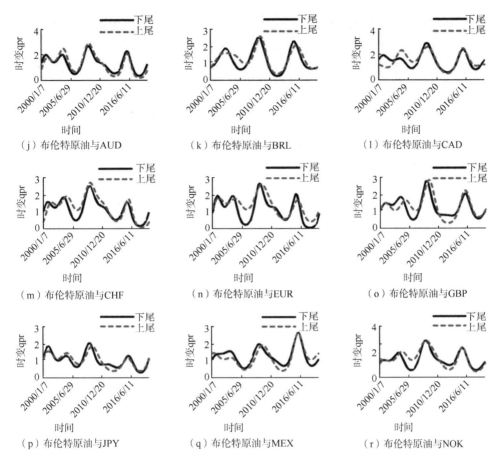

图 12.6　考虑标准普尔 500 指数后原油市场与外汇市场之间的时变 qpr（上尾和下尾）

并且在 2008 年早期快速增加，然后在 2009 年回落到 1 附近。之后又在 2014 年 6 月到 2016 年石油危机期间迎来了第二波小峰值。图 12.6 和图 12.5 的相似性表明时变 qpr 测度对于美国股市的影响是稳健的。

12.3　本　章　小　结

本章在基于多项式的时变 qor 模型的基础上做出了改进，即使用傅里叶变换方法来对时变 qpr 模型进行估计，这使得能够在不同的分位点水平上以一个很高的精度来把握变量之间的动态相依关系。相比基于多项式的分位点相协回归模型，傅里叶变换方法在计算上更有效，更易于实现，也更加准确。在模拟分析中，基于傅里叶变换方法的时变 qor 模型也表现得更加出色。

　　在基于傅里叶变换的时变 qpr 模型的实证分析中，本章关注了原油产品和九个国家汇率之间的尾部相依性，所使用的数据从 2000 年 1 月到 2019 年 12 月。发现在正常的市场环境下，原油和汇率之间的尾部相依性非常微弱。然而，在金融危机发生时，这种相依性迅速上升。此外，当代表危机的虚拟变量被加入时，这个变量的系数对于绝大多数的货币都是显著的，表明在危机时期，存在危机传染性。最后是稳健性检验，发现在 0.1 的分位点水平下，变量表现出极强的相依性，但是随着分位点水平的提升，相依性越来越小，这再一次表明尾部风险管理在风险管理中的重要地位。之后，本章又考察了美国股票市场对于所研究的原油和汇率之间的相依性是否存在影响，引入了标准普尔 500 指数作为外生变量，回归结果表明该相依性模型对于美国股票市场的影响是稳健的。

第四部分

金融危机传染检验实证分析

第 13 章　基于 MVMQ-CAViaR 方法的美国次贷危机传染分析

研究发现，在 2007～2009 年全球金融危机期间，不同国家和地区的股票市场表现十分相似，从而引发了众多学者对金融危机传染现象的关注。对于投资者而言，金融危机传染对于国际投资组合的表现和风险管理有着至关重要的影响，如果金融市场在危机期间联系更紧密，则投资组合通过多样化分散风险的机会将会减少。对于金融市场监管者而言，理解世界金融市场之间的联系也尤为重要。

本章将传染定义为一个国家受到冲击后市场之间的关联性的显著增加。此外，如果两个市场在平静和动荡阶段都表现出高度的相关性，那么就不存在金融危机传染。在本章中，我们定义只有当满足以下两个条件之一时，才存在金融危机传染：①关注系数在危机期间具有统计显著性，但在危机前不显著；②危机前和危机中的关注系数均显著，但与危机前相比，危机期间的市场风险有所增加。

本章结构安排如下：13.1 节介绍相关文献；13.2 节描述所选取的数据及其处理方式；13.3 节建立模型；13.4 节分析全样本实证结果；13.5 节探讨金融危机传染情况；13.6 节为本章小结。

13.1　文　献　综　述

当前对金融危机传染的研究提供了许多方法来衡量国际冲击在各国之间的传导机制。Kaminsky 等（2003）将金融危机传染理论分为三类：羊群行为引起的传染；贸易联系造成的传染；因金融联系而诱发的传染。接下来，我们主要回顾与金融联系有关的金融危机传染研究所运用的主要研究方法。

Corsetti 等（2001）表明比较皮尔逊相关系数的方法在异方差存在的情况下

是有缺陷的，即使传导机制不变，相关系数也会因为两个变量方差的增加而增加。因此，相关系数的增加并不代表一定存在金融危机传染。Rigobon（2003）引入了 DCC 测试，存在异方差和内生性问题时，这种方法可以测试模型参数的稳定性。近年来，有很多文献使用 DCC 模型来研究金融危机传染，此外，也有很多传统计量经济学模型被用来研究相依关系及其变化。其中包括基于自回归条件异方差（autoregressive conditional heteroskedasticity，ARCH）模型和GARCH 模型的波动溢出方法、EVT 方法、Probit/Logit 模型、马尔可夫机制转换模型、因子模型、Copula 方法和小波分析。但是，这些研究都没有直接借助VaR 从风险的角度分析金融危机传染。

此时，分位点回归方法因其能够直接描述市场风险的特点而在经济和金融领域得到了广泛的应用。分位点回归模型最早由 Koenker 和 Bassett（1978）提出。Engle 和 Manganelli（2004）开发了适合在动态环境中估计条件分位点的CAViaR，并用其来估计市场风险。White 等（2015）对 CAViaR 模型进行了扩展，研究了 MQ-CAViaR 模型及其多变量版本 MVMQ-CAViaR 模型，并构造了脉冲响应函数，以研究特定风险和系统性冲击对金融机构及市场的影响。

本章采用 MVMQ-CAViaR 模型（即 5.2 节中所阐述的研究方法）观察美国次贷危机前后系数显著性和风险的变化，以研究美国对受试国是否产生了金融危机传染。此外，通过比较复苏时期和危机时期的情况，本章解释了受试国对美国经济复苏的影响。

13.2　数据选取及处理

本章选取 2006 年 1 月 1 日至 2013 年 7 月 15 日六国股票市场指数，具体为美国标准普尔 500 指数、中国沪深 300 指数（指数代码为 CSI300）、日本的N225、英国的 FTSE、法国的 FCHI 和德国的 GDAXI。由于中国、日本、英国、法国和德国均受美国标准普尔 500 指数收益率的影响，所以将它们统一划分为受试国。日收益率 $r_t = 100(\ln(p_t) - \ln(p_{t-1}))$。由于美国股票市场开市时间晚于其他国家，为了更好地说明标准普尔 500 指数收益率对其他国家的影响，本章使用第 $t-1$ 天的标准普尔 500 指数收益率和第 t 天其他国家的估值收益率来计算肯德尔相关系数 ρ_τ 和皮尔逊相关系数 ρ。

各国对数指数收益率的描述性统计如表 13.1 所示。可以发现，除了法国和德国以外，其余国家的收益率都呈左偏分布且超额峰度大于零，且所有收益率序列分布都偏离正态分布，呈现尖峰厚尾特征。其中，美国和中国股市之间的肯德尔相关系数（0.0873）较低，相比之下，美国与日本（0.3317）、英国（0.1206）、法国（0.1086）和德国（0.1125）之间的相关性更强。这可能是因为中国股票市场监管相对严格，上市公司的市值变化很难对其内在价值的变化做出快速、准确的反应。

表 13.1　各国对数指数收益率的描述性统计

统计量	美国	中国	日本	英国	法国	德国
均值	0.01	0.0345	0.01	0.0129	-9×10^{-4}	0.0288
中位数	0.0808	0.1176	0.048	0.0469	0.0297	0.1026
最小值	-9.4695	-9.6952	-12.111	-9.2656	-9.4715	-7.335
最大值	10.9572	8.9309	13.2346	9.3843	10.5946	10.7975
标准差	1.3736	1.8993	1.6547	1.2979	1.5349	1.4629
偏度	-0.1751	-0.3594	-0.581	-0.098	0.1327	0.1375
峰度	9.5992	2.7969	8.3085	7.6485	6.1511	6.3971
p 值	0	0	0	0	0	0
ρ_τ		0.0873	0.3317	0.1206	0.1086	0.1125
ρ		0.1476	0.5223	0.2542	0.2354	0.2013

13.3　模 型 建 立

本节构造如下模型：

$$q_{1,t} = c_1 + a_{12} \mid Y_{2,t-1} \mid + b_{11} q_{1,t-1}$$
$$q_{2,t} = c_2 + a_{21} \mid Y_{1,t-1} \mid + b_{22} q_{2,t-1}$$

（13.1）

式中，$Y_{1,t-1}$ 和 $Y_{2,t-1}$ 分别代表受试国之一和美国在 $t-1$ 时刻的日收益率；$q_{1,t}$ 和 $q_{2,t}$ 分别表示受试国之一和美国的股指收益率在 t 时刻的 5%分位点。式（13.1）中，若 b_{11} 和 b_{22} 显著不为 0，则说明相关股票市场存在波动集聚现象。同样地，若 a_{12} 显著不为 0，说明美国对受试国存在风险溢出；若 a_{21} 显著不为 0，说明受试国对美国存在风险溢出。因此，我们将 a_{12} 和 a_{21} 称为传染系数，系数越小，股票市场受传染风险越大。此外，负传染系数表示受传染国家的市场风险增加。

本章采用以下步骤计算式（13.1）。

（1）使用极大似然估计法分别估计单个的 CAViaR 模型：$q_{1,t} = c_1 + b_{11} q_{1,t-1}$

和 $q_{2,t} = c_2 + b_{22}q_{2,t-1}$。 $c_i(i=1,2)$ 初始值等于相应 $Y_i(i=1,2)$ 的第 θ 个样本分位点，其余参数初始值为 0。

（2）将步骤（1）中估计出的参数作为 CAViaR 模型优化的起始值：$q_{1,t} = c_1 + a_{12}|Y_{2,t-1}| + b_{11}q_{1,t-1}$ 和 $q_{2,t} = c_2 + a_{21}|Y_{1,t-1}| + b_{22}q_{2,t-1}$。 其余参数初始值为 0。

（3）使用步骤（2）所得的估计值作为 MVMQ-CAViaR 模型优化的起始值。

13.4   全样本分析

为了捕捉整个样本期间市场风险的变化，我们将式（13.1）应用于整个样本期，估计结果如表 13.2 所示。

表 13.2   MVMQ-CAViaR 模型的全样本参数估计结果

参数	c_1	a_{12}	b_{11}	c_2	a_{21}	b_{22}
美国/中国	-0.0350^{***}	-0.0157^{***}	0.9852^{***}	0.0034^{***}	-0.0116	0.9942^{***}
	(0.0107)	(0.0047)	(0.0041)	(0.0015)	(0.0016)	(0.0007)
美国/日本	-0.7877^{***}	-1.0917^{***}	0.3103^{***}	-0.0039^{***}	0.0089^{***}	1.0045^{***}
	(0.1674)	(0.0853)	(0.0679)	(0.0013)	(0.0025)	(0.0009)
美国/英国	-1.6514^{***}	-0.3998^{**}	0.0293^{***}	0.0357^{**}	-0.3188^{***}	0.8806^{***}
	(0.3451)	(0.1074)	(0.1702)	(0.0173)	(0.0431)	(0.0140)
美国/法国	-0.2077^{***}	-0.3289^{***}	0.79422^{***}	-1.6113^{***}	-0.5503^{***}	0.0132
	(0.0466)	(0.0626)	(0.0368)	(0.2641)	(0.1143)	(0.1151)
美国/德国	-0.1907^{***}	-0.2937^{***}	0.8031^{***}	-0.0022	-0.2847^{***}	0.8669^{***}
	(0.0476)	(0.0608)	(0.0384)	(0.0223)	(0.0574)	(0.0224)

注：括号内的数值为标准差。

和*分别表示在 5% 和 1% 的水平下显著。

表 13.2 显示系数 b_{11} 和 b_{22} 在各种情形下都为正且基本显著，这表明股票市场的风险呈正自相关，即股票市场存在波动集聚现象。与此同时，除日本外，所有国家的传染系数都显著不为零且均为负值，这意味着美国和受试国之间可能存在金融危机传染。但是，可以看到，其中中国的传染系数是最小的，a_{12} 和 a_{21} 的参数估计值分别为 -0.015 和 -0.0116。这意味着中国的风险溢出程度最小，美国对中国的影响相较其他受试国较小，这与表 13.1 呈现的结果一致。

为了区分金融危机传染是否由美国次贷危机引发的金融危机造成，本节将样本期划分为三个子样本区间，重新对各参数进行估计。第一阶段从 2006 年 1

月到 2007 年 12 月,第二阶段从 2008 年 1 月到 2009 年 6 月,第三阶段从 2009 年 7 月到 2013 年 7 月。

13.5　金融危机传染分析

如前文所述,若传染系数 a_{12} 在危机前不显著,但在危机期间显著,或者传染系数 a_{12} 在危机前和危机期间都是显著的,但危机期间 a_{12} 比危机前更小,则意味着危机期间由美国导致的风险增加。估计结果如表 13.3~表 13.7 所示。

表 13.3　美国和中国之间的金融危机传染分析

时期	c_1	a_{12}	b_{11}	c_2	a_{21}	b_{22}
危机前	−0.0298***	0.0580**	1.0016***	0.0166**·	−0.0015	1.0118
	(0.0078)	(0.0193)·	(0.0019)	(0.0046)	(0.0032)	(0.0053)
危机中	−0.5988	0.0294	0.8932***	0.1006***	−0.0537***	0.9954***
	(1.4327)	(0.0719)	(0.2574)	(0.0425)	(0.0151)	(0.0032)
危机后	−4.8570***	0.0554	−0.8753***	−3.0359**	−0.0569	−0.7033*
	(0.1735)	(0.0671)	(0.0360)	(0.7243)·	(0.0600)	(0.3949)

注:括号内的数值为标准差。
*、**和***分别表示在 10%、5%和 1%的水平下显著。

表 13.4　美国和日本之间的金融危机传染分析

时期	c_1	a_{12}	b_{11}	c_2	a_{21}	b_{22}
危机前	−3.5184***	−0.0866	−0.7231	−0.1383	−0.0239	0.8897***
	(1.2479)	(0.1806)	(0.6273)	(0.4116)	(0.0557)	(0.3054)
危机中	−0.9344	−1.0917***	0.3553***	−0.0333***	0.0011	0.9949***
	(0.2990)	(0.0956)	(0.0872)	(0.0059)	(0.0094)	(0.0042)
危机后	−2.7990**	0.3103	−0.3753	0.0161***	−0.0146***	1.0001***
	(1.3049)	(0.1331)	(0.6186)	(0.0047)	(0.0049)	(0.0010)

注:括号内的数值为标准差。
和*分别表示在 5%和 1%的水平下显著。

表 13.5　美国和英国之间的金融危机传染分析

时期	c_1	a_{12}	b_{11}	c_2	a_{21}	b_{22}
危机前	0.0270	0.0292	1.0255***	0.0171**	0.0110	1.0208***
	(0.0208)	(0.0366)	(0.0227)	(0.0070)	(0.0169)	(0.0107)

续表

时期	c_1	a_{12}	b_{11}	c_2	a_{21}	b_{22}
危机中	0.0148*	0.0516***	1.0291***	0.0254**	−0.0516***	0.9888***
	(0.0089)	(0.0128)	(0.0038)	(0.0109)	(0.0171)	(0.0046)
危机后	−3.4809***	−0.0129	−0.9977***	−3.4290***	0.0071	−0.8669***
	(0.0969)	(0.0150)	(0.0035)	(0.7464)	(0.0550)	(0.4042)

注：括号内的数值为标准差。

*、**和***分别表示在 10%、5%和 1%的水平下显著。

表 13.6　美国和法国之间的金融危机传染分析

时期	c_1	a_{12}	b_{11}	c_2	a_{21}	b_{22}
危机前	−3.0343***	0.0071	−0.9769***	0.0766***	0.0000	1.0678***
	(0.2408)	(0.0399)	(0.0859)	(00.000)	(0.0000)	(0.0000)
危机中	−0.2327***	−0.4096***	0.7474***	0.0254	−0.0664***	0.9751***
	(0.0782)	(0.0954)	(0.0500)	(0.0122)	(0.0196)	(0.0065)
危机后	−0.1490**	−0.2760**	0.8462***	−3.4290***	0.2311**	−0.5932***
	(0.0693)	(0.1155)	(0.0583)	(0.3309)	(0.0990)	(0.1592)

注：括号内的数值为标准差。

和*分别表示在 5%和 1%的水平下显著。

表 13.7　美国和德国之间的金融危机传染分析

时期	c_1	a_{12}	b_{11}	c_2	a_{21}	b_{22}
危机前	−3.2792***	0.0204	−0.9912***	0.0126*	0.0019	1.0125***
	(0.1669)	(0.0152)	(0.1111)	(0.0070)	(0.0077)	(0.0026)
危机中	−0.0550*	−0.1400***	0.9218***	−0.0044	0.0863***	1.0386***
	(0.0336)	(0.0477)	(0.0266)	(0.0162)	(0.0256)	(0.0077)
危机后	−4.3511***	0.0133	−0.8860	−1.4618***	−0.4146***	0.0097
	(1.3772)	(0.0846)	(0.6013)	(0.4062)	(0.1496)	(0.2052)

注：括号内的数值为标准差。

*和***分别表示在 10%和 1%的水平下显著。

表 13.3 为美国和中国在三个子样本时期的参数估计结果。结果表明，与危机前相比，没有明显证据表明美国对中国存在金融危机传染，这与次贷危机对中国影响相对较小的事实是一致的。实际上，中国政府在整个危机过程中保持了相对冷静的态度，没有表现出其他发达国家出现的恐慌，这在很大程度上缓

解了国际金融市场停滞带来的负面影响。但是，在某种程度上，由于经济全球化，中国市场与美国市场之间也存在着某种联系，危机期间传染系数 a_{21} 显著是因为两个市场之间的联系在危机期间加强了。此外，a_{21} 为负与危机期间美国市场风险增加的事实是一致的，美国的风险增加主要源于自身的市场状况。危机后传染系数不显著，说明在危机后传染关系较弱，影响不显著。

表 13.4 为美国和日本之间的金融危机传染分析。可以发现，在危机前，传染系数 a_{12} 和 a_{21} 不显著，而在危机期间 a_{12} 显著、a_{21} 不显著，这说明美国股市对日本股市有金融危机传染，但日本股市对美国没有传染。并且，在危机后 a_{21} 是唯一显著的传染系数，这说明在经济复苏期间，日本股市对美国股市可能存在传染效应。事实上，美国是日本的第二大进口市场，所以日本经济会受到美国经济的影响。危机后，虽然美国经济强劲复苏，但由于日本国内需求低迷，经济长期停滞不前，反而影响美国的经济复苏。所以，a_{21} 的显著性不能从金融危机传染的角度来解释，应该从日本对美国经济复苏产生负面影响，增加美国经济复苏风险的角度来解释。

表 13.5 揭示了美国和英国之间的金融危机传染效应。传染系数仅在危机期间在 1%水平上具有统计显著性，这意味着金融危机期间美国对英国有显著的金融危机传染效应。很明显，与非危机时期相比，美、英之间的联系更加紧密，而危机后不显著的传染系数表明两国之间的关系回到了危机前的状态。

表 13.6 为美国和法国之间的金融危机传染分析。在危机期间，传染系数在 1%的水平上具有统计显著性，美国和法国市场之间存在风险溢出，其中，从美国到法国的传染系数 a_{12} 为-0.4096，从法国到美国的传染系数 a_{21} 为-0.0664。由于 2007～2009 年的金融危机是由美国次贷危机造成的，所以传染效应由美国传导至法国，从而加强了两国之间的联系。此外，从传染系数的大小来看，美国对法国的影响更大，这与金融危机源自美国的事实是一致的。最后，与危机时期相比，危机后的传染系数仅在 5%的水平上显著，这意味着危机后两国之间的协同关系变弱，风险溢出变小，全球经济步入复苏阶段。

表 13.7 为美国和德国之间的金融危机传染分析。传染系数 a_{12} 和 a_{21} 显示美国和德国之间存在金融危机传染，并且美国增加了德国股市的风险，而德国降低了美国股市的风险，所以传染方向是从美国到德国。危机后，只有一个传染系数 a_{21} 是显著的且为负，这意味着德国在此期间增加了美国的市场风险，成为美国经济复苏的负担。欧债危机对德国经济的影响可能比对美国经济的影响更严重，从而导致德国经济的恢复速度落后于美国。

13.6　本 章 小 结

本章主要研究了源自美国的次贷危机是否导致了日本、英国、法国、德国和中国金融指数的风险溢出。将 MVMQ-CAViaR 模型应用于 2006 年 1 月至 2013 年 7 月的整个样本期，研究结果表明，危机期间市场风险显著增加。为了考察在危机时期市场风险是否显著上升，我们根据美国国家经济研究局和政府公告，将样本期分为三个重要的子样本：危机前、危机中和危机后。

分段估计结果显示，美国次贷危机波及日本、英国、法国和德国，与动荡时期相比，危机期间这些国家的市场风险有所增加。但是，我们没有发现明显证据说明金融危机从美国蔓延到中国。在经济复苏期间，美国和法国之间的紧密联系仍然存在，但两国的市场风险同时下降。至于英国，在复苏期间没有传染现象。但是，值得注意的是，由于当时的市场状况，从日本和德国到美国存在溢出风险。

第 14 章　马尔可夫机制转换分位点回归模型 与金融危机传染检测

在金融实践中，了解各种金融市场指数之间的依赖结构对风险管理、资产定价和投资组合优化具有至关重要的作用。本章提出一个马尔可夫机制转换分位点回归模型，该模型考虑了分位点回归中可能存在均衡跳跃的情况，采用极大似然估计（maximum likelihood estimation，MLE）方法对参数进行估计，并对该模型进行了模拟研究，涵盖了多种场景。

本章内容如下：14.1 节对目前已有文献中关于金融市场指数之间的依赖结构的分析研究进行梳理与总结；14.2 节介绍马尔可夫机制转换分位点回归模型，该模型假设参数在不同的状态下会发生变化，能够更好地描述复杂的市场行为；14.3 节对马尔可夫机制转换分位点回归模型进行模拟研究，首先描述如何生成有限状态马尔可夫链和非对称拉普拉斯分布随机变量，然后进行仿真；14.4 节利用美国、法国和德国的股票指数周对数收益率进行实证研究，最终得到的实证结果与历史情况相当一致，证实了马尔可夫机制转换分位点回归模型适用于此类实证研究；14.5 节对本章内容进行总结。

14.1　文　献　综　述

在金融实践中，了解各种金融市场指数之间的依赖结构具有重要意义。该研究对风险管理、资产定价和投资组合优化至关重要（McNeil et al.，2015）。早期分析依赖结构的工作主要集中在检验市场指数之间的简单相关系数上。由于金融市场之间存在着广泛的非线性和不对称的依赖结构（Okimoto，2008），因此，Copula 方法被引入财务相互依赖的研究中，但这些方法都没有考虑过使用金融回报的特定分位点来检测传染效应。本章从条件金融风险的角度，通过分位点回归模型来检测金融危机传染，本章中的建模方法是基于 7.1 节阐述的马尔可夫机制转换方法对传统分位点回归模型进行优化而构建的。

分位点回归模型近年来在金融领域引起了越来越多的关注，它能够检查解释变量在因变量条件分布的分位点上对因变量的影响，Lee 和 Li（2012）应用分位点回归对金融变量的相依性进行建模。Ye 和 Miao（2012）提出了一种新的方法，通过检验基于非参数分位点回归的时变回归系数来检测金融危机传染，这使我们能够捕捉不同国家之间随时间相互依赖的动态过程。

值得注意的是，在以上关于分位点回归的研究中，并没有考虑到状态切换效应存在的可能性。本章提出了一种可切换分位点的马尔可夫机制转换回归模型。由于其在捕获参数跳跃方面的独有特性，马尔可夫机制转换模型已被大量文献应用于检测金融危机传染（Guo et al.，2011）。

本章通过仿真研究验证了马尔可夫机制转换分位点回归模型能够较好地拟合变量分布。回归系数可以随马尔可夫状态的变化而变化。这样能够从过滤概率图中检验变化趋势，并通过回归系数在不同状态下的变化来衡量金融危机传染的程度。利用不同马尔可夫状态下回归系数的变化来捕捉时变的金融危机传染现象。如果一个状态（危机时期）下的风险显著大于其他状态（危机前）下的风险，我们认为金融危机传染存在。

本章具有两点贡献：第一点，建立了一个马尔可夫机制转换分位点回归模型来考虑状态转换效应，采用非对称最小绝对偏差法估计线性分位点回归模型的参数，并且提出了一种基于极大似然估计的参数估计方法；第二点贡献在本质上是经验的，财务风险通常用风险值来衡量，其可以直接用马尔可夫机制转换分位点回归模型来估计，本章利用所建立的模型，从金融风险在不同马尔可夫状态下变化的角度来检测金融危机传染。

14.2　马尔可夫机制转换分位点回归模型

马尔可夫机制转换分位点回归模型是基于线性分位点回归模型的拓展，线性分位点回归模型是传统线性回归模型的扩展，它假设每个给定分位点的因变量的条件分位点与自变量之间存在线性关系，这在 5.1 节中已有详细介绍。

本章在分位点回归模型中考虑了状态切换效应的存在，设 $\{(y_t, x_t),$ $t=1,2,\cdots,n\}$ 为规模为 n 的样本，其中 y_t 为因变量 Y 的第 t 时刻的观测值，x_t 为观测解释变量的第 t 时刻的 p 维向量，$x_t = (x_{t,1}, \cdots, x_{t,p})$。考虑以下模型：

$$y_t = \alpha + x_t^{\mathrm{T}} \beta_{S_t} + u_{t,\tau}, \quad t = 1, 2, \cdots, n \tag{14.1}$$

式中，α 为截距参数；S_t 为状态变量，取值为 1 或 2；β_{S_t} 为 p 维未知回归系数，意味着不同状态下解释变量对被解释变量分位点的影响不同。σ 是一个未知尺度参数，$u_{t,\tau}, t = 1, 2, \cdots, n$ 与概率密度函数 $\tau(1-\tau) \exp\{-\rho_\tau(u)/\sigma\}/\sigma$（$u_{t,\tau}$ 的第 τ 分位为 0）为独立同分布随机误差，式（14.1）就是一个带有状态转换系数的分位点回归模型。如果我们进一步要求改变状态的概率只取决于当前的状态，而不是过程的历史，那么得到的模型就变成了一个马尔可夫机制转换分位点回归模型。

假设总共有 k 种状态，为了表示简单，本章只研究 $k=2$ 的情况，在实际中可以直接扩展到有更多状态的情况。设状态 i 到状态 j 的切换概率为 p_{ij}，即

$$p_{ij} = \Pr\left(S_t = j \middle| S_{t-1} = i\right), \quad i = 1, 2; j = 1, 2 \tag{14.2}$$

可以看出，Y_t 在 t 时刻停留在 j 状态的概率只能由当前可获得的信息 $I_t = \{y_1, y_2, \cdots, y_t\}$ 来推断，$\Pr\left(S_t \middle| I_t\right)$ 也称为转移概率。

接下来，本章提出上述模型的极大似然估计。

设 $\Omega_t = \left(x_t, x_{t-1}, \cdots, x_1\right)^{\mathrm{T}}$ 为矩阵，$I_t = \left(y_1, y_2, \cdots, y_t\right)^{\mathrm{T}}$ 为包含经过时间 T 观察到的观测值的向量，设 $\theta = (\alpha, \beta_1^{\mathrm{T}}, \beta_2^{\mathrm{T}}, \sigma, p_{11}, p_{22})^{\mathrm{T}}$ 为模型参数的向量。

参数集 θ 可以用极大似然估计方法来估计，这类似于具有两个状态的马尔可夫机制转换对数正态模型（Hamilton，1989；Kim and Nelson，1999；Hardy，2001），详情如下：用 $f\left(y_t \middle| \Omega_t, I_{t-1}; \theta\right)$ 表示第 t 次观测的概率密度函数，则 $\{y_1, \cdots, y_n\}$ 的似然为

$$L(\theta) = f\left(y_1 \middle| \Omega_1; \theta\right) f\left(y_2 \middle| \Omega_2, I_1; \theta\right) f\left(y_3 \middle| \Omega_3, I_2; \theta\right) \cdots f\left(y_n \middle| \Omega_n, I_{n-1}; \theta\right)$$

我们可以这样计算 $f\left(y_t \middle| \Omega_t, I_{t-1}; \theta\right)$：

$$f\left(y_t \middle| \Omega_t, I_{t-1}; \theta\right)$$
$$= \sum_i \sum_j f\left(y_t \middle| S_t = i, S_{t-1} = j, \Omega_t, I_{t-1}; \theta\right) \Pr\left(S_t = i, S_{t-1} = j \middle| \Omega_t, I_{t-1}; \theta\right)$$
$$= \sum_i \sum_j f\left(y_t \middle| S_t = i, \Omega_t, I_{t-1}; \theta\right) \Pr\left(S_t = i, S_{t-1} = j \middle| \Omega_t, I_{t-1}; \theta\right)$$
$$= \sum_i \sum_j f\left(y_t \middle| S_t = i, \Omega_t; \theta\right) \Pr\left(S_t = i, S_{t-1} = j \middle| \Omega_t, I_{t-1}; \theta\right) \tag{14.3}$$

式中，$f\left(y_t \middle| S_t = i, \Omega_t; \theta\right) = \dfrac{\tau(1-\tau)}{\sigma} \exp\left\{-\dfrac{\rho_\tau\left(y_t - \alpha - x_t^{\mathrm{T}} \beta_i\right)}{\sigma}\right\}$，给定初始无条件概

率 $\Pr(S_0 = i), i = 1, 2$，应用贝叶斯规则递推计算加权概率：

$$\Pr\left(S_t = i, S_{t-1} = j \middle| \Omega_{t-1}, I_{t-1}; \theta\right)$$

$$= \Pr\left(S_{t-1} = j \middle| \Omega_{t-1}, I_{t-1}; \theta\right) \Pr\left(S_t = i \middle| S_{t-1} = j, \Omega_{t-1}, I_{t-1}; \theta\right) \quad (14.4)$$

式中，$\Pr\left(S_t = i \middle| S_{t-1} = j, \Omega_{t-1}, I_{t-1}; \theta\right) = p_{ij}$ 为状态间转移概率；$\Pr\left(S_{t-1} = j \middle| \Omega_{t-1}, I_{t-1}; \theta\right)$ 可以由前次递归求出，且等于

$$\Pr\left(S_{t-1} = j \middle| \Omega_{t-1}, I_{t-1}; \theta\right)$$

$$= \sum_{i=1}^{2} \Pr\left(S_{t-1} = j, S_{t-2} = i \middle| \Omega_{t-1}, I_{t-1}; \theta\right)$$

$$= \sum_{i=1}^{2} \frac{f\left(y_{t-1} \middle| S_{t-1} = j, S_{t-2} = i, \Omega_{t-1}, I_{t-2}; \theta\right) \Pr\left(S_{t-1} = j, S_{t-2} = i \middle| \Omega_{t-1}, I_{t-2}; \theta\right)}{f\left(y_{t-1} \middle| \Omega_{t-1}, I_{t-2}; \theta\right)}$$

$$= \sum_{i=1}^{2} \frac{f\left(y_{t-1} \middle| S_{t-1} = j, \Omega_{t-1}; \theta\right) \Pr\left(S_{t-2} = i \middle| \Omega_{t-2}, I_{t-2}; \theta\right) p_{ij}}{f\left(y_{t-1} \middle| \Omega_{t-1}, I_{t-2}; \theta\right)}$$

然后我们可以应用优化方法来找到最大 $L(\theta)$ 的估计 $\hat{\theta}$。

马尔可夫机制转换分位点回归模型推广了线性分位点回归模型，假设每个给定分位点的因变量条件分位点与自变量之间存在非线性关系。该模型假设参数在不同的状态下会发生变化，能够更好地描述复杂的市场行为，该模型在劳动经济学等领域有着广泛应用。

14.3　仿　真　研　究

在 7.1 节对马尔可夫机制转换与第 5 章分位点回归模型与估计方法进行学习的基础上，本节给出了该方法的仿真研究：首先描述如何生成具有有限状态的马尔可夫链和非对称拉普拉斯分布随机变量，然后进行模拟研究。

14.3.1　具有有限状态的马尔可夫链的生成

本章采用 Perlin（2012）提供的马尔可夫链模拟方法。为了表示简单，这里考虑两种状态的总和，假设在时间 $t-1$ 时处于状态 i，p_{ij} 表示在时间 t 时过程处于状态 j 的转移概率，其中 i=1, 2；j=1, 2。设初始状态为 i，即 S_0=i，设 j=1，则可以生成一个长度为 N 的马尔可夫链 $\{S_t\}$。

（1）从标准均匀分布 $U(0,1)$ 中生成随机数 z。

（2）当 $z \leqslant p_{S_{t-1}S_{t-1}}$ 时，马尔可夫链保持在当前状态，即 $S_t = S_{t-1}$，否则马尔可夫链状态跳转到一个新的状态，如 $S_t = (S_{t-1} + 1, \bmod 2)$。

（3）重复前两步 N 次，得到长度为 N 的马尔可夫链。

14.3.2　非对称拉普拉斯分布随机变量的生成

接下来生成非对称拉普拉斯分布随机变量，用下列密度表示非对称拉普拉斯分布 $\mathrm{ALD}(\tau, \mu, \sigma)$：

$$\mathrm{ALD}(\tau, \mu, \sigma) = \tau(1 - \tau) \exp\{-\rho_\tau(\xi - \mu)/\sigma\}/\sigma \qquad (14.5)$$

可以看出，如果存在某变量 $\varXi \sim \mathrm{ALD}(\tau, \mu, \sigma)$，则存在 $Z \sim \mathrm{ALD}(\tau, 0, 1)$，使 $\varXi$ 与 $\mu + \sigma Z$ 的分布相同。如果 W_1 和 W_2 是独立的同标准指数分布，则 $W_1/\tau - W_2/(1 - \tau)$ 具有 $\mathrm{ALD}(\tau, 0, 1)$ 分布，由于易于生成标准指数分布的随机变量，因此对于给定的 μ 和 σ，可以很容易地生成 $\mathrm{ALD}(\tau, \mu, \sigma)$ 分布的随机变量。

14.3.3　模拟细节和结果

接下来进行一项模拟研究，研究极大似然方法用于估计马尔可夫机制转换分位点回归模型的参数 θ 时的性能，如下所示：

$$y_t = \alpha + x_t^{\mathrm{T}} \beta_{S_t} + u_{t,\tau}, \quad t = 1, 2, \cdots, n \qquad (14.6)$$

式中，α 为截距参数；S_t 为状态变量；β_{S_t} 为未知回归系数的 p 维向量；$u_{t,\tau} \sim \mathrm{ALD}(\tau, 0, \sigma), t = 1, 2, \cdots, n$ 为独立同分布的随机误差，σ 为未知尺度参数。虽然在模拟研究中没有必要将状态的数量限制为两个，但本节为了说明简单，选择状态的数量为 $k = 2$。在仿真实现中使用了以下参数设置。

$x_i = (x_{i1}, x_{i2})^{\mathrm{T}}$ 由均值为 0.5、标准差为 0.2 的正态分布独立生成；$\alpha = 0.1$，$\beta_1 = -0.5$，$\beta_2 = 0.3$；$\sigma = 0.2$，$\tau = 0.05, 0.25, 0.65, 0.8$；$p_{11} = p_{22} = 0.9$。

截距项 α 和不对称拉普拉斯分布尺度参数 σ 被设定为不变的马尔可夫机制转换，从而提供了状态独立和状态依赖效应之间的对比。β_1 和 β_2 的相对值不同，这与实际情况一致。相对值不一样意味着在不同的状态下（如熊市和牛市），解释变量对被解释变量的分位点有不同的影响。

对于每个 $\tau = 0.05, 0.25, 0.65, 0.8$ 和每个 $n = 100, 500, 1000$，本章生成一个样本

集 $\{(y_t, x_t), t = 1, 2, \cdots, n\}$，重复 1000 次。正如上文所说的，找到参数 θ 的极大似然估计，表 14.1 显示了实际参数值与其估计值之差的平均偏差和标准差。可以看出，偏差和标准差相对较小，随着模拟次数的增加，偏差和标准差基于趋于减小，因此本节得出结论，使用前文给出的方法来估计马尔可夫机制转换分位点回归模型的参数是适当的。

表 14.1　仿真模拟结果

τ	n	p_{11}		p_{22}		β_1		β_2		α		σ	
		偏差	标准差	偏差	标准差	偏差	标准差	偏差	标准差	偏差	标准差	偏差	标准差
	100	0.0481	0.1395	0.0551	0.1825	0.0778	0.2308	0.0467	0.2248	0.0179	0.0988	−0.0007	0.0068
0.05	500	0.0440	0.1301	0.0568	0.1871	0.0187	0.2332	0.0401	0.2446	0.0125	0.1022	−0.0006	0.0068
	1000	0.0412	0.1197	0.0446	0.1801	0.0231	0.2367	0.0389	0.2364	0.0045	0.1015	−0.0002	0.0065
	100	0.0025	0.0562	0.0037	0.1049	0.0114	0.1017	0.0151	0.0943	−0.0083	0.0467	−0.0005	0.0070
0.25	500	0.0151	0.1348	0.0091	0.1241	0.0111	0.0994	0.0194	0.1041	−0.0077	0.0412	−0.0006	0.0069
	1000	0.0075	0.1231	0.0017	0.0847	0.0074	0.0934	0.0141	0.0944	−0.0065	0.0449	−0.0004	0.0067
	100	0.0806	0.2364	0.0929	0.2671	0.0466	0.1531	−0.0052	0.1193	−0.1155	0.0536	0.0011	0.0089
0.65	500	0.0751	0.2302	0.0729	0.2221	0.0517	0.1443	0.0049	0.1189	−0.0087	0.0494	0.0017	0.0083
	1000	0.0704	0.2167	0.0797	0.2384	0.0429	0.1436	0.0098	0.1141	−0.0114	0.0503	0.0015	0.0082
	100	0.0716	0.2469	0.1236	0.3074	0.0799	0.1722	0.0335	0.1181	−0.0327	0.0610	0.0011	0.0076
0.8	500	0.0612	0.2356	0.0822	0.2567	0.0738	0.1798	0.0374	0.1442	−0.0247	0.0537	0.0008	0.0080
	1000	0.0488	0.2223	0.0687	0.2412	0.0781	0.1436	0.0351	0.1432	−0.0302	0.0604	0.0008	0.0074

14.4　实　证　研　究

最流行的风险度量指标 VaR 被定义为回报分布的较低分位点，可以通过分位点回归模型直接估计，本章证明了前文提出的马尔可夫机制转换分位点回归模型不仅可以用于检测金融危机的存在，并能够分析危机期间金融危机在高度相关国家之间传染的趋势。为了保证马尔可夫属性，本节使用了美国标准普尔500 指数、法国 FCHI 指数和德国 GDAXI 指数，指数选取覆盖 2005 年 1 月 14 日到 2008 年 10 月 31 日的周对数收益率，它涵盖了危机前和危机期的数据，并且所有数据均可在中国经济金融研究数据库中找到。

为了找出次贷危机期间标准普尔 500 指数时间序列的对数收益与法国和德国指数时间序列在 VaR 上的关系，本节假设存在两种状态，即非危机状态（状态 1) 和危机状态(状态 2)。因此,FCHI 指数和 GDAXI 指数的周对数收益率与相同的解释变量(标准普尔 500 指数的周对数收益率)被分别拟合到一个双状态马尔可夫机制转换分位点回归模型,为了方便起见,第一次拟合和第二次拟合分别用 $\mathbb{C}$-FCHI 和 $\mathbb{C}$-GDAXI 表示。令 τ =0.2,可以发现只有回归系数随状态而变化,然后本节进一步得到模型参数 $\theta = (\alpha, \beta_1, \beta_2, \sigma, p_{11}, p_{22})^{\mathrm{T}}$ 的极大似然估计 $\hat{\theta} = (\hat{\alpha}, \hat{\beta}_1, \hat{\beta}_2, \hat{\sigma}, \hat{p}_{11}, \hat{p}_{22})^{\mathrm{T}}$。

表 14.2 给出了模型参数的极大似然估计、t 统计量以及对数似然函数数值,显著性检验结果表明,该模型适用于对同一解释变量(标准普尔 500 指数的周对数收益率)与 FCHI 指数和 GDAXI 指数的周对数收益率建模。此外,还可以观察到,不论 $\mathbb{C}$-FCHI 还是 $\mathbb{C}$-GDAXI,$\hat{\beta}_1$ 和 $\hat{\beta}_2$ 之间都存在显著差异,表明回归系数确实随状态而变化; $\mathbb{C}$-FCHI 和 $\mathbb{C}$-GDAXI 的估计 $\hat{\beta}_1$ 小于估计 $\hat{\beta}_2$,意味着在状态 2 中,FCHI 指数或 GDAXI 指数的变动比状态 1 更类似于标准普尔 500 指数的变动,由于状态 2 是危机状态,因此状态 2 的风险比状态 1 大。用 r_t 表示标准普尔 500 指数的周对数收益率。由 VaR 和条件分位点之间的关系可知:

$$\mathrm{VaR}_t = -\hat{\alpha} - \hat{\beta}_i r_t$$

因此,由于 $\hat{\beta}_2$ 大于 $\hat{\beta}_1$,本章得出状态 2 的条件风险高于状态 1 的结论。

表 14.2　实证结果展示

参数	FCHI		GDAXI	
	估计	t 统计量	估计	t 统计量
p_{11}	0.9380	1.4660	0.9769	2.2343**
p_{22}	0.9203	1.8744*	0.9682	3.4570***
β_1	0.8123	14.4409***	0.6585	11.7226***
β_2	1.2357	17.8704***	1.1939	21.7261***
α	−0.0091	−10.7398***	−0.0078	−8.8768***
σ	0.0040	12.0907***	0.0041	14.9056***
logL	540.6600	—	527.0400	—

注:logL 表示对数似然函数值。
*、**、*** 分别表示在 10%、5%和 1%的水平下显著。

接下来通过结合平滑的可能性与次贷危机发生的实际时间(Hamilton,1994;Kim and Nelson,1999)来检验金融危机传染效应。本章通过研究 $\mathbb{C}$-FCHI 和 $\mathbb{C}$-GDAXI 的 $\mathrm{Pr}(S_t = 2)$ 的平滑估计发现,在 2006~2007 年间,概率一直保持在较高的水平，这似乎与次贷危机爆发时期的主流观点一致；回归系数和过滤概率的增加表明，在危机期间，美国危机蔓延到欧洲国家金融市场的概率大幅上升，也就是说，次贷危机期间美国和欧洲主要国家之间在一定程度上存在着金融危机传染现象。

综上所述，我们的实证结果与历史情况是相当一致的，也就是说，马尔可夫机制转换分位点回归模型非常适合此类实证研究。

14.5　本　章　小　结

本章建立了一个马尔可夫机制转换分位点回归模型来评估股票收益的分位点效应。作为一种自然的泛化方法，马尔可夫机制转换分位点自回归模型可以类似地构建，模型参数也可以用极大似然估计方法估计。尽管本章考虑了两种状态，但三种状态或者更多数量的状态也可以用同样的方法进行处理。作为另一个延伸研究，还可以将截距项也考虑为随着机制变化而变化的情况。我们可以通过似然比来验证这种变化是否必要而可行。

对于随机变量的分位点风险度量，现实中的实际运用通常集中在低分位点上。在此方法之外，我们还可以使用 Copula 模型、极值点理论来进行研究。特别要说明一点，Stoeber 和 Czado（2012）已经提出了马尔可夫机制转换 Copula 模型，该模型非常有用，因为它能够运用于多变量的设定，这也给了我们一定的启发，并考虑将来把本章模型拓展为具有机制转换性质的分位点向量回归模型。由于分位数向量自回归可以模拟任意分位点向量中的依赖结构，因此通过在该模型中添加状态转换，所得模型非常适合模拟与状态相关的随机变量分位点之间的交叉效应。

第 15 章　TIR-MIDAS 模型及其在金融市场危机传染中的应用

随着全球范围经济一体化、金融自由化、交易快捷化的不断推进，全球金融市场联系更加紧密，不同金融市场间开始显现齐涨齐跌趋势，极端事件一旦出现，所造成的金融市场尾部风险必然会产生波及整个金融体系的多米诺骨牌效应。情况严重时可能会导致全球金融体系崩溃，引起全球性社会动荡，即危机传染。起源于美国次贷违约事件的全球金融危机，便是鲜明的金融危机传染案例，将危机传染的严重性、系统性体现得淋漓尽致，给全球大部分区域经济、金融、民生带来了重创。

本章应用尾部指数回归-混合数据抽样（tail index regression-mixed data sampling，TIR-MIDAS）模型研究宏观经济因素以及中国股票市场对金砖国家股票市场的影响与危机传染情况。

本章结构安排如下：15.1 节介绍现有文献的研究；15.2 节介绍本章使用的模型与方法；15.3 节对实证结果进行展示与分析；15.4 节对本章内容进行总结。

15.1　引言与文献综述

在国际金融和经济研究领域中，全球金融市场的联动程度大小以及市场间是否发生危机传染已成为热门的研究课题。国内外学者已经运用了许多方法对这方面展开了研究、刻画和捕捉。此外，学者还对许多市场进行了危机传染分析，如相同市场间的危机传染、跨市场间的危机传染、宏观经济市场对金融市场的危机传染等。

参考已有研究，本章将金融危机传染定义为当一个经济体发生金融危机时，另一个经济体中金融市场崩盘概率的显著增加。本章通过尾部指数对市场崩盘进行建模，尾部指数是一种描述尾部分布的统计度量指标（Hill，1975）。

对于缓慢移动的帕累托型分布,如金融时间序列的分布,指数 α 为正;α 越小,分布产生极值的可能性越大。可见,尾部指数很自然地有助于捕捉传染性。

因此,可以通过全市场指数回报的尾部指数来衡量崩盘的概率:如果一个市场的尾部指数随着另一个市场的尾部指数下降而下降,则存在金融危机传染。此外,在研究宏观经济市场对金融市场的危机传染时,为了让不同频率的变量保持一致,学者大多对数据进行同频处理,造成原始信息反映得不充分,可能导致危机传染角色的误判,低估风险溢出的风险。因此,本章通过结合 Wang 和 Tsai(2009)的尾部指数回归(tail index regression,TIR)模型与 Ghysels 等(2007)的混合数据抽样(mixed data sampling,MIDAS)模型,构建 TIR-MIDAS 模型,来研究宏观经济波动对金融市场危机传染的情况。TIR 模型可以通过加入外生变量的尾部指数对市场崩溃情况进行建模,是对分布尾部的刻画,并且可以发现外生变量对该市场尾部的影响。MIDAS 模型在研究中已经得到了充分运用,本章通过似然比统计量寻找变点来确定模型的结构性变化,通过变点前后参数的变化判断市场间是否存在传染,从而避免随意将数据分为两个子样本。可见,我们提供了一种理论上有充分依据的方法来研究不同频率变量对金融危机传染的影响情况。

15.2　TIR-MIDAS 模型简介及变点检测方法

TIR-MIDAS 模型提供了一个实用的框架,允许分布的尾部行为可以用多个不同的频率变量来解释。并且,通过变点检测,避免随意将数据分为两个子样本,具体模型结构如下。

15.2.1　TIR 模型

尾部分析在精算学、统计学、经济学、金融学、工程学、地质学、生态学、网络通信、生命科学和许多其他领域引起了相当大的关注。许多实证研究表明,资产收益、汇率、操作风险、大额保险理赔都表现出明显的重尾特征。在极限条件下,这类金融资产重尾分布的尾部特征都可以用幂律分布逼近,帕累托分布便是典型之一,其在模拟相应兴趣变量的尾部分布情况时,发挥了重要的作用。相比于正态分布,它可以更好地刻画尾部分布来做出恰当的市场假设。

考虑帕累托类型的极值分布,兴趣变量的尾部分布 $S(y)$ 可以写成

$$S(y) = P(Y > y) = y^{-\alpha}L(y) \tag{15.1}$$

式中，α 为尾部指数且满足 $\alpha > 0$，其值越小，$S(y)$ 趋近于 0 的速度便会越慢，尾部越长，从而 Y 产生极端值的概率越大，即越容易发生极端事件。因此，可以用尾部指数的大小来描述兴趣变量尾部分布的厚尾程度，即危机发生的概率。$L(y)$ 为慢变化函数，无具体形式。为了估计尾部指数 α，Wang 和 Tsai（2009）扩展了 Hill 估计量，提出了 TIR 模型，设定尾部指数 α 为外生变量的函数。假定 $Y_i \in \mathbb{R}^1$ 从重尾分布中抽样，$X_i = (X_{i1}, \cdots, X_{ip}) \in \mathbb{R}^p$ 是可观测的外生变量，尾部指数 α 与可观测外生变量 X 具有如下关系：

$$\ln\{\alpha(X)\} = X^\mathrm{T}\theta \tag{15.2}$$

式中，$\theta = (\theta_0, \theta_1, \cdots, \theta_{p-1}) \in \mathbb{R}^p$ 为待估回归系数向量。随后，由式（15.1）可得到

$$S(y; x) = P(Y_i \geq y | X_i = x) = y^{-\alpha(x)}L(y; x) \tag{15.3}$$

为了估计参数，我们根据 Hall（1982）的观点，假设 $L(y)$ 以合理的速度收敛至常数，满足：

$$L(y; x) = c_0(x) + c_1(x)y^{-\beta(x)} + O\left(y^{-\beta(x)}\right) \tag{15.4}$$

式中，$c_0(x)$、$c_1(x)$ 和 $\beta(x)$ 为 x 的未知函数，$c_0(x) > 0$，$\beta(\cdot)$ 为正函数；$O(\cdot)$ 为高阶剩余项。因此，当 y 趋于极值时，式（15.3）对 y 求导，可以近似得到条件密度函数：

$$\int_{\omega_n}^{\infty} f(y; x)\mathrm{d}y \approx c_0(x)\omega_n^{-\alpha(x)} = 1 \tag{15.5}$$

得到密度函数之后，为了估计尾部指数，模型需要通过阈值 ω_n 来确定有效样本量。对式（15.5）在 $[\omega_n, \infty]$ 积分，可得

$$S(y) = P(Y > y) = y^{-\alpha}L(y)$$

从而计算得到 $c_0(x) = \omega_n^{-\alpha(x)}$，代入式（15.5），可以得到条件密度函数：

$$f(y; x, Y > \omega_n) \approx \alpha(x)(Y_i / \omega_n)^{-\alpha(x)}y^{-1} \tag{15.6}$$

其负对数似然函数为

$$K_n(\theta) = -\ln L(\theta) = \sum_{i=1}^{n}\left\{\exp(X^\mathrm{T}\theta)\ln(Y_i / \omega_n) - X^\mathrm{T}\theta\right\}I(Y_i > \omega_n) \tag{15.7}$$

式中，$I(\cdot)$ 为示性函数，在函数内条件满足时为 1，否则为 0。通过最小化

式（15.7），即可得到参数 θ 的近似极大似然估计。

此外，在参数估计的过程中，阈值 ω_n 的选择也非常重要，其决定了模型中有效样本的数量，目前部分文献运用经验法来确定 ω_n，选取尾部样本的大小。为了确保估计精度，可以应用 Wang 和 Tsai（2009）提出的方法来确定阈值 ω_n，以选择尾部样本量，即最小化经验分布 $\{\hat{U}_i : Y_i > \omega_n\}$ 和均匀分布 $U(0,1)$ 之间的差异测度：

$$\hat{D}(\omega_n) = n_0^{-1} \sum_{i=1}^{n} \left(\hat{U}_i - \hat{F}_n(U_i) \right)^2 I(Y_i > \omega_n) \tag{15.8}$$

式中，$n_0 = \sum_{i=1}^{n} I(Y_i > \omega_n)$ 为在选定阈值 ω_n 条件下的有效样本数量；$\hat{F}_n(\cdot)$ 为 $\hat{U}_i$ 的经验分布；$\hat{U}_i = \exp\left\{ -\exp\left(X_i^{\mathrm{T}} \theta \right) \ln\left(Y_i / \omega_n \right) \right\}$。

15.2.2   MIDAS 模型

对于从事时间序列数据工作的研究者来说，如何选取合适频率的采样数据始终是一个两难的问题。一方面，金融市场中，高频变量含有的潜在有价值信息非常重要；另一方面，在市场中部分信息，如宏观经济指标的收集频率只能是月度，如果想要分析这些不同频率信息之间的关系，研究者就不能直接使用这些信息，需要进行同频处理。因为大多数时间序列需要用相同频率的数据进行回归。在这种情况下，常见的解决方案是对数据进行预过滤，使变量以相同的频率提供。在这个过程中，很多潜在的有用信息可能会被丢弃，从而使变量之间的关系难以检测出。MIDAS 模型提供了一种有吸引力的工具来处理以不同频率采样的时间序列数据。MIDAS 模型涉及基于分布式滞后多项式的简约规范，可灵活处理不同频率采样的数据，其基本形式可以写成

$$y_t = \beta_0 + \beta_1 B\left(L^{\frac{1}{m}}; \theta \right) x_t^{(m)} + \varepsilon_t^{(m)}, \quad t = 1, 2, \cdots, T \tag{15.9}$$

式中，y_t 表示低频率的因变量，如月度变量；$x_t^{(m)}$ 是以更高频率采样的自变量，如每日或每周的频率，m 为高频变量在时期 $t-1$ 至时期 t 的观测次数；$\varepsilon_t^{(m)}$ 为残差值。例如，当 y_t 为月度变量、$x_t^{(m)}$ 为日度变量时，m 等于这一个月的交易天数。此外：

$$B\left(L^{\frac{1}{m}};\theta\right) = \sum_{k=1}^{K}\phi_k(w)L^{\frac{k}{m}} \tag{15.10}$$

式中，$\phi_k(w)$ 为参数化的权重函数；w 为权重参数；$L^{k/m}$ 为滞后算子，如 $L^{k/m}x_t^{(m)} = x_{t-k/m}^m$，$k = 1, 2, \cdots, K$ 为高频变量的滞后阶数。$\phi_k(w)$ 的各种解析多项式规格已被众多文献所探究和考虑，如 Almon 滞后多项式、Beta 多项式等。这两种权重函数规范已经在许多研究中得到了应用，并且取得了很好的效果（Judge et al.，1985）。

我们首先关注 Almon 滞后多项式，其形式为

$$\phi_k(w) = \frac{e^{w_1 k + \cdots + w_Q k^Q}}{\sum\limits_{k=1}^{K} e^{w_1 k + \cdots + w_Q k^Q}} \tag{15.11}$$

Almon 滞后多项式非常灵活，可以在只有几个参数的情况下形成各种形状。在考虑模型复杂度和灵活性的基础上，一般选择两参数的形式，即

$$\phi_k(w_1, w_2) = \frac{e^{w_1 k + w_2 k^2}}{\sum\limits_{k=1}^{K} e^{w_1 k + w_2 k^2}} \tag{15.12}$$

很容易发现，当 $w_1 = w_2 = 0$ 时，我们有相等的权重。

然后，关注具有两个参数的 Beta 多项式形式，即

$$\phi_k(w_1, w_2) = \frac{f\left(\dfrac{k}{K}, w_1; w_2\right)}{\sum\limits_{k=1}^{K} f\left(\dfrac{k}{K}, w_1; w_2\right)} \tag{15.13}$$

式中

$$f(x, a; b) = \frac{x^{a-1}(1-x)^{b-1}\Gamma(a+b)}{\Gamma(a)\Gamma(b)} \tag{15.14}$$

$$\Gamma(a) = \int_0^{\infty} e^{-x} x^{a-1} dx$$

Almon 滞后多项式以及 Beta 多项式函数有两个重要特征：①它们都是正系数，这保证了宏观经济因素影响作用的合理性；②两种规范下所得到的滞后权重总和是 1。Beta 多项式函数的灵活性是众所周知的，并且其参数值的变化更为直观，因此在后面的研究中，我们使用 Beta 多项式函数来构建模型。

在式（15.10）中有一个明显的问题是如何选择 K。在 Almon 滞后多项式中，已经有几篇文献讨论了错误指定滞后阶数 K 的影响（Judge et al.，1985）。现有部分文献直接设定滞后阶数 K 为一个月的天数、一个季度的月数或者一年的月度数。也有部分文献通过经验法则来确定相应的滞后阶数值。在本章中，我们在常用滞后阶数的基础上，通过 BIC 来确定相应的滞后阶数，期望可以得到较好的估计结果。

15.2.3　TIR-MIDAS 模型

参考 Asgharian 等（2013）的研究，我们采用 MIDAS 模型将低频宏观因素纳入式（15.2）中。我们将 $X^{\mathrm{T}}\theta$ 中第 i 天的观测变量分成两个部分：短期分量 $\beta_3 r_{i,\tau}$ 和长期分量 α_τ，即

$$X^{\mathrm{T}}\theta = \alpha_\tau + \beta_3 r_{i,\tau} \tag{15.15}$$

式中，τ 为月度指标，因此 $r_{i,\tau}$ 是第 τ 月第 i 天的收益；β_3 为参数项，捕捉当前高频信息的影响。我们进一步假定 α_τ 受滞后平滑月度股指收益率和宏观因素 Z_τ 的影响。因此，α_τ 可定义为

$$\alpha_\tau = \beta_0 + \beta_1 z_\tau + \beta_2 \sum_{k=1}^{K} \phi_k(w) R_{\tau-k} \tag{15.16}$$

$$\phi_k = \frac{\left(1 - k/K\right)^{w-1}}{\displaystyle\sum_{l=1}^{K}\left(1 - l/K\right)^{w-1}}, \quad k = 1, 2, \cdots, K$$

式中，β_0 为截距项；β_1、β_2 为参数项，分别捕捉低频信息的影响、滞后高频信息的影响。假定低频数据是月度数据，高频数据是日度数据，可得到 K 是平滑模型 $R_\tau = \displaystyle\sum_{i=(\tau-1)N+1}^{\tau \times N} r_{i,\tau}$ 即月收益率回报的滞后月度数，加权框架 ϕ_k 用 Beta 多项式来描述。当 $w>1$ 时，递减速率由 w 决定。参考 Asgharian 等（2013）的研究，我们设一个月的有效天数 $N=22$，而 K 值的设定由 BIC 确定。

15.2.4　变点检测方法

为了进行金融危机传染的检验，在实证中需要研究尾部指数是否发生结构性变化，即是否存在变点。本节将给出相应的变点检测方法。假定样本量的大

小为 n，第 i 个观测向量为 X_i^{T}。若存在一个变点，$\alpha(x)$ 可写为

$$\alpha(x) = \begin{cases} \exp(X_i^{\mathrm{T}}\theta^{(1)}), & 1 \leqslant i \leqslant t_0 \\ \exp(X_i^{\mathrm{T}}\theta^{(2)}), & t_0 < i \leqslant n \end{cases} \tag{15.17}$$

式中，$\theta^{(1)} = [\beta_{01}, \beta_{11}, \beta_{21}, \beta_{31}, w_1]$；$\theta^{(2)} = [\beta_{02}, \beta_{12}, \beta_{22}, \beta_{32}, w_2]$。那么原假设和对立假设分别可以表示为

$$\mathrm{H}_0 : \theta^{(1)} = \theta^{(2)} \leftrightarrow \mathrm{H}_1 : \theta^{(1)} \neq \theta^{(2)}$$

如果拒绝原假设，则在 t_0 这一时刻存在变点。当给定 $t_0 = k$ 时，可以建立似然比统计量：

$$A = \sum_{i=1}^{k} \left\{ \exp(X_i^{\mathrm{T}}\hat{\theta}^{(1)}) \ln(Y_i / \omega_n) - X_i^{\mathrm{T}}\hat{\theta}^{(1)} \right\} I(Y_i > \omega_n)$$

$$B = \sum_{i=k+1}^{n} \left\{ \exp(X_i^{\mathrm{T}}\hat{\theta}^{(2)}) \ln(Y_i / \omega_n) - X_i^{\mathrm{T}}\hat{\theta}^{(2)} \right\} I(Y_i > \omega_n) \tag{15.18}$$

$$C = \sum_{i=1}^{n} \left\{ \exp(X_i^{\mathrm{T}}\hat{\theta}) \ln(Y_i / \omega_n) - X_i^{\mathrm{T}}\hat{\theta} \right\} I(Y_i > \omega_n)$$

$$-2\ln \Lambda_k = -2(A + B - C)$$

式中，$\hat{\theta}^{(1)}$、$\hat{\theta}^{(2)}$、$\hat{\theta}$ 是根据不同分段数据估计的参数估计向量。当 $Z_n = \max_{1 \leqslant k \leqslant n}(-2\ln \Lambda_k)$ 变大，超过临界值时，原假设被拒绝，即存在变点，变点时刻为 $-2\ln \Lambda_k$ 取得最大值的日期。根据 Csörgő 和 Horváth（1997）的结论，当 $x \to \infty$ 时，$Z_n^{1/2}$ 的渐近分布为

$$P\left(Z_n^{\frac{1}{2}} \geqslant x\right) \simeq \frac{x^p \exp(-x^2/2)}{2^{\frac{p}{2}} \Gamma\left(\frac{p}{2}\right)} \left(\ln \frac{(1-h(n))(1-l(n))}{h(n) \cdot l(n)} \right.$$

$$\left. -\frac{p}{x^2} \ln \frac{(1-h(n))(1-l(n))}{h(n) \cdot l(n)} + \frac{4}{x^2} + O\left(\frac{1}{x^4}\right) \right) \tag{15.19}$$

式中

$$h(n) = l(n) = \frac{(\ln n)^{3/2}}{n}, \quad p = k_1 + k_2 - k$$

是替代条件下可能变化的参数数量；$\Gamma(\cdot)$ 是伽马函数。因此，可以得到 $Z_n^{1/2}$ 的 p 值和拒绝原假设的临界值。如果拒绝原假设，即存在变点，变点时刻 t_0 为

$$\hat{t}_0 = \arg \max_{1 \leqslant k \leqslant n} \left(-2\ln \Lambda_k \right)$$

最后，我们可以通过变点前后样本时期的模型估计结果差异来判断是否发生了相应的金融危机传染。

15.3　基于 TIR-MIDAS 模型的中国宏观经济对金砖国家股票市场危机传染与度量分析

15.3.1　数据及描述性统计

本章选择中国宏观经济指标以及中国、巴西、俄罗斯、印度、南非的股票指数进行实证分析。其中，股票指数分别选择中国的 SSE、巴西的 BVSP、俄罗斯的 RTS、印度的 SENSEX 以及南非富时综合指数。中国宏观经济指标包括 PPI、CPI、M2 以及工业生产（industrial production，IP）指数。CPI 是度量一篮子消费品和服务的加权平均价格指数，其变化被用来评估与人们生活成本密切相关的价格波动。PPI 是一组衡量国内工业生产者的出厂销售价格平均波动的指数，反映某一时间跨度内产品成本的变化。它可以从生产产品的行业的角度衡量企业成本。M2 是一种广义货币供应量，包括狭义货币供应量（narrow money supply，M1）中的所有元素以及准货币。M1 包括现金存款以及支票存款，而准货币囊括了当地区域储蓄存款、货币市场证券以及其他居民定期存款。这些资产的流动性不如 M1，但它们可以在短时间内转换为高流动性货币，如现金或支票存款。M2 作为货币供应量的衡量标准，是预测所在区域通货膨胀等问题的关键指标。适度的 M2 增长预示着经济持续增长，市场活力凸显。如果 M2 减小，则预示着经济市场萎靡。IP 指数是衡量制造业、采矿业、电力和天然气等行业相对于基准年的实际产出的月度经济指标。IP 指数对经济学家和投资者来说是一个重要的宏观经济指标，因为这些工业部门的波动是整体经济增长变化的主要原因，而 IP 指数可以以简单的形式显示出当前时期相应部门的产出是否存在波动。

此外，样本的时间跨度为 2000 年 1 月 1 日至 2020 年 7 月 31 日，涵盖了美国次贷危机时期、欧债危机时期、中国股票市场熔断时期。其中，股票指数

数据为日度收盘价数据，宏观经济数据为月度统计数据。此外，TIR-MIDAS 模型是对分布的右尾部进行建模，但本章重点研究市场的损失，即左尾部行为，因此我们在描述性统计时使用正常对数收益率数据，在参数估计时将股票指数数据以及宏观经济数据转化为负对数收益率：

$$R_t = -\left(\ln P_t - \ln P_{t-1}\right)$$

式中，P_t 为相应市场的第 t 日收盘价。

表 15.1 显示了中国、巴西、俄罗斯、印度、南非股票市场每日收益率的均值、标准差、偏度、峰度、Jarque-Bera 统计量检验。从表 15.1 得知，各国股市的平均对数收益率基本接近于 0，偏度均小于 0，峰度均大于 3，说明与正态分布相比均呈现左偏、尖峰特征，出现极端值的概率大。进一步利用 Jarque-Bera 方法对各国股指收益率序列的正态分布特征进行检验，发现均在 1% 的显著性水平下拒绝服从正态分布的原假设。表明在样本区间内，各股指收益率序列呈现非正态、尖峰厚尾的特征。

表 15.1　金砖五国股指收益率序列的描述性统计

指标	中国	巴西	俄罗斯	印度	南非
均值	0.000 2	0.000 4	0.000 4	0.000 4	0.000 4
标准差	0.016 2	0.019 6	0.022 8	0.015 3	0.015 8
偏度	−0.302 8	−0.380 9	−1.325 7	−0.355	−0.229 9
峰度	7.864 4	11.384 2	28.563	12.687 2	212.414 6
Jarque-Bera 统计量	4 762.74	14 048.16	131 713.60	18 684.27	80 875.37

除了对金砖五国股票市场进行简要分析外，我们还需要对本章所选择的中国宏观经济因素进行概述。具体来说，我们给出了中国宏观经济指标 PPI、CPI、M2、IP 指数增长率的描述性统计，如表 15.2 所示。由表 15.2 的结果可知，除 IP 指数外，中国宏观经济变量的增长率均值接近 0，从偏度和峰度可看出，PPI、CPI、IP 指数呈现左偏状态，4 个变量均不服从正态分布，具有明显的尖峰厚尾特征。

表 15.2　宏观指标增长率的描述性统计

指标	均值	标准差	偏度	峰度	Jarque-Bera 统计量
PPI	−0.0005	0.0103	−0.7991	11.7279	810.26
CPI	0.0001	0.0060	−0.4439	4.8972	45.16
M2	0.0112	0.0105	0.8343	4.9240	66.75
IP 指数	0.1038	0.0533	−1.7403	15.0882	1628.55

15.3.2　参数估计

本节运用 TIR-MIDAS 模型来分析本章选取的中国宏观经济因素与股票市场对金砖国家股票市场尾部行为的影响，参数估计结果如表 15.3 所示。可以发现，在中国宏观经济变量的影响下，不同市场的阈值也各不相同。南非尾部阈值为 0.027，巴西尾部阈值为 0.028～0.033，印度和俄罗斯阈值不受中国宏观经济变量的影响，分别为 0.035 与 0.048，并且以俄罗斯阈值为最，说明俄罗斯股票市场的尾部明显厚于其他测试市场，即风险最大。众多研究也描述了该特征，即俄罗斯股票市场的表现与发达国家和新兴国家相比都体现出高波动性。该市场的极端价格变化在很大程度上受到结构性失衡、国民经济多样化程度低以及其他能够产生极端变化的内部和外部冲击的影响。此外，通过观察 β_1 的参数估计值，也有一些有趣的发现。首先，巴西股票市场尾部行为受中国所有宏观经济变量的影响。巴西与中国的双边经济关系最为强劲，两者是重要的贸易伙伴，近年来巴西对中国的初级产品出口激增，如矿产、食品等大宗商品大量出口到中国。中国制造业放缓、经济不景气时，巴西市场必然会感受到压力。巴西股票市场作为巴西经济的晴雨表，同样会通过波动来反映这一现象。其次，南非和俄罗斯易受中国 PPI、IP 指数的影响。中国是这两个国家的第一大贸易伙伴，两个国家的矿业、能源、石油和天然气、基础设施、贸易和服务等领域都有中国企业的投资。因此，它们的股票市场受反映中国经济是否景气的 PPI 和 IP 指数的影响合乎情理。最后，印度不受任何中国宏观经济指标的影响。

表 15.3　不同宏观经济变量下的模型参数估计结果

参数	巴西				俄罗斯			
	PPI	CPI	M2	IP 指数	PPI	CPI	M2	IP 指数
ω_n	0.028	0.033	0.031	0.033	0.048	0.048	0.048	0.048
β_0	3.107***	3.701***	2.658***	6.343***	2.381***	2.395***	2.629***	−1.768
	(0.000)	(0.000)	(0.000)	(0.000)	(0.000)	(0.001)	(0.000)	(0.101)
β_1	−48.07***	−158.6***	−34.96***	35.27***	−193.3**	−149.5	45.30	−32.13***
	(0.000)	(0.000)	(0.001)	(0.000)	(0.043)	(0.185)	(0.322)	(0.001)
β_2	−193.7***	−321.5***	−248.5***	2.648	−44.53	−18.71	−20.46	−75.35***
	(0.000)	(0.000)	(0.000)	(0.979)	(0.144)	(0.321)	(0.430)	(0.006)
β_3	−1.020	−14.58***	−12.43*	−12.56	−13.10**	−13.76**	−14.10**	−13.10**
	(0.899)	(0.022)	(0.069)	(0.170)	(0.023)	(0.019)	(0.017)	(0.022)

续表

参数	巴西				俄罗斯			
	PPI	CPI	M2	IP 指数	PPI	CPI	M2	IP 指数
w	1.416***	1.160***	1.121***	2.516	1.859	10.90	10.36	1.047***
	(0.000)	(0.000)	(0.000)	(0.975)	(0.312)	(0.511)	(0.611)	(0.000)

参数	印度				南非			
	PPI	CPI	M2	IP 指数	PPI	CPI	M2	IP 指数
ω_n	0.035	0.035	0.035	0.035	0.027	0.027	0.027	0.027
β_0	1.384**	2.238***	1.961***	−0.200	1.586***	1.715***	1.320***	−2.131***
	(0.050)	(0.002)	(0.006)	(0.793)	(0.000)	(0.000)	(0.001)	(0.001)
β_1	−37.08	−32.57	−4.634	−15.06	−35.83*	−123.5	−0.160	−22.99***
	(0.808)	(0.793)	(0.911)	(0.874)	(0.096)	(0.113)	(0.995)	(0.000)
β_2	−31.41	−121.6*	−92.01	−101.7	−130.4***	−200.2***	−91.10**	−99.87**
	(0.780)	(0.073)	(0.152)	(0.928)	(0.005)	(0.007)	(0.036)	(0.018)
β_3	8.850	8.799	8.684	8.580	−14.27	−13.35	−9.495	−13.20
	(0.575)	(0.589)	(0.580)	(0.593)	(0.199)	(0.214)	(0.362)	(0.242)
w	9.212	3.054	3.216	3.077	8.747***	7.435***	9.264***	10.03***
	(0.802)	(0.131)	(0.262)	(0.934)	(0.000)	(0.000)	(0.002)	(0.000)

注：括号中为显著性 p 值。

*、**、***分别表示在 10%、5%、1%水平上显著。

通过观察 β_2 的参数估计值发现，滞后加权平滑的上证指数回报对巴西和南非有显著的负向影响，即当中国股票市场出现极端尾部情况后，巴西与南非股票市场出现极端损失事件的概率会变大。

值得注意的是，当选择印度股票市场为研究对象时，代表中国股票市场的所有参数估计值很少具有显著性，可见其股票市场很少受中国股票市场的影响。

虽然中国股票市场体量很大，2021 年沪市总市值超过 46 万亿元，深市股票总市值超过 35 万亿元，总市值超过 80 万亿元，排名世界股票市场前列，但是我国的股票市场因中国特色社会主义国情以及金融环境和金融体系发展的自身因素，没有与国外其他股票市场或金融市场有深入联系，与全球的金融连接目前还处于相对薄弱的阶段，与国际资本市场还处于相对分离的状态，从而导致我国股票市场在国际舞台上的影响力还有所欠缺，但是这样极大地保护了我国的金融业发展，也在一定程度上保护了我国股票市场参与者不受国外金融危机的过度冲击。

15.3.3　变点检测

本节通过观察金砖国家的似然比统计量 Z_n 来判断模型是否发生结构性变化，即是否存在变点，结果如表 15.4 所示。从表 15.4 中可以看到，所有被测试的金砖国家市场都存在变点，并且有三点值得关注。首先，巴西与俄罗斯的尾部指数变点时间接近于美国次贷危机爆发时点，而印度与南非的尾部指数变点时间在 2012 年附近。2012 年对于中国股票市场来说，是机遇与挑战并存的一年，机遇在于这一年市场放松监管、鼓励创新，允许基金第三方销售，大幅提高合格的境外机构投资者（qualified foreign institutional investor，QFII）和人民币合格的境外机构投资者（RMB qualified foreign institutional investor，RQFII）额度，为 2015 年的牛市开启奠定了基础。而挑战在于这一年沪深股市继续震荡下跌走势，上证指数跌破 2000 点。印度与南非的变点时间，说明这两个国家股票市场对中国股票市场的极端变化可能有一定反应，具体依然要看变点前后的尾部指数变化情况。其次，在金砖国家中，俄罗斯市场的变点最先出现，对危机的反应最为迅速。这与俄罗斯严重依赖自然资源的出口型经济密切相关。最后，中国宏观经济变量对金砖国家尾部指数变点的位置几乎没有影响。当选择不同中国宏观经济变量进行实证分析时，除巴西市场的变点位置有轻微变化外，其他三个国家的变点位置都没有显著变化。

表 15.4　金砖国家变点的似然比检验结果

指标	PPI	CPI	M2	IP 指数
巴西				
$-K_n(\theta)$	21.3820	22.4244	20.8104	25.7650
Z_n	70.0472	67.6640	70.3667	60.0477
变点位置	2008/10/16	2008/10/16	2008/10/9	2008/10/6
俄罗斯				
$-K_n(\theta)$	2.5139	1.5368	2.1213	0.9552
Z_n	64.0936	65.8047	65.3351	66.1825
变点位置	2007/3/14	2007/3/14	2007/3/14	2007/3/14
印度				
$-K_n(\theta)$	13.1727	13.1727	13.1591	13.1705
Z_n	16.7808	16.7481	16.8082	16.7854
变点位置	2012/11/19	2012/11/19	2012/11/19	2012/11/19

| | | | | 续表 |
指标	PPI	CPI	M2	IP 指数
		南非		
$-K_n(\theta)$	21.3964	21.1152	19.7376	21.0325
Z_n	44.9008	45.4631	48.2183	45.6286
变点位置	2011/9/9	2011/9/9	2011/9/9	2011/9/9

接下来，为了发现变点检测中更多有趣的现象，剖析我国不同宏观经济因素对同一金砖国家股票市场的影响，明晰中国宏观经济因素对不同金砖国家股票市场的影响，我们画出似然比统计量 Z_n 的估计值，如图 15.1、图 15.2 所示。图 15.1 描述了巴西在不同中国宏观经济变量下似然比统计量 Z_n 的变化，最大值即为尾部指数变点位置。从图 15.2 中可知，中国宏观经济变量对所有金砖国家变点位置影响都不大，对似然比统计量的影响也较小。

图 15.2 显示了 TIR-MIDAS 模型选择 PPI 为我国宏观经济变量时不同金砖国家股票市场的似然比统计量时间序列。从图 15.2 中可以发现，俄罗斯的变点位置是四个金砖国家中最靠前的。俄罗斯是中国重要的经济、战略伙伴，两个

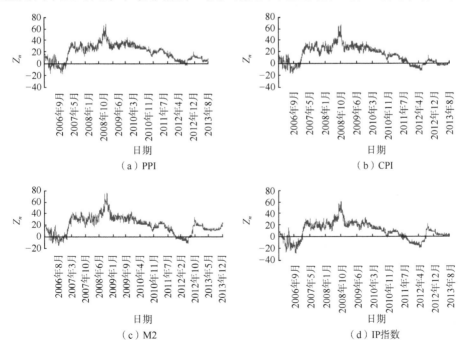

图 15.1　巴西在不同中国宏观经济变量下的似然比统计量

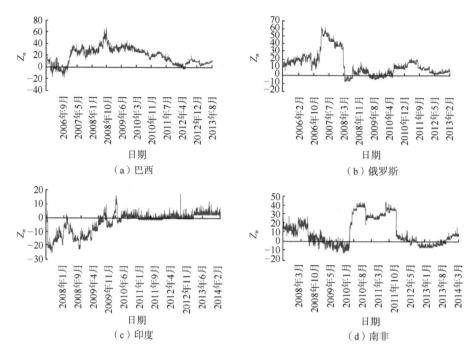

图 15.2 宏观经济变量为 PPI 时不同测试国家的似然比统计量

国家在经济、民生等各个领域都展开了长久的合作，因而俄罗斯股票市场对中国经济的变化非常敏感，最先开始了结构性变化。印度股票市场的情况正相反，该市场的变点位置出现在最后。有趣的是，2008 年印度似然比统计量受次贷危机的影响波动非常剧烈，但样本期间的最大值出现在 2012 年末期。南非的似然比统计量也出现了类似的情况。这两个国家一直与中国没有深入联系，因此其股票市场受中国因素的影响可能也较小。但是，变点的存在并不一定意味着传染。接下来我们根据在变点位置之前和之后模型估计的系数变化，来确定中国和其他金砖国家股票市场之间是否存在传染。

15.3.4 危机传染检验

本节通过比较变点时刻前后模型参数的变化，具体分析是否存在金融危机传染效应。表 15.5 显示了变点前后两段样本期的参数估计结果，重点关注变点后时期的宏观经济变量参数 β_{12}、股票指数变量参数 β_{22} 和 β_{32}，这三个变量捕捉了中国宏观经济与股票市场对其他金砖国家股票市场传染的影响。从表 15.5

中可以发现，对于不同金砖国家股票市场，中国市场宏观经济因素与股票指数的影响存在较大的差异。首先，中国股票市场对巴西、南非股票市场存在风险传染。巴西与南非的股指变量估计值在第一段样本中大多不显著，在第二段样本中往往显著为负，说明尾部指数在第二段样本中显著变小，即当中国股票市场陷入困境时，这两个国家的股票市场发生极端损失情况的概率会变大。其次，中国宏观经济变量对巴西、南非股票市场存在风险传染。与中国股票市场变量类似，当研究巴西与南非的股票市场时，PPI、M2 等中国宏观经济变量的参数估计值由不显著变为负显著，表明变点后存在更小的尾部指数，即巴西与南非股票市场发生极端事件的概率上升。世界经济、贸易运转现状也充分反映了以上这些情况。具体来说，中国作为世界第二大经济体，占巴西的出口总额超 30%，占南非的出口总额超 10%，其中大宗商品出口额占比最大。中国工业与制造业与中国经济与金融市场密切相关，而大宗商品作为工业与制造业的必需品，必然也会受到中国经济与金融的影响。当中国市场指标恶化时，大宗商品进口减少，造成巴西与南非出口额降低，最终这一影响传导到金融市场，造成金融市场动荡。

表 15.5　不同宏观经济变量下的 TIR-MIDAS 模型参数估计结果

参数	巴西				俄罗斯			
	PPI	CPI	M2	IP 指数	PPI	CPI	M2	IP 指数
β_{01}	1.623**	1.644**	1.618**	2.4571**	1.766**	1.520**	1.931**	−2.015***
β_{11}	−7.693*	−8.507	−5.784	4.8099	−194.6*	−106.6*	57.47	−28.48**
β_{21}	−8.430	−6.436	−8.620	−8.703	8.389*	2.215	75.10	16.27
β_{31}	22.54	22.54	22.54	22.54	−3.481	−2.675	−2.987	−2.907
w_1	13.27	18.89	16.73	16.98	42.38	29.14	1.079	15.31
β_{02}	−1.184	−0.704	3.763***	2.030***	0.394	0.632	−3.137***	−1.968***
β_{12}	−42.73*	53.31	−164.9***	73.98	8.784	45.84	−119.0	−11.87*
β_{22}	−275.1***	−238.1***	−231.0***	−1108***	10.32	3.336	7.934	−4.082
β_{32}	0.119	0.020	−29.58***	−23.59*	12.41	11.57	11.96	12.03
w_2	1.012***	1.006***	7.171*	1.025***	2.528	5.540	3.797	1.848***
β_{01}	2.360***	2.324***	1.986**	−5.302***	−0.043	0.276	1.813**	−2.046*
β_{11}	−74.02	−49.94	−69.16	−44.49	26.03	93.68	−75.70*	−30.91
β_{21}	−140.0	−139.3	−193.4	−55.17	−18.50***	−143.9	−41.17***	−229.1

续表

参数	印度				南非			
	PPI	CPI	M2	IP 指数	PPI	CPI	M2	IP 指数
β_{31}	7.441	7.441	7.441	7.441	5.443	5.443	5.443	5.443
w_1	3.482	3.159	2.525	5.268	18.19***	20.04	4.681*	7.188
β_{02}	2.748**	1.848*	1.149***	3.904**	1.066	1.281	2.242***	−1.155
β_{12}	0.101	0.099	0.103	0.114	−303.5**	−118.2	−154.4***	−26.79***
β_{22}	0.098	0.098	0.098	0.098	−20.49*	−0.011	−45.60**	−5.866
β_{32}	2.723	4.013	0.429	0.429	0.072	0.019	0.035	0.407
w_2	4.200	4.002	4.083	4.400	1.318*	1.319	1.024***	0.900***

*、**、***分别表示在 10%、5%、1%的水平上显著。

此外，变点前后的中国股票市场与宏观经济变量对俄罗斯与印度股票市场几乎不产生影响。观察俄罗斯与印度的变量参数估计值发现，除截距项外，其他参数几乎不显著，即选择的股票市场以及宏观经济变量对这两个金砖国家市场不造成影响，不存在传染现象。俄罗斯的经济波动与政府政策与石油等大宗商品的关联较为紧密，其与中国的溢出关系不显著，因此中国市场可能不会对俄罗斯股票市场产生危机传染。

值得注意的是，在未来的研究中，需要注意 2022 年俄罗斯股票市场休市的特殊情况，如果选取的样本时间包含这一时段，并且样本长度较短，可能会使模型的结果产生一定的差异。因为在 2022 年 2 月底，俄罗斯当局为避免俄乌冲突导致的大量资本恐慌性外逃对俄罗斯股票市场造成剧烈冲击，以及保护国内投资者免受西方制裁带来的恶劣影响，对俄罗斯股票市场进行了将近一个月的休市。在这种情况下，俄罗斯股票市场不可避免地会有多天数据空白期，并且休市之前该市场肯定也受俄乌冲突的影响而大幅波动。如果样本周期过短且包含这一阶段，那么这些因素必然会对模型的拟合性和有效性产生冲击。

但是，如果收集的样本时期较长，便不会受俄乌冲突的影响。因为在俄罗斯股票市场休市期间，俄罗斯政府努力稳定各方投资者和市场参与者对俄罗斯股票暴跌和卢布贬值的心理预期，试图向人们传达不要恐慌的信息。俄罗斯政府的一系列措施使在 2022 年 3 月 25 日开盘进行有限交易的俄罗斯股票市场大涨，并且在日后的市场交易活动中逐渐恢复正常的股票市场波动。

15.4　本　章　小　结

　　本章提供了一种理论上有充分依据的方法来研究宏观经济因素以及中国股票市场对金砖国家股票市场的影响与危机传染情况。通过选择中国宏观经济指标 PPI、CPI、M2、IP 指数以及中国上证指数为解释变量，探讨它们对巴西、俄罗斯、印度、南非的股票市场收益率的影响，发现中国宏观经济情况对不同金砖国家的影响存在异质性：巴西股票市场受中国所有宏观经济变量的影响，南非和俄罗斯易受中国 PPI、IP 指数的影响；而印度股票市场不受中国宏观经济因素的影响。另外，通过参数估计结果还发现，中国股票市场对金砖国家股票市场的影响力不及中国宏观经济因素。最后，通过危机传染分析发现，对于不同金砖国家股票市场，中国宏观经济因素与股票指数的影响存在较大的差异。

　　本章的发现为分析中国经济和金融市场在金砖国家金融市场中的重要性提供了必要参考。总的来说，在金砖国家金融市场的视角下，不仅需要把传统风险传递者信息，如美国等发达经济体市场的经济信息，纳入监管决策、资产配置和风险控制的考虑中，还需要考虑中国宏观经济情况与股票市场的影响。但是，中国股票市场远不及中国宏观经济对金砖国家股票市场的影响力这一发现，还需要更深层次地探究、挖掘其中的问题、难点和痛点，力求提高中国资本市场的运作效率和繁荣程度，加强国际金融市场影响力。

第16章 基于Copula函数变点分析的次贷危机传染性研究

本章应用 Copula 方法研究银行业危机期间，美国和亚洲市场之间的金融危机传染。在研究方法上，运用尾部相依系数来衡量金融危机传染的程度，并用 Copula 尾部相依系数的变点检测方法确定两个市场的股票指数收益率序列之间是否存在结构性变化，并运用变点前后 Copula 函数的尾部相依系数估计市场之间的金融危机传染程度。

本章内容如下：16.1 节介绍国内外相关文献；16.2 节介绍实证模型和方法；16.3 节为数据描述性统计；16.4 节为实证分析；16.5 节为本章小结。

16.1 文 献 综 述

本节的文献综述专注于金融危机传染的分析方法，相关文献可分为两大类，即采用传统分析方法的文献和使用 Copula 函数的文献。

有很多传统计量经济学框架用于研究经济变量之间的相依关系及相依关系的变化，包括基于 GARCH 模型的波动溢出法（Edwards，1998）、协整分析（Kaminsky and Reinhart，2000）、条件概率方法（Glick et al.，1999），以及尾部指数的希尔条件极大似然估计量（Hill，1975）。

近年来，Copula 函数由于能够很好地衡量变量之间的相依性，在经济学和金融学的研究中越来越受欢迎（Embrechts et al.，2003）。

16.2 模型和方法

本章所用模型和理论基础涉及 4.1 节中的尾部相依系数、阿基米德 Copula，4.3 节中 Copula 函数的极大似然估计以及 6.3 节的 Copula 函数变点检测方法，具体公式可参照式（4.7）、式（4.11）、式（4.30）、式（4.31）以及式（6.18）～式（6.20）。

　　本章基于阿基米德 Copula 函数的变点检测方法，确定金融危机传染是否存在，如果阿基米德 Copula 函数结构中存在变点，并且在危机时期，变点发生后的上尾相依系数大于变点之前的上尾相依系数，则存在金融危机传染，并且将上尾相依系数作为衡量金融危机传染程度的指标。

16.3　数据描述性统计

　　本章根据阿基米德 Copula 函数分析了银行业危机期间几个经济体之间的股市传染效应。选取了 CSI300、日本的日经 225 指数、韩国综合股价指数（指数代码为 KOSPI）和美国标准普尔 500 指数的每日数据作为各国股票市场价格的代表，并对数据计算对数收益率，数据时间段从 2006 年 1 月 3 日至 2008 年 7 月 28 日。股票指数对数收益率的描述性统计结果如表 16.1 所示。

表 16.1　股票指数对数收益率的描述性统计结果

指标	标准普尔 500	CSI300	日经 225	KOSPI
均值	-1.7×10^{-5}	0.0019	−0.0003	0.0002
标准差	0.0098	0.0224	0.0139	0.0136
偏度	−0.2219	−0.7351	−0.3788	−0.5194
峰度	2.0421	2.2565	1.2697	2.0480
ρ_τ		0.0494	0.0363	0.0839

　　从各经济体指数对数收益率的描述性统计结果看出，4 个指数收益率的偏度和峰度都呈现非对称性，从标准普尔 500 指数与其他经济体股票指数的相关系数可以看出，美国股市与韩国股市之间有着紧密的相关性，而与日本股市之间的关联性较低。

16.4　实　证　分　析

16.4.1　Copula 函数拟合结果

　　首先，运用 Copula 函数对整个样本进行建模，并确定能够最准确地描述股市相依结构的 Copula 函数，通过计算发现，Gumbel Copula 优于其他候选 Copula

函数，最适合本章使用的数据，因此后续将基于 Gumbel Copula 拟合的结果进行分析。

运用极大似然方法计算得到的 Gumbel Copula 参数估计、上尾相依系数值和对应的 p 值如表 16.2 所示，美国标准普尔 500 指数与韩国 KOSPI 指数之间的上尾相依系数最高（0.1130），与日本日经 225 指数之间的上尾相依系数最低（0.0497），这与表 16.1 中肯德尔相关系数的结果是一致的。本节分别用 Gumbel Copula 方法、Klugman-Parsa（克鲁格曼-帕尔萨）方法、非参数方法三种方法计算相关系数的 p 值，以保证显著性检验有一定的稳健性。

表 16.2　全样本的 Gumbel Copula 参数估计值和上尾相依系数和对应的 p 值

指标	CSI300	日经 225	KOSPI
$\hat{\gamma}$（参数估计值）	1.0520	1.0377	1.0916
$\hat{\lambda}_U$（上尾相依系数）	0.0674	0.0497	0.1130
p 值（Gumbel Copula 方法）	0.8895	0.7738	0.9267
p 值（Klugman-Parsa 方法）	0.7177	0.7738	0.8595
p 值（非参数方法）	0.7650	0.9705	0.5364

16.4.2　Copula 函数的变点检测结果

在时间序列变点检测的原假设中，在 5% 的置信水平下，临界值的 Z_n 约为 9。如果式（6.19）的最大值大于 9，那么可以在 5% 的置信水平下拒绝原假设，认为存在一个变点，否则不存在变点。

表 16.3 统计了三个亚洲市场的似然比检验统计量 $-2\ln \Lambda_k$ 的最大值和相应变点的时间，美国标准普尔 500 指数与三个亚洲股市指数之间的 Copula 相依结构均存在变点，且出现时间均在 2007 年，这些日期与金融危机期间各个市场上的危机事件相一致。

表 16.3　似然比检验统计量 $-2\ln \Lambda_k$ 的最大值和相应变点时间

指标	CSI300	日经 225	KOSPI
Z_n	8.5856	10.120	10.651
变点时间	2007.7.16	2007.10.2	2007.6.7

16.4.3　子样本的尾部相依系数

表 16.3 中给出的 Copula 依赖结构中存在变点，并不一定表明存在金融危机传染效应，因此，我们需要根据 Copula 结构的尾部相依系数来分析传染效应的程度。根据上文得到的变点，将数据分为两个子样本，即样本 I 和样本 II 并运用 Gumbel Copula 函数对每个子样本进行拟合。Gumbel Copula 函数的参数估计值和上尾相依系数总结在表 16.4 中。

表 16.4　子样本的 Gumbel Copula 参数估计值和上尾相依系数

指标	CSI300		日经 225		KOSPI	
	I	II	I	II	I	II
$\hat{\gamma}$	1.0594	1.0890	1.0353	1.0456	1.0421	1.1456
$\hat{\lambda}_U$	0.0763	0.1101	0.0467	0.0595	0.0552	0.1687

从表 16.4 中可以观察到，对于所有亚洲市场，其在危机期间的上尾相依系数都比危机发生前大，因此亚洲三个经济体的股票市场指数与美国标准普尔 500 指数之间的关系受到了银行业危机的影响，即存在金融危机传染效应。

特别地，韩国市场在危机期间的上尾相依系数从 0.0552 增至 0.1687，表明危机对韩国经济产生了严重影响。这一结果与当时韩国动荡的股市状况相一致，从 2007 年初春开始，韩国股市一直处于高位，市场波动加剧，其主要市场指数 KOPSI 在 2007 年 8 月 16 日达到了单日最大跌幅 126 点，与此同时，韩元汇率跌至 1997 年亚洲金融危机以来的最低水平。

另外，日本经济并没有受到次贷危机的显著影响，其尾部相依系数仅从 0.0467 增至 0.0595，这也与金融分析师的观点相一致，他们普遍认为次贷危机对日本的影响是有限的，因为日本银行持有的债务是最高的信用等级，这也是 2007 年 7 月 31 日日本央行的一份题为《银行危机对日本金融市场的有限影响》报告中的结论，与本章的实证结果相一致。

因此，本章实证结果的发现与市场事件之间的一致性，证明了 Copula 上尾相依系数能够在分析过程中捕捉市场数据包含的传染效应信息，本章运用的方法不仅能够准确地识别出市场之间依赖结构的变化，还能检验金融危机传染的程度。

16.4.4　讨论

本节将我们的实证研究结果与两篇文献的研究联系起来进行讨论。

在 Dias 和 Embrechts（2009）的研究中，应用了类似的方法来测量变量之间的条件相依结构的变化。通过运用美元和德国马克、美元和日元在经济和政治动荡时期的交叉汇率进行实证研究，发现了汇率之间相关性和尾部相依性的显著变化，包括 1989 年柏林墙倒塌后相关性和尾部相依性的显著下降，以及 1990 年日本股市泡沫爆发后尾部相依性的增强。

在 Dias 和 Embrechts（2009）的研究中，这些经济和政治事件的确切变化点被准确识别出来，且通过比较变点前后的尾部相依系数检验危机传染的程度。本章也采用了同样的方法，我们专注于单一经济事件，即美国银行业危机的爆发，但我们对银行业危机对亚洲市场金融稳定性的影响进行了研究。

本章研究也与 Rodriguez（2007）的研究有关，他运用 Copula 方法测量了东亚金融危机和墨西哥金融危机期间的金融危机传染，危机的源头被确定为第一个进入高波动状态的国家，他同样研究了危机起源国家泰国和墨西哥以及东亚区域和北美区域其他经济体之间的尾部相依系数，发现了在金融动荡时期，市场之间尾部相依性的显著变化。我们对该研究进行了进一步的改进，首先假设没有任何关于变点存在性的先验信息，然后测量了金融危机传染的程度，并确定了变点的存在性和数量。本章的方法能够对金融危机传染进行更加灵活的建模。

16.5　本　章　小　结

本章运用 Copula 函数的变点检测方法确定了股市之间相依结构的存在性以及变化，并进一步将上尾相依系数作为金融危机传染程度的衡量标准。

本章运用银行业危机期间美国标准普尔 500 指数和亚洲三个主要经济体的股票市场指数进行实证研究，发现亚洲股市均存在一个变点，变点发生在 2007 年 6 月至 10 月，也就是信贷紧缩已经开始的时期。

然而，存在相依结构的变化，并不一定表明存在金融危机传染效应。本章进一步将 Gumbel Copula 函数拟合到由变点生成的子样本中，结果表明，所有亚洲市场在变点发生后的上尾相依系数都相较变点前有所增加，且韩国市场受到的冲击最严重，日本市场几乎未受到显著影响，这也与当时的市场事件和媒体报道一致。

　　本章的研究结果对于金融危机传染的检测和建模相关的研究有显著贡献，传染程度的检验和确定对于投资者和投资组合经理相关的资产配置和风险管理都具有重要意义。

第17章 基于非参数时变 Copula 模型的美国次贷危机传染分析

1997 年,亚洲金融市场经历了一次大规模的金融危机,许多国家陷入了经济萧条,这次危机起源于泰国。十年后,美国房地产价格下跌引爆次贷危机,并迅速演变成席卷全球的金融风暴。由于金融危机最终会经金融机制传导至实体经济中,因此在危机发生期间是否存在危机传染、危机国对各个国家的传染程度有没有不同,这些都是非常重要的研究课题。

金融危机传染是指一个国家的危机导致另一个国家发生危机的可能性,它强调的是某一个国家发生危机的原因就是另一个国家发生了危机,也就是说如果另一个国家不发生危机,该国很大程度上也不会发生危机。本章对 Copula 变点检测方法进行推广,采用时变非参数阿基米德 Copula 模型检验金融危机传染的存在性及其变化趋势,以时变尾部相依系数的大小来度量危机传染程度,并结合系数的变化趋势和时间段对金融危机传染效应进行分析。最后选择全球六个主要股票市场指数和标准普尔 500 指数进行危机传染实证研究,得出次贷危机对不同国家或地区的传染效应有所差别的结论。

本章具体结构安排为:17.1 节对现有文献进行综述;17.2 节介绍研究设定的相关模型及研究方法;17.3 节介绍实证研究选用的数据并讨论实证研究结果;17.4 节为本章小结。

17.1 文 献 综 述

最初研究金融危机传染的方法是基于相关性,分析危机期间和正常时期金融市场之间的皮尔逊相关系数,如果危机时期相关系数变化较大,就说明存在金融危机传染效应。在危机传染方面,Ang 和 Chen(2002)应用了非对称多元均值广义自回归条件异方差模型(generalized autoregressive conditional

heteroskedasticity model with mean equation，GARCH-M）分析金融危机传染。
张志波和齐中英（2005）通过运用 VAR 方法分析危机前后波动性因果关系以及
冲击响应的变化分析了亚洲金融危机传染。但是大部分协同运动的分析方法都
只是检验了危机传染的存在性，没有给出传染程度的大小及其变化趋势。一些
学者为了弥补以上缺陷，提出了更精确地检测危机传染的方法，叶五一和缪柏
其（2009）提出了基于变点检测的 Copula 方法来研究金融危机传染，实证发现
在金融危机爆发时期，亚洲主要市场均在一定程度上受到了美国次贷危机的影
响，存在金融危机传染效应。

　　上述 Copula 方法局限于常系数，即假定相依结构为静态的，不随时间发生
变化。为了弥补这一缺陷，Patton（2001）利用条件 Copula 对外汇汇率之间的
相依关系进行建模，并提出条件相依关系应该是时变以及非对称的，Engle
（2002）在前人的基础上提出了 DCC 模型，使得对时变线性相关系数的估计
变得十分简便，冯宗宪和李祥发（2013）应用时变增强型向量自回归模型并结
合经济形势详细分析了利率风险与商业银行信用风险之间的动态关联性。郑国
忠（2013）应用 DCC-GARCH 模型分析了汇率弹性空间与弹性指数之间的动态
相关性，但这种方法没有考虑到非对称的线性关系，导致结果可能有偏差。

　　纵观之前的研究，一些文献主要验证了危机传染的存在性或者对变点的检
测，而忽视了对危机传染变化趋势的分析，基于时变 Copula 方法的模型对参数
演变方程也有过于严格的假设。本章利用 Hafner 和 Reznikova（2010）提出的
时变 Copula 方法来研究金融危机传染的变化趋势，由于阿基米德 Copula 能够
捕捉到金融市场之间的非对称尾部相依关系，比较适合金融危机传染的研究，
因此本章选用的是阿基米德 Copula。

　　本章应用时变阿基米德 Copula 方法分析美国次贷危机传染，通过时变尾部
相依系数的变化来刻画次贷危机的传染进程。本章首先对几个相关国家的股票
指数与美国标准普尔 500 指数的对数收益率进行阿基米德 Copula 建模，依据拟
合优度检验选择合适的 Copula 种类，不同的 Copula 种类代表不同的尾部相依
关系。通过这种 Copula 进行时变相依结构建模，得到时变尾部相依系数，并
将此相依系数看作金融危机传染程度的度量，如果该系数在一段时期内明显升
高且绝对值很大，说明被分析国家与传染国在金融市场上的风险相关性在逐渐
增强，也就是受传染的程度上升。本章依据尾部相依系数随着时间的变化情况
为几个相关国家划分了金融危机传染期、衰退期，并将此期间系数的平均值作
为国家受传染程度大小的度量指标。

17.2　使用的模型及研究方法

17.2.1　阿基米德 Copula

Copula 包括边缘分布与联合分布，由于边缘分布不能唯一确定联合分布，因此对于一个确定的边缘分布有很多种联合分布。设 C 为一个 Copula 函数，则 $C\big(F_1(x_1),F_2(x_2),\cdots,F_n(x_n)\big)$ 确定了 $(x_1,x_2,\cdots,x_n)$ 的联合分布 F，它们的边缘分布是 F_i。

一种常见的 Copula 族是二元阿基米德 Copula，此 Copula 族包含的范围非常大，足以覆盖大多数常见的相依结构，下面给出阿基米德 Copula 的定义。

定义 17.1　（阿基米德 Copula）　设 ϕ：$[0,1]\to[0,+\infty]$ 为连续、严格递减的凸函数，$\phi(0)=\infty$，$\phi(1)=0$，ϕ^{-1} 是连续、严格递减凸的逆函数：$[0,1]\to[0,+\infty]$，$\phi^{-1}(\infty)=0$，$\phi^{-1}(0)=1$，则 $C(u,v)=\phi^{-1}\big(\phi(u)+\phi(v)\big)$ 称为由 $\phi(\cdot)$ 生成的阿基米德 Copula，$\phi(\cdot)$ 称为 Copula 的生成函数。

17.2.2　阿基米德 Copula 的极大似然估计

假定随机变量 (X,Y) 的样本观察值为 $(x_1,y_1),\cdots,(x_n,y_n)$，其边缘分布函数分别是 $F(x)$ 和 $G(x)$，密度函数相应记为 $f(x)$ 和 $g(x)$。记 (X,Y) 的联合分布为 $H(x,y)=C\big(F(x),G(y)\big)$，联合密度函数为 $h(x,y)=C_{12}\big(F(x),G(y)\big)f(x)g(x)$。

这里，C 为阿基米德 Copula 函数，其中 $C_{12}(u,v)=\dfrac{\partial}{\partial u}\dfrac{\partial}{\partial v}C(u,v)$。

于是，阿基米德 Copula 函数中参数的极大似然估计为

$$\hat{\alpha}=\arg\max_{\alpha\in\mathbb{R}}\sum_{i=1}^{n}\ln C_{12}\big(\alpha;F(x_i),G(y_i)\big) \qquad (17.1)$$

17.2.3　时变 Copula 的局部极大似然估计方法

假设 Copula 的参数是外生变量时间的函数，并且关于其至少二阶可导，借鉴局部多项式回归的思想对其进行估计，假设在某个范围内 $\alpha(\tau)$ 可以进行局部多项式展开（即泰勒展开）：

$$\alpha\left(\frac{t}{T}\right) \approx \alpha(\tau) + \alpha(\tau)\left(\frac{t}{T} - \tau\right) + \alpha''(\tau)\left(\frac{t}{T} - \tau\right)^2 \tag{17.2}$$

式中，$\dfrac{t}{T}$ 在 $\left(\dfrac{t}{T} - h, \dfrac{t}{T} + h\right)$ 范围内变化；$\tau \in [0,1]$ 是时间刻度。

因此，在任何的时间刻度 τ 上，局部似然函数可以表示为

$$L(\alpha; h, \tau) = \sum_{t=1}^{\tau} K_h\left(\frac{t}{T} - \tau\right) \ln C\big(F(x_t), G(y_t); \alpha(\tau), \alpha'(\tau), \alpha''(\tau)\big) \tag{17.3}$$

式中，$F(x_t)$、$G(y_t)$ 是 (x_t, y_t) 的经验分布函数；$K(\cdot)$ 是核函数，$K_h(\cdot) = \dfrac{1}{h} K\left(\dfrac{\cdot}{h}\right)$，$h>0$ 是窗宽，本章在实证分析时选取了常用的 Epanechnikov 核函数：

$$K(u) = 0.75\left(1 - u^2\right) I\left(|u| \leqslant 1\right) \tag{17.4}$$

于是参数 α 在时间刻度 τ 时的局部极大似然估计为

$$\alpha(\tau) = \arg\max_{\alpha} L(\alpha; h, \tau) \tag{17.5}$$

极大化式（17.5）后可以得到 $\alpha(\tau)$、$\alpha'(\tau)$、$\alpha''(\tau)$，$\alpha(\tau)$ 即为时变 Copula 参数值。

17.2.4　金融危机传染的检验以及传染程度的度量

17.2.3 节给出了时变 Copula 参数的局部极大似然估计法，本节将根据估计出来的时变 Copula 参数以及上尾相依系数检验和度量金融危机传染，下面首先给出上尾相依系数的定义。

定义 17.2 （上尾相依系数）　设随机变量 X 和 Y 分别有连续的分布函数 $F(x)$ 和 $G(x)$，两个随机变量的上尾相依系数定义为 $\lambda_U = \lim\limits_{u \to 1^-} P\{Y > G^{-1}(u) \mid X > F^{-1}(u)\}$，假定极限 $\lambda_U \in [0,1]$ 存在。

Joe（1997）对上面的定义进行了推导，并给出了连续型随机变量的一个等价定义：

$$\lambda_U = \lim_{u \to 1^-} \frac{1 - 2u + C(u, v)}{1 - u} \tag{17.6}$$

式中，Gumbel Copula 的分布函数可以写为

$$C(u,v) = \exp\left\{-\left((-\ln u)^{\alpha} + (-\ln v)^{\alpha}\right)^{1/\alpha}\right\}$$（17.7）

通过式（17.7）可以推导得出上尾相依系数 λ_{U} 与 Gumbel Copula 的参数 α 之间的关系：

$$\lambda_{\mathrm{U}} = \lim_{u \to 1^{-}} \frac{1 - 2u + C(u,v)}{1 - u} = 2 - 2^{1/\alpha}$$（17.8）

作为相依性的一个重要测度，尾部相依系数广泛地应用于金融市场极值理论中，与简单线性相关系数相比，它能够很好地刻画金融市场非对称的相关性，着重分析极端风险事件。从上尾相依系数的定义中可以看出：它是 X 在发生正极端事件时 Y 同时发生正极端事件的极限概率测度。如果 $\lambda_{\mathrm{U}} \in (0,1]$，那么随机变量 X 和 Y 就存在上尾相关，它的值越大，尾部相关性就越强；如果 $\lambda_{\mathrm{U}} = 0$，则随机变量 X 和 Y 上尾不相关。因而，Copula 尾部相依系数可以直观地反映一个国家股指收益率发生剧烈变动时是否会引起另一个国家金融市场发生同样的变动，这对研究股票市场之间的非对称相关性是非常方便的。

由于本章对收益率的负数（损失率）进行建模，因此上尾相依系数能够捕捉金融危机传染的程度。由于股票市场之间的相关性随着时间的变化而变化，其相依结构在不同时期也会有所变化，本章基于时变 Copula 对金融市场相依结构进行建模，能够满足金融市场时变相依结构的需要，得到时变尾部相依系数。如果在某一段时期上尾相依系数从较小值剧烈上升，可以将这段时期看作危机传染期，反之可以看作金融危机逐渐进入低谷，市场风险逐渐下降。相依系数的大小更可以用来判断该国受危机传染的程度，通过分析这些时期关联国家的政治、经济政策也能够进一步解释这些系数的大小以及变化的经济意义。

17.3　数据分析及实证研究结果

17.3.1　数据和描述性分析

本章选取了美国标准普尔 500 指数与 6 个国家的股票市场指数日对数收益率进行实证分析，分别为：中国沪深 300 指数、日经 225 指数、韩国 KOSPI 指数、法国 FCHI 指数、英国 FTSE 指数、德国 GDAXI 指数。本章着重研究美国次贷危机传染中的传染、高峰、衰弱三个阶段，因此选取数据的时间段是 2006 年 1 月到 2010 年 1 月，这涵盖了此次危机大部分时间，这之后的时间段有较多干扰因素，重要性较小，本章暂不做研究。为了分析方便，对对数收益率取了负号。

17.3.2 全部数据 Copula 拟合结果

首先应用阿基米德 Copula 对整体数据进行拟合，并寻找最优的 Copula 类型，随后再对最优 Copula 进行时变分析。实证结果发现，各国收益率与标准普尔 500 指数收益率之间的相依结构可以被 Gumbel Copula 很好地描述，这与叶五一和缪柏其（2009）得到的实证结果相同，如表 17.1 所示。

表 17.1 各指数与标准普尔 500 指数收益率 Gumbel Copula 拟合结果

指标	中国沪深300 指数	日经 225指数	韩国 KOSPI指数	德国 GDAXI指数	法国 FCHI指数	英国 FTSE指数
α 估计值	1.0433	1.0573	1.1331	1.6497	1.6547	1.5853
上尾相依系数	0.0567	0.0737	0.1564	0.4788	0.4797	0.4516
p 值（分布函数法）	0.4724	0.6209	0.1852	0.2819	0.2134	0.1944
p 值（Klugman-Parsa 法）	0.7545	0.6818	0.8399	0.3238	0.2257	0.2899
p 值（非参数方法）	0.9573	0.9589	0.5054	0.4521	0.3049	0.4196

本节分别用分布函数法、Klugman-Parsa 法、非参数方法三种方法计算相关系数的 p 值，以保证显著性检验有一定的稳健性。因为 p 值越大拟合效果越好，由表 17.1 得出的结果可以看出，美国标准普尔 500 指数与全球主要股票指数收益率之间的相依结构可以由 Gumbel Copula 很好地描述，其他阿基米德 Copula 与 Gumbel Copula 相比，拟合的效果都远远不如，由于本章篇幅所限，这里不再列举出具体结果。

17.3.3 时变 Gumbel Copula 结果

在此，使用 Gumbel Copula 方法对六大股票指数对数收益率与标准普尔 500 指数对数收益率之间的时变 Copula 参数进行估计。本章基于每个交易日计算一个时变 Copula 参数值，可以近似将得到的 Copula 参数序列看作关于时间的平滑函数，在计算出时变 Copula 参数后，根据式（17.8）得到 Copula 时变上尾相依系数，表 17.2 给出了具体的实证结果。

表 17.2　上尾相依系数的极小值、极大值对应的日期和 λ_U 平均值

指标	日经 225 指数	韩国 KOSPI 指数	中国沪深 300 指数	德国 GDAXI 指数	法国 FCHI 指数	英国 FTSE 指数
极小值日期	2007-01-20	2007-01-18	2007-05-10	2008-03-12	2008-02-13	2007-09-18
极大值日期	2008-06-04	2008-05-14	2007-12-20	2008-06-05	2008-06-19	2008-06-03
λ_U 平均值	0.4106	0.3607	0.1178	0.2147	0.2142	0.1745

　　首先分析亚洲国家，表 17.2 显示出日本的危机传染程度最为严重，这也与日本的实际特性相一致。日本施行汇率自由浮动制，经济严重依赖于国际贸易，而此时日本还没有从 20 世纪 90 年代房地产泡沫崩溃的泥沼中完全爬出，银行坏账率较高，因而表现较为脆弱。日本在 2008 年 7 月至 2009 年 5 月上尾相依系数仍然一直保持较高水平，虽然 2009 年末大大下降，但是远远没有达到危机前的水平，可以看出日本与美国在次贷危机后风险溢出水平很高。

　　韩国受危机传染程度也较大，与其他国家相比其很早就保持了较高的上尾相依系数，在进入 2008 年后风险更是剧烈上升，这也与其自身特性有关。金融体制脆弱一直是韩国经济系统中最大的问题，韩国市场是不控制银行外资控股比的开放式市场，并因此吸引了相当大规模的外资进入，提升了韩国经济的活力，但这也导致了韩国银行系统对外部资金过于依赖，对外贸易的企业对韩元对美元汇率就更加敏感了，因此韩国在此次危机中很早便暴露出了巨大的风险，而在其后的危机中更是损失惨重。

　　从表 17.2 中可以看出，中国的上尾相依系数与其他亚洲国家相比较小。中国长期以来一直实施国际资本管制，其金融动态与全球金融市场较为独立，但投资者羊群效应较为严重，从表 17.2 可以看出，危机传染的区间正是中国 2007 年末 A 股泡沫最为严重的时期,而且此次金融危机引发了 A 股市场的恐慌情绪，因而美国次贷危机正是中国股市泡沫崩溃的导火索。中国是一个出口依赖型国家，外部经济体危机导致国内经济增速下滑，2008 年底政府颁布四万亿人民币的经济刺激政策，而此后上尾相依系数在 2008 年底开始剧烈下降，可见此政策对中国金融市场的安抚和刺激较为有效。

　　此次金融危机中，欧元区国家的损失次于亚洲（除中国）的国家，欧元区成员法国、德国受金融危机传染时期较晚，2007 年初风险只是稍微增加，随后开始下降，并且几乎在同一时间即 2008 年中期达到上尾相依系数的极大值，传染期较短，在此次金融危机中反应极为一致。事实上欧洲央行起初并没有重视此次金融危机，数次公开否决受次贷危机影响，而在 2007 年末欧洲数家银行宣布卷入次贷危机后，上尾相依系数才开始剧烈增加。次贷危机造成了欧洲大量与次贷相关的资产损失，2008 年下半年欧洲政府对濒临破产的金融机构进行了一揽子的担保、注资和经济刺激计划，各大央行颁布了降息政策，2009 年下半年上尾相依系数持续下降。由于储蓄率较低，货币政策迟钝，随后欧元区又陷入了主权债务危机，其相依风险在 2009 年底有所回升。英国不是欧元区成员，受传染时期较早。2007 年 9 月 1 日，英国银行遭遇流动性恐慌，12 月 12 日着手与欧洲、美国等联手救市，从 2008 年 10 月开始，英国央行不断宣布降息，试图挽救金融市场。2007 年 9 月上尾相依系数剧烈上升，在 2008 年中期达到顶峰。2009 年后英国上尾相依系数持续下降，可见此时美国对英国的金融危机传染已经基本上完成，没有加入欧元区也使英国未受主权债务危机波及，其风险在 2009 年末没有回升。

为了突出时变尾部相依系数在分析风险相关性上的优势，本章与 Naoui 等（2010）的文章进行了对比分析，该文献利用 DCC-GARCH 方法分析次贷危机期间美国与世界各大国家股指的时变线性相关系数，本章得出结论，认为中国股市与美国股市的相关性在危机前后没有明显变化，甚至有较强的负相关性，而本章发现中国股市尾部相依系数虽然保持较低水平，但是在次贷危机期间发生明显上升，这是由于线性相关系数不能准确地分析尾部相依性，即风险相关性，因而产生了一些无法解释的变化。从该文献得出的结果中可以观察到美国与欧盟成员国的相关性在危机前处于较弱的水平，而在危机后上升至极高水平，一直持续到 2010 年，这与事实并不相符，因为欧盟作为一个极大的经济体，其金融市场与美国关系密切，尾部相依系数精确地捕捉到它们在危机前就已经有一定的风险相关性，在次贷危机发生后有所上升，随后在 2008 年 6 月后开始下降，这与欧盟的经济刺激政策的颁布相符，因此可以看出，时变尾部相依系数作为一种非对称的相关系数比线性相关系数能够更准确地分析金融危机传染的进程。

17.4　本章小结

许多方法都被应用于验证金融危机传染的存在性，但这些方法都有一些不可忽视的缺陷，因而所得出的结论有所偏差或不全。本章基于非参数时变 Copula 的方法，使用上尾相依系数度量危机传染程度，能够捕捉金融市场中的非线性相依关系，得到的结论也就更为准确。而且本章分析的时间段较长，通过时变上尾相依系数还可以给出危机传染的具体演变过程，这在以往的文献中都较少涉及。实证结果显示：亚洲股市在此次金融危机中受传染最早，并且较为严重，但由于中国实施严格的资本管制，风险意识较强，没有受到显著影响，虽然在此期间风险有所增加，但可以推测其并非受次贷危机的直接影响。欧元区国家法国、德国受次贷危机影响较晚，损失的严重程度仅次于日、韩等国，2009 年末因债务危机，风险有所回升。英国没有加入欧元区，其受传染时期与欧元区成员国法国、德国相比大大提前，但受传染程度较小。

　　研究金融危机传染的过程、程度以及发展趋势有助于在全球范围内更好地进行投资分析，但是研究这方面的方法还远远不足。判断危机传染期以及高峰期的方法具有一定的主观性，需要研究新的统计方法来准确判断金融危机传染的各个发展阶段，另外，研究如何应用危机传染规律在全球范围内进行分散投资以降低"黑天鹅"事件的风险也是不错的课题。

第 18 章　c-D-Copula 模型构建及其在金融危机传染中的应用

随着国际市场的一体化和全球化，国际金融市场之间的联系越来越紧密，市场间的相互依存性增强了。金融创新的不断涌现也伴随着新的金融风险的产生。此外，研究各国证券市场的相关关系会给在全球范围内进行分散投资带来极大的便利，如进行资产定价和风险度量与管理。因此，对国际金融市场之间的相依关系的研究显得尤为重要。如何充分借助金融市场的实际数据，给出能够更加准确、全面地描述金融市场之间的相依关系的研究成为非常重要的课题。此外，由于国际金融市场的动态特性，更要对不同国家金融市场之间的相依关系进行动态刻画。

本章将以所研究国家的代表性指数收益率为样本，应用变结构全模型和 c-D-Copula 模型进行金融危机传染分析，同时基于相应的变点检测方法，用时变尾部相依系数度量金融危机传染程度。其中，变结构全模型和 c-D-Copula 模型的建模过程详见 4.6 节。

18.1　文　献　综　述

最初研究金融危机传染的方法建立在两个金融市场相关性研究的基础上，比较危机发生时期和正常时期的皮尔逊相关系数，如果危机发生时期相关系数明显变大，则金融危机传染存在。后来，尾部相依系数作为相依性的一个重要测度被广泛应用于金融市场极端值之间的相关分析中，它能够很好地刻画金融市场非对称和非线性相关性，着重分析极端风险事件的相依性。Copula 被提出后在金融领域中得到了很好的利用，Mensi 等（2017）运用变模式分解的 Copula 方法，研究了原油价格和全球 4 个股票市场之间的关系。王璐等（2016）运用动态 Copula，研究了最优投资组合策略受 Copula 动态性的影响。黄友珀等

（2016）构建了资产组合收益分位点预测的藤 Copula-已实现 GARCH 模型，并选取中国股市风格指数组合进行了实证分析。许启发等（2017）基于 Copula-分位点回归方法对供应链金融多期贷款收益进行预测，优化了供应链金融多期贷款组合方案。同时，Gumbel Copula 作为阿基米德 Copula 的一种重要种类，在很多研究中被证明可以很好地描述收益率之间的关系。叶五一等（2014）运用时变非参数 Gumbel Copula 模型研究了金融危机传染的存在和变化。De Lira Salvatierra 和 Patton（2015）基于具有实现测度的广义自回归得分模型（generalized autoregressive score model with realized measure，GRAS）对日内高频数据进行了分析，实证结果发现已实现相关系数等测度对动态相依关系有着显著的影响。

18.2　数据描述性统计分析

本节基于美国标准普尔 500 指数与法国 FCHI 指数、英国 FTSE 指数、德国 GDAXI 指数、韩国 KOSPI 指数等国家股市指数的日对数收益率进行实证分析，选取了 2006 年 1 月 1 日到 2010 年 6 月 30 日的数据。实证分析时，对上述国家股票指数日对数收益率乘以 100 进行分析。为了后续建模的需要，首先在表 18.1 中给出了收益率数据的描述性统计。

表 18.1　收益率数据的描述性统计

指标	法国 FCHI 指数	英国 FTSE 指数	德国 GDAXI 指数	韩国 KOSPI 指数
均值	−0.000 15	−0.000 07	0.000 02	0.000 21
偏度	0.047 556 12	0.259 439 7	0.072 885 67	−0.633 514 5
峰度	7.643 452	7.911 172	8.951 204	6.826 575
标准差	0.016 667 13	0.015 334 09	0.016 694 26	0.016 906 6
K-S 检验 p 值	<0.01	<0.01	<0.01	<0.01

通过表 18.1 的 K-S 检验可以看出，这 4 个国家的对数收益率不是正态分布，因此在处理实际数据时采用 GARCH 模型进行拟合，同时注意到所有对数收益率的数据峰度明显大于 0，具有尖峰厚尾的性质，因此在进行 GARCH 拟合时可以选择描述厚尾特征的 t 分布。基于上述分析，本节采用 AR(1)-GARCH(1,1)-t 模型来拟合各个国家的股指收益率，并给出边缘分布的估计。具体的模型表达式如下：

$$r_{i,t} = \mu + ar_{i,t-1} + e_{i,t} \tag{18.1}$$

$$e_{i,t} = \sigma_{i,t} \cdot \varepsilon_{i,t}, \quad \varepsilon_{i,t} \sim t_v \tag{18.2}$$

$$\sigma_{i,t}^2 = \omega + \alpha\varepsilon_{i,t-1}^2 + \beta\sigma_{i,t-1}^2 \tag{18.3}$$

可以基于极大似然估计方法对上述模型的参数进行估计，具体估计结果如表 18.2 所示。

表 18.2　AR(1)-GARCH(1,1)-t 模型拟合边缘分布结果

国家	μ	a	ω	α	β	shape（v）
法国 FCHI	0.071 74[*]	−0.050 77	0.035 52[*]	0.104 83[***]	0.883 74[***]	7.558 89[***]
指数	(0.032 15)	(0.028 90)	(0.013 97)	(0.019 50)	(0.019 48)	(1.645 26)
英国 FTSE	0.069 63[*]	−0.056 22	0.025 72[*]	0.131 78[***]	0.864 07[***]	7.017 64[***]
指数	(0.028 52)	(0.03116)	(0.01070)	(0.02506)	(0.02271)	(1.470 57)
德国 GDAXI	0.016 74	−0.043 49	0.028 13[*]	0.085 51[***]	0.940 80[***]	6.555 95[***]
指数	(0.036 75)	(0.031 89)	(0.013 01)	(0.019 47)	(0.019 26)	(1.368 05)
韩国 KOSPI	0.119 85[***]	−0.027 74	0.033 51[*]	0.079 32[***]	0.91062[***]	5.210 23[***]
指数	(0.035 34)	(0.028 86)	(0.016 26)	(0.018 67)	(0.019 38)	(0.914 63)

注：括号内的值为参数估计标准差。

***为 0.1%显著性水平，*为 5%显著性水平。

实证研究发现，标准普尔 500 指数收益率与其他各国收益率之间的静态相依结构可以被 Gumbel Copula 或者旋转 Gumbel Copula 很好地描述，其他阿基米德 Copula 与 Gumbel Copula 相比，远远不及其拟合结果，这也和 Ye 等（2016）得出的结果一致。本节的目的在于研究金融危机时期的金融危机传染现象，重点在于分析金融危机时期一个国家股指收益率下跌时另一个国家股指收益率同时下跌的概率，所以将重点放在研究两国之间的下尾相依系数的变动分析上，在实证分析时将采用旋转 Gumbel Copula 去拟合数据，并构建 c-D-Copula 模型，具体见 4.6 节。

下面首先介绍变结构全模型以及 c-D-Copula 模型对应的变点检测方法，再给出相应的变点检测结果。

18.3　基于似然比统计量的变点检测方法

假设二元随机变量 X，Y 的观察值为 $X_t, Y_t, t = 1, 2, \cdots, n$，样本容量为 n。在对动态 Copula 进行参数估计之前，首先需要得到 X，Y 的边际分布函数，假设经过分布函数转换以后的观测数据为 $(u_1, v_1), (u_2, v_2), \cdots, (u_n, v_n)$。

18.3.1　全模型变点检测

首先给出全模型即式（4.63）的变点检测方法，全模型中假定参数 ∂_t 的时变演化过程中三个参数在未知时刻 t_0 都发生了结构性变化，于是原假设（不存在变点）和对立假设可以设定如下。同时，为了与后面的假设检验相区分，将该假设检验记为假设检验 I。

$$\mathrm{H}_0 : (\omega(1), \beta(1), \alpha(1)) = (\omega(2), \beta(2), \alpha(2)) = \cdots = (\omega(n), \beta(n), \alpha(n)) = (\omega, \beta, \alpha)$$

$$\mathrm{H}_1 : (\omega(1), \beta(1), \alpha(1)) = \cdots = (\omega(t_0), \beta(t_0), \alpha(t_0)) = (\omega_1, \beta_1, \alpha_1)$$

$$\neq (\omega(t_0+1), \beta(t_0+1), \alpha(t_0+1)) = \cdots = (\omega(n), \beta(n), \alpha(n)) = (\omega_2, \beta_2, \alpha_2)$$

如果拒绝原假设，则存在变点，t_0 即为变点时刻。假定只有一个变点存在，下面首先给出变点的估计，记参数向量为 $\Theta = (\omega, \beta, \alpha)$，$\Theta_1 = (\omega_1, \beta_1, \alpha_1)$，$\Theta_2 = (\omega_2, \beta_2, \alpha_2)$，构建似然比统计量：

$$\mathrm{LR}_t^{(1)} = -2\ln \Lambda_t = 2\left(\sum_{i=1}^{t} \mathrm{loglik}(u_i, v_i, \hat{\theta}_1) + \sum_{i=t+1}^{T} \mathrm{loglik}(u_i, v_i, \hat{\theta}_2) - \sum_{i=1}^{T} \mathrm{loglik}(u_i, v_i, \hat{\theta}) \right)$$

（18.4）

式中，$\mathrm{loglik}(\cdot)$ 为在对原模型式（4.62）进行极大似然估计时的对数似然函数。可以看出 $\mathrm{LR}_t^{(1)}$ 是与时间 t 有关的变量，如果存在变点，则变点时刻 t_0 的估计为最大化 $\mathrm{LR}_t^{(1)}$ 所对应的时刻，即

$$\hat{t}_0 = \underset{1<t<n}{\mathrm{argmax}}(\mathrm{LR}_t^{(1)}) = \underset{1<t<n}{\mathrm{argmax}}(-2\ln \Lambda_t)$$

（18.5）

记相应的最大值为 Z_n，即

$$Z_n = \max_{1<t<n}(\mathrm{LR}_t^{(1)})$$

（18.6）

当统计量 Z_n 的值很大时，可以拒绝原假设，即存在变点。当 $x \to \infty$ 时，$Z_n^{\frac{1}{2}}$ 服从的渐近分布为

$$\lim_{n\to\infty} P\left(Z_n^{\frac{1}{2}} \geqslant x \right) = \frac{x^p \exp\left(-\dfrac{x^2}{2} \right)}{2^{\frac{p}{2}} \Gamma\left(\dfrac{p}{2} \right)} \left(\ln \frac{(1-h(n))(1-l(n))}{h(n)l(n)} \left(1 - \frac{p}{x^2} \right) + \frac{4}{x^2} + O\left(\frac{1}{x^4} \right) \right)$$

（18.7）

式中，$h(n) = l(n) = \dfrac{(\ln n)^{3/2}}{n}$；$\Gamma(\cdot)$ 为伽马函数；p 为发生结构性变化的参数个数，式（4.63）中 $p = 3$。

如果序列存在多个变点，可以进行以下步骤的检测：首先对全部序列进行单变点检测，若没有变点，则接受原假设；若存在变点，则对变点所产生的两个子序列再分别执行上一步骤，继续检测变点。以此类推，直到每个子序列中都不存在变点为止。

18.3.2　c-D-Copula 变点检测

同理，由于本节选择 Gumbel Copula 来构建模型，因此在本节的 c-D-Copula 模型中，只有截距项 ω 发生结构性变化。参数的原假设和对立假设如下所示，并记为假设检验 II。

$$H_0 : \big(\omega(1), \beta(1), \alpha(1)\big) = \big(\omega(2), \beta(2), \alpha(2)\big) = \cdots = \big(\omega(n), \beta(n), \alpha(n)\big) = (\omega, \beta, \alpha)$$

$$H_1 : \big(\omega(1), \beta(1), \alpha(1)\big) = \cdots = \big(\omega(t_0), \beta(t_0), \alpha(t_0)\big) = (\omega_1, \beta, \alpha)$$

$$\neq \big(\omega(t_0 + 1), \beta(t_0 + 1), \alpha(t_0 + 1)\big) = \cdots = \big(\omega(n), \beta(n), \alpha(n)\big) = (\omega_2, \beta, \alpha)$$

记参数向量为 $\Theta = (\omega, \beta, \alpha), \tilde{\Theta}_1 = (\omega_1, \beta_1, \alpha_1), \tilde{\Theta}_2 = (\omega_2, \beta_2, \alpha_2)$，构建似然比统计量：

$$\mathrm{LR}_t^{(2)} = -2\ln \Lambda_t = 2\left(\sum_{i=1}^{t} \mathrm{loglik}(u_i, v_i, \tilde{\Theta}_1) + \sum_{i=t+1}^{T} \mathrm{loglik}(u_i, v_i, \tilde{\Theta}_2) - \sum_{i=1}^{T} \mathrm{loglik}(u_i, v_i, \tilde{\Theta}) \right)$$

$$（18.8）$$

上述假设检验的过程与全模型类似，不同的是在 c-D-Copula 的变点检测中，只有截距参数发生结构性变化，因此式（18.7）中 $p = 1$。同时记 $\mathrm{LR}_t^{(2)}$ 的最大值为 W_n：

$$W_n = \max_{1 < t < n}(\mathrm{LR}_t^{(2)}) \qquad （18.9）$$

如果上述两个假设检验的原假设都被拒绝，即同时接受了全模型和 c-D-Copula 模型，还需要进行进一步的假设检验。此时，原假设和对立假设如下所示，并记为假设检验 III。

$$H_0 : \big(\omega(1), \beta(1), \alpha(1)\big) = \cdots = \big(\omega(t_0), \beta(t_0), \alpha(t_0)\big) = (\omega_1, \beta, \alpha)$$

$$\neq \big(\omega(t_0 + 1), \beta(t_0 + 1), \alpha(t_0 + 1)\big) = \cdots = \big(\omega(n), \beta(n), \alpha(n)\big) = (\omega_2, \beta, \alpha)$$

$$H_1 : \big(\omega(1), \beta(1), \alpha(1)\big) = \cdots = \big(\omega(t_0), \beta(t_0), \alpha(t_0)\big) = (\omega_1, \beta_1, \alpha_1)$$

$$\neq \big(\omega(t_0+1),\beta(t_0+1),\alpha(t_0+1)\big)=\cdots=\big(\omega(n),\beta(n),\alpha(n)\big)=(\omega_2,\beta_2,\alpha_2)$$

如果拒绝原假设，则接受全模型，即三个参数都存在结构性变化。如果接受原假设，即接受 c-D-Copula 模型，模型中只有截距项存在结构性变化。可以通过比较最大值 Z_n 和 W_n 的差值 $V_n=Z_n-W_n$，基于式（18.7）进行检验，因为相对于原假设，有两个参数存在结构性变化，此时 $p=2$。

18.4　变点检测结果

按照前面所述的变点检测方法，由于变点时刻 $\hat{t}_0$ 为 LR_t 最大时所对应的 t_0 的值，而 $\sum\limits_{i=1}^{T}\mathrm{loglik}(u_i,v_i,\hat{\Theta})$ 的值一定，所以只要寻找使 $\sum\limits_{i=1}^{t}\mathrm{loglik}(u_i,v_i,\hat{\Theta}_1)+$ $\sum\limits_{i=t+1}^{T}\mathrm{loglik}(u_i,v_i,\hat{\Theta}_2)$ 达到最大的 t_0 就是所找的变点。表 18.3～表 18.6 给出了变点时刻。在表 18.3～表 18.6 中同时给出了两种模型假定下的参数估计值、似然函数值（L）以及 p 值的检验结果。在表 18.3～表 18.6 的最后一列中同时给出了假设检验类型（Ⅰ、Ⅱ、Ⅲ）下的 p 值。如果同时接受全模型和 c-D-Copula 模型（假设检验Ⅰ、Ⅱ的 p 值小于 0.05），则需要进一步对假设检验Ⅲ进行检验，检验结果在最后一行中给出，如果 p 值大于 0.05，则接受 c-D-Copula 模型，拒绝全模型。

表 18.3　美国与韩国的动态 Copula 估计结果

模型	ω（截距）	β（自回归斜率）	α	变点时间	L	p 值（假设检验类型）
不带变点	−0.8748	1.0594	0.1378		24.9773	
全模型	−0.8333	0.8205	0.8203	2007-6-26	33.5837	<0.05（Ⅰ）
	1.8678	−1.0447	−0.9087			
c-D-Copula 模型	1.4758	−1.0126	1.2302	2008-9-17	26.6751	>0.05（Ⅱ）
	−0.4062					

表 18.4　美国与英国的动态 Copula 估计结果

模型	ω（截距）	β（自回归斜率）	α	变点时间	L	p 值（假设检验类型）
不带变点	1.5520	−0.3843	−0.7300		230.3334	
全模型	1.5584	−0.3273	−1.2679	2008-10-13	238.6086	<0.05（Ⅰ）
	−0.0198	0.4585	0.4313			

续表

模型	ω（截距）	β（自回归斜率）	α	变点时间	L	p 值（假设检验类型）
c-D-Copula 模型	−0.1614 −0.1415	0.5551	0.1743	2008-10-19	236.3605	<0.05（Ⅱ） >0.05（Ⅲ）

表 18.5　美国与法国的动态 Copula 估计结果

模型	ω（截距）	β（自回归斜率）	α	变点时间	L	p 值（假设检验类型）
不带变点	2.0264	−0.5552	−1.2290		300.0362	
全模型	1.0671 −0.0338	−0.1363 0.5011	−0.5529 0.1562	2008-10-14	309.8049	<0.05（Ⅰ）
c-D-Copula 模型	1.6888 2.0766	−0.4947	−0.7450	2009-2-23	308.9445	<0.05（Ⅱ） >0.05（Ⅲ）

表 18.6　美国与德国的动态 Copula 估计结果

模型	ω（截距）	β（自回归斜率）	α	变点时间	L	p 值（假设检验类型）
不带变点	1.4367	−0.2950	−0.6178		230.3334	
全模型	1.4055 −0.0865	−0.3304 0.4594	−0.4596 0.9536	2009-4-23	238.6086	<0.05（Ⅰ）
c-D-Copula 模型	−0.0520 −0.0145	0.4928	0.1518	2008-9-9	240.8497	<0.05（Ⅱ） >0.05（Ⅲ）

由表 18.3～表 18.6 的 p 值检验结果可以看出，在 0.05 的显著性水平下，在 FCHI 指数、FTSE 指数、GDAXI 指数的实证结果中，假设检验（Ⅰ，Ⅱ）的 p 值都小于 0.05，因此都拒绝原假设，即接受基于全模型和 c-D-Copula 模型对数据进行拟合。接下来，又对 FCHI 指数、FTSE 指数、GDAXI 指数再进行一次似然比检验（假设检验Ⅲ），在这次检验中，3 个国家的 p 值都大于 0.05，因此拒绝全模型，接受 c-D-Copula 模型。而在韩国的检验中，c-D-Copula 模型没有通过检验，因此此时用变结构全模型去描述数据更合适。另外，对于两个模型，尤其是 c-D-Copula 模型，变点发生的时刻大都在 2008 年中期，这也与实际的美国次贷危机发生和蔓延的过程一致。因此美国次贷危机对其他国家与

美国之间的相依结构产生了影响。

18.5　本　章　小　结

　　本章在原有文献的基础上,改进了动态 Copula 模型,在参数的动态演变设定中,假定只有截距项在某时刻发生结构突变,构建了 c-D-Copula 模型,同时假定所有参数都存在突变,构建了变结构全模型。对上述两类模型基于似然比统计量给出了模型变点检测的方法,由数据驱动选择变点时刻。通过上述模型对美国股市与其他几个国家的动态相依性进行了描述并研究了次贷危机的金融传染。可以发现大多数情况下,本章提出的 c-D-Copula 模型可以很好地描述股市收益率之间的动态相依结构。但它也具有一定的局限性,并不能适用于所有情况,如美国和韩国收益率之间的相依结构。因此其应用和对其弊端的克服还有待进一步的探索。

第 19 章 基于 R 藤 Copula 变点模型的 金砖四国金融危机传染性与稳定性检验

金砖四国（巴西、俄罗斯、印度、中国）作为新兴国家的主要代表，其人口和国土面积在全球占有重要份额，是世界经济发展的重要动力。探究以金砖四国为代表的新兴国家如何处理系统性风险，了解金融危机可能带来的金融不稳定性具有重要的意义。

本章将基于 4.4 节 R 藤 Copula 这种新的方法，从风险相依的角度对金融危机传染性与稳定性进行度量。主要对比给定系统性风险因子前后的相关性变化、系统性风险变化和限定系统性风险后传染性与稳定性的变化等。基于 R 藤 Copula 结合变点检测的方法，分析在金融危机过后各个金砖国家与系统性风险的相依关系的结构性变化，具体来说，即分析金砖四国国家股票综合指数收益率与系统性因子摩根士丹利资本国际（Morgan Stanley Capital International，MSCI）指数的相依关系的结构性变化。同时还分析金融危机的发生、多次金砖国家会议等相关事件对结构性变化的影响。

19.1 文 献 综 述

自金融脆弱性理论提出以来，大量学者对其展开了研究，大部分研究集中在对银行系统金融稳定性的度量上。Sensoy 等（2014）基于五个发展中国家的经济变量，通过主成分分析方法和 DCC 方法，构建了一个时变的金融脆弱性指标，该指标可以对发展中国家的金融稳定性进行预警。国内学者对金融危机传染性与稳定性的研究相对缺乏，主要原因在于对金融危机传染性与稳定性的测度比较困难。杨光等（2017）构建了包含零利率下限约束的动态随机一般均衡（dynamic stochastic general equilibrium，DSGE）模型，系统探讨了存在零利率下限时外生不利冲击对经济的影响，研究货币政策与金融稳定性的联系。

从以上文献可以看出，金融危机传染性与稳定性研究的关键是给出一个金融危机传染性与稳定性的度量指标。本节将基于多元 Copula 模型结合变点检测方法，从风险相依及其变结构的角度对金融危机传染性与稳定性进行研究。王璐等（2016）运用动态 Copula 研究了国际多元化投资组合相关问题。李平等（2016）运用 Copula 对 CoCo 债券进行了定价分析。在 Copula 变点检测方面也有学者给出了一些相关的研究，da Costa Dias（2004）给出了几种特殊的 Copula 变点检测方法，韦艳华和张世英（2006）给出了二元正态 Copula 的变结构检测方法。上述研究都是对二元 Copula 进行的变点检测，为了对多维变量的联合分布进行估计，则需要应用高维 Copula 方法。Bedford 和 Cooke（2002）首次提出藤这个概念并且提出了 Pair Copula 的简单模型，将 Copula 理论推向高维。Brechmann 和 Czado（2013）基于 R 藤 Copula 研究了欧洲斯托克 50 指数成分股的风险相依关系。马锋等（2015）用藤 Copula 方法对股市组合动态 VaR 测度及预测模型进行了研究。

19.2　数据描述

本节选取四个金砖国家的股票指数（中国的 SSE、俄罗斯的 RTS、巴西的 IBOVESPA、印度的 SENSEX）和 MSCI 全球指数日对数收益率为研究对象进行实证分析。时间范围为 2005 年 1 月 5 日至 2017 年 8 月 11 日。实证分析时，对上述国家股票指数日对数收益率乘以 100 进行分析。

为了分析各个国家股指收益率的基本特征，首先给出了描述性统计量，如表 19.1 所示。

表 19.1　描述性统计量

指标	MSCI	SSE	RTS	IBOVESPA	SENSEX
样本容量	3 063	3 063	3 063	3 063	3 063
均值	0.000 17	0.000 31	0.000 17	0.000 33	0.000 50
偏度	−1.263 23	−0.561 30	−1.781 32	−0.260 41	−0.043 98
峰度	22.744 3	4.167 2	37.594 7	9.133 4	10.155 7
标准差	0.010 76	0.017 01	0.022 69	0.017 79	0.014 74
K-S 检验 p 值	<0.01	<0.01	<0.01	<0.01	<0.01

由表 19.1 可以看出，K-S 检验 p 值均小于 0.01，五个对数收益率均不服从

正态分布，因此在处理实际数据时同样采用 GARCH 模型进行拟合。同时注意到所有对数收益率数据的峰度均显著大于 0，具有尖峰厚尾的性质，因此在 GARCH 建模时误差项选择能够描述厚尾特征的 t 分布。

根据上面描述性统计量的分析，结合 AIC，首先采用 AR(1)-GARCH(1, 1)-t 模型拟合各国的股指收益率，进而对边缘分布进行估计。具体的表达式见式（18.1）～式（18.3），估计结果如表 19.2 所示。

表 19.2　收益率边缘分布拟合结果

指数	μ	a	ω	α	β	shape（v）
MSCI	0.055 534***	0.135 166***	0.009 223***	0.094 385***	0.900 580***	5.189 746***
	（0.011 388）	（0.017 603）	（0.002 701）	（0.013 188）	（0.012 631）	（0.494 206）
SSE	0.063 246**	0.016 004	0.008 251*	0.055 060***	0.945 315***	4.889 444***
	（0.020 155）	（0.017 046）	（0.003 645）	（0.007 831）	（0.070 65）	（0.463 316）
RTS	0.083 86**	0.065 72***	0.051 68***	0.079 16***	0.912 06***	4.802 47***
	（0.025 93）	（0.017 60）	（0.014 85）	（0.011 11）	（0.010 97）	（0.422 72）
IBOVESPA	0.058 08*	−0.018 99**	0.064 65***	0.062 78***	0.914 46***	6.321 23***
	（0.025 31）	（0.017 80）	（0.018 24）	（0.010 24）	（0.013 78）	（0.710 99）
SENSEX	0.083 159***	0.0517 96**	0.019 844***	0.080 779***	0.912 267***	5.176 643***
	（0.017 413）	（0.017 613）	（0.006 015）	（0.011 063）	（0.011 156）	（0.512 648）

注：括号内的值为参数估计标准差。

***、**、*分别为 0.1%、1%、5%显著性水平。

为了检验模型拟合的优劣，对拟合后的残差序列进行如下两个检验：一是独立性检验，Ljung-Box 检验表明在 5%的显著性水平下大部分时间序列不存在自相关，可以认为变换后的残差序列是独立的，如表 19.3 所示；二是分布假设检验，等价于检验变换后是不是(0, 1)区间上的均匀分布，通过 K-S 检验后发现，在 5%显著性水平下通过了检验。综上所述，采用 AR(1)-GARCH(1,1)-t 模型能够非常好地拟合这五个指数的股指收益率时间序列。

表 19.3　Ljung-Box 检验 Q（10）

指数	统计量	p 值
MSCI	12.491 03	0.253 536
SSE	27.951 93	0.001 838
RTS	7.910 702	0.637 559
IBOVESPA	8.992 897	0.532 778

续表

指数	统计量	p 值
SENSEX	7.050 029	0.720 714

注：$Q(10)$是指在 Ljung-Box 检验中，Q 统计量是基于滞后 10 期的自相关系数计算得出的。

19.3　全部数据的 R 藤 Copula 估计结果

为了从相依结构的角度分析金砖四国的金融危机传染性与稳定性，本节继续对股指收益率与 MSCI 指数收益率之间的相依结构进行建模。首先需要选择一个合适的 R 藤结构，根据 4.4 节模型介绍中的算法选取最优的 R 藤 Copula 结构，如图 19.1 所示。同时为了更详细地了解 MSCI 指数与金砖国家的相依结构，改变最优 R 藤的第二棵树的结构产生一个自选 R 藤，如图 19.2 所示，下面将基于这两个 R 藤同时进行分析。这两个 R 藤对应的结构由式（4.52）给出。

4	—	—	—	—
2	3	—	—	—
5	2	1	—	—
3	5	2	2	—
1	1	5	5	5

图 19.1　最优 R 藤矩阵

注：1、2、3、4、5 分别代表 MSCI、SSE、RTS、IBOVESPA、SENSEX

2	—	—	—	—
4	3	—	—	—
3	4	4	—	—
1	5	5	5	—
5	1	1	1	1

图 19.2　自选 R 藤矩阵

注：1、2、3、4、5 分别代表 MSCI、SSE、RTS、IBOVESPA、SENSEX

将这两个 R 藤结构更直观地展示出来，如图 19.3 所示。首先看到 SSE 处于 R 藤的边缘部分，与所要研究的系统性风险代表 MSCI 指数相距较远，这一定程度上是因为中国股票市场的特殊性（受政策影响比较强，资本流通受到限制），所以与外部相关性较低。其次可以看到在最优 R 藤中，MSCI 指数在藤结

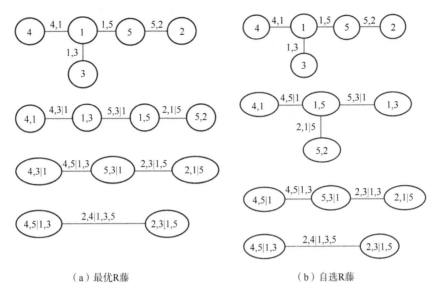

（a）最优R藤　　　　　　　　　（b）自选R藤

图 19.3 最优 R 藤和自选 R 藤的结构

1、2、3、4、5 分别代表 MSCI、SSE、RTS、IBOVESPA、SENSEX

构中处于比较重要的位置，并且为了更好地将金砖国家与 MSCI 指数相连在自选的 R 藤，要调整第二棵树的位置，这样在估计完成后可以得到更全面的关于系统性风险的信息。

接下来需要确定连接每个节点的最优 Copula 函数，本节采用最小 AIC，最终确定的最优 R 藤和自选 R 藤的 Copula 函数矩阵如图 19.4、图 19.5 所示，对应的结构由式（4.52）给出。

—	—	—	—	—
3	—	—	—	—
5	2	—	—	—
14	2	1	—	—
2	2	2	1	—

图 19.4 最优 R 藤 Copula 矩阵

注：1、2、3、5、14、16 分别代表 Gaussian Copula、Student's t-Copula、Clayton Copula、Frank Copula、Survival Gumbel Copula、Survival Joe Copula

为了对全部数据段的相依结构有一个初步的了解，本节继续以通过分步极大似然法估计得到的参数值作为初值，再进行整体极大似然估计。通过全部数

—	—	—	—	—
3	—	—	—	—
2	14	—	—	—
1	2	16	—	—
2	2	2	2	—

图 19.5　自选 R 藤 Copula 矩阵

注：1、2、3、5、14、16 分别代表 Gaussian Copula、Student's t-Copula、Clayton Copula、Frank Copula、Survival Gumbel Copula、Survival Joe Copula

据对 Copula 参数矩阵和肯德尔相关系数矩阵进行估计后可以注意到，Student's t-Copula 有两个参数，将三个矩阵放在一个表中，每个表格中的数据依次为参数 1、参数 2（Student's t-Copula 的第二个参数）、肯德尔相关系数，具体估计结果如表 19.4、表 19.5 所示，对应的结构由式（4.52）给出。

表 19.4　最优 R 藤全部时间段 Copula 参数 1、参数 2 及相关系数的矩阵

最优 R 藤矩阵	列 1	列 2	列 3	列 4	列 5
Copula 参数 1	0.052 99				
Copula 参数 2	—				
相关系数	0.025 81				
Copula 参数 1	−0.054 47***	0.073 47*			
Copula 参数 2	—	26.970 34			
相关系数	−0.006 05	0.046 81			
Copula 参数 1	1.052 35***	0.184 93**	0.116 52**		
Copula 参数 2	—	20.622 18	—		
相关系数	0.049 75	0.118 41	0.07434		
Copula 参数 1	0.628 02**	0.552 03***	0.391 47**	0.225 52***	
Copula 参数 2	6.175 18*	7.466 00*	16.696 97	27.352 6	
相关系数	0.432 27	0.372 29	0.256 06	0.144 82	

注：该表格对应于图 19.4 的最优 R 藤 Copula 矩阵中对应的 Copula 的参数结果，由于 Student's t-Copula 有两个参数，所以该 Copula 对应位置有两个参数结果。

***、**、*分别为 0.1%、1%、5%显著性水平。

表 19.5　自选 R 藤全部时间段 Copula 参数 1、参数 2 及相关系数的矩阵

自选 R 藤矩阵	列 1	列 2	列 3	列 4	列 5
Copula 参数 1	0.053 55				
Copula 参数 2	—				

续表

自选 R 藤矩阵	列 1	列 2	列 3	列 4	列 5
相关系数	0.026 07				
Copula 参数 1	0.073 24*	1.050 69*			
Copula 参数 2	26.977 69	—			
相关系数	0.046 67	0.048 24			
Copula 参数 1	0.116 38*	0.186 40***	1.021 61***		
Copula 参数 2	—	20.649 86	—		
相关系数	0.074 26	0.119 36	0.012 35		
Copula 参数 1	0.222 84***	0.550 01***	0.628 99***	0.389 33***	
Copula 参数 2	27.267 44	7.530 48	6.093 49*	16.608 23*	
相关系数	0.143 06	0.370 75	0.433 06	0.254 58	

注：该表格对应于图 19.5 的自选 R 藤 Copula 矩阵中对应的 Copula 的参数结果，由于 Student's t-Copula 有两个参数，所以该 Copula 对应位置有两个参数结果。

***、*分别为 0.1%、5%显著性水平。

首先从整体的角度对金砖国家系统性风险以及金融危机传染性与稳定性进行分析。通过总结表 19.4、表 19.5 可以得到条件与非条件相关系数（表 19.6）。考虑各个国家与 MSCI 的相关系数可以发现中-MSCI 相关性最小，认为中国受到系统性冲击的影响较小，金融市场比较稳定；而巴-MSCI 相关系数很大，说明巴西受系统性冲击影响较大，出现这种现象的原因可能是资本开放的程度不同，中国有着严格的资本管制，导致中国不易受到外界风险的传染，从前面 R 藤的结构中也可以得到同样的结论。最终可以认为金砖四国的稳定性从强到弱依次为中国、印度、俄罗斯、巴西。

表 19.6　条件肯德尔相关系数与非条件肯德尔相关系数对比

指数	相关系数
俄-巴 | MSCI	0.049 75
俄-印 | MSCI	0.118 41
印-巴 | MSCI	0.012 35
俄-巴	0.253 005
俄-印	0.231 94
印-巴	0.156 09
巴-MSCI	0.432 27
俄-MSCI	0.372 29
印-MSCI	0.256 06
中-MSCI	0.179 99

19.4　R 藤 Copula 变点检测方法与检测结果

19.4.1　R 藤 Copula 变点检测方法

为了进行区域金融危机传染的检验，需要研究 R 藤 Copula 相依函数是否发生结构性变化，本节将给出 R 藤 Copula 的变点检测方法。设样本量的大小为 T，第 i 个观测值为 $x_i = (x_{i1}, \cdots, x_{in}), i = 1, 2, \cdots, T$，假设存在一个变点，那么原假设和对立假设可以表示为

$$\mathrm{H}_0 : \varTheta_1 : \varTheta_2 = \cdots = \varTheta_T \leftrightarrow \mathrm{H}_1 : \varTheta_1 = \varTheta_2 = \cdots = \varTheta_{t^*} \neq \varTheta_{t^*+1} = \cdots = \varTheta_T$$

式中，$\varTheta$ 为 R 藤 Copula 中所有参数的集合，其中 Student's t-Copula 函数包含两个参数，其余 Copula 函数包含一个参数，如果拒绝原假设，则在 t^* 时刻存在变点。如果给定 $t^* = t$，可以构建如下的似然比统计量：

$$-2\ln \varLambda_t = 2\left(\sum_{i=1}^{t} \mathrm{loglik}\left(x_i, \hat{\theta}_t\right) + \sum_{i=t+1}^{T} \mathrm{loglik}\left(x_i, \hat{\theta}_{t^*+1}\right) - \sum_{i=1}^{T} \mathrm{loglik}\left(x_i, \hat{\theta}_t\right) \right) \quad （19.1）$$

式中，$\mathrm{loglik}(\cdot)$ 为进行极大似然估计时的对数似然函数，即式（4.53）。令

$$\lambda_T = \max_{1 \leqslant t \leqslant T} (-2\ln \varLambda_t) \quad （19.2）$$

当统计量 λ_T 的值很大时，可以拒绝原假设，即 R 藤存在变点，变点时刻为 $-2\ln \varLambda_t$ 取最大值时的日期。根据 Csörgö 和 Horváth（1997）的结论，该结论对一定条件下基于极大似然估计的变点检测均成立，当 $x \to \infty$ 时，$\lambda_T^{\frac{1}{2}}$ 的渐近分布如下：

$$P\left(\lambda_T^{\frac{1}{2}} \geqslant x \right) \approx \frac{x^p \exp\left(-\dfrac{x^2}{2}\right)}{2^{\frac{p}{2}} \Gamma\left(\dfrac{p}{2}\right)} \left(\ln \frac{(1-h(T))(1-l(T))}{h(T)l(T)} \left(1 - \frac{p}{x^2}\right) + \frac{4}{x^2} + O\left(\frac{1}{x^4}\right) \right) \quad （19.3）$$

式中，$h(T) = l(T) = (\ln T)^{3/2} / T$；$p$ 为 $\varTheta$ 中参数的个数（在本节中考虑全部 R 藤中的参数），即发生结构性变化的参数个数；T 为样本数据的个数。

可以基于上述渐近分布对变点的存在与否进行检验，如果拒绝原假设，即变点存在，那么变点时刻的估计为

$$\hat{t}^* = \arg \max_{1 \leqslant t \leqslant T} (-2\ln \varLambda_t) \quad （19.4）$$

如果序列存在多个变点，可以根据二分法进行以下步骤的检测：首先对全

部序列进行单变点检测，若没有变点，则接受原假设；若存在变点，则对变点所产生的两个子序列再分别执行上一步骤继续检测变点，以此类推，直到每个子序列中都不存在变点为止。

19.4.2 R 藤 Copula 变点检测结果

为了检验金融危机以及金砖国家会议等事件是否对金砖国家的相依结构产生影响，本节进一步应用似然比检验方法对五个收益率构建的两个 R 藤 Copula 结构进行变点检测。首先对全部数据进行变点检测，根据式（19.2）分别计算出最优 R 藤和自选 R 藤的 λ_T，λ_T 随时间变化的趋势如图 19.6 和图 19.7 所示。λ_T 在 2012 年 12 月 26 日分别取最大值 87.30 和 85.78。由渐近分布表达式即式（19.3）计算对应的 p 值，两种情形下的 p 值均小于 0.001，因此两种 R 藤 Copula 相依结构在 2012 年 12 月 26 日存在一个显著的变点。进而基于二分法对数据分段进行第二个变点的检测，按照相同的做法，可以得到第一个变点前的数据的 λ_T 随时间变化的趋势如图 19.8、图 19.9 所示。最优 R 藤和自选 R 藤 λ_T 在 2006 年 4 月 28 日分别取得最大值为 113.05 和 112.03，相应的检验统计量的 p 值也小于 0.001，说明存在第二个变点。对后段数据进行相应的检测，则没有发现新的变点存在。

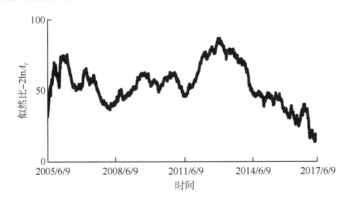

图 19.6 最优 R 藤第一变点检测

下面结合数据时间段内金融市场发生的重大事件对变点发生时刻进行分析。首先分析 2006 年 4 月 28 日的变点：2005 年以来，美国住房市场不断降温，随着住房价格下跌，购房者难以将房屋出售或者通过抵押获得融资。很多次级抵押贷款市场的借款人无法按期偿还借款，次级抵押贷款市场危机开始显现并

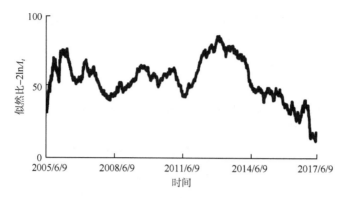

图 19.7　自选 R 藤第一变点检测

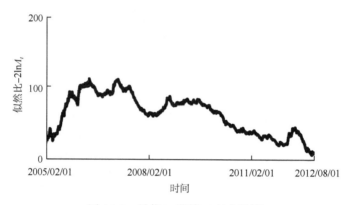

图 19.8　最优 R 藤第二变点检测

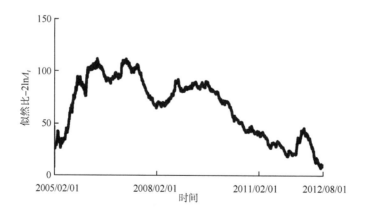

图 19.9　自选 R 藤第二变点检测

呈愈演愈烈之势。2007 年 2 月 13 日，美国新世纪金融公司发出 2006 年第四季度盈利预警,美国第二大次级抵押贷款公司新世纪金融在 2007 年 4 月 2 日宣布申请破产保护，2007 年 7 月 10 日标普降低次级抵押贷款债券评级，全球金融市场大震荡，2007 年美国次贷危机爆发。因此，可以认为次贷危机的爆发以及传染导致金砖国家股市发生了结构性变化，进而影响到金砖国家金融市场的稳定性。

其次分析 2012 年 12 月 26 日的变点：2009 年 6 月金砖国家召开第一次会议，确定了金砖国家之间的合作机制。2012 年 3 月 28 日至 29 日，中国国家主席、巴西总统、俄罗斯总统、印度总理、南非总统出席在新德里举行的会晤，此次会晤主题是"金砖国家致力于全球稳定、安全和繁荣的伙伴关系"。这次会晤加强了金砖国家的合作伙伴关系，传递了金砖国家团结、合作、共赢的信息。因此，该变点与金砖四国之间越来越紧密的合作有关。

进一步，需要通过比较变点时刻前后 R 藤 Copula 参数和肯德尔相关系数的变化来具体分析金融市场的结构发生了怎样的变化，特别是分析 MSCI 指数所对应的系统性风险发生了怎样的变化。首先需要给出分段数据的参数估计结果，限于篇幅，本节不再详细给出。为了对相关系数的变化有一个更加全面和清晰的比较，综合参数的估计结果，包括肯德尔相关系数以及条件肯德尔相关系数估计结果和与条件相关系数对应的非条件相关系数估计结果等，具体如表 19.7、表 19.8 所示。第一段时间为 2005 年 1 月 5 日至 2006 年 4 月 28 日，第二段为 2006 年 4 月 29 日至 2012 年 12 月 26 日，第三段为 2012 年 12 月 27 日至 2017 年 8 月 11 日。

表 19.7　最优 R 藤肯德尔相关系数结果

时间	MSCI-巴	MSCI-俄	MSCI-印	中-印	巴-俄｜MSCI	俄-印｜MSCI	中-MSCI｜印
第一段	0.357 11	0.112 24	0.119 79	0.095 99	0.125 19	0.099 99	0.054 94
第二段	0.505 06	0.427 19	0.283 92	0.166 09	0.000 91	0.140 10	0.080 15
第三段	0.347 92	0.346 41	0.259 62	0.132 37	0.092 65	0.088 54	0.063 51

表 19.8　自选 R 藤肯德尔相关系数结果

时间	MSCI-巴	MSCI-俄	MSCI-印	中-印	巴-印｜MSCI	俄-印｜MSCI	中-MSCI｜印
第一段	0.357 11	0.112 25	0.119 79	0.095 99	0.004 05	0.099 99	0.054 94
第二段	0.505 06	0.427 19	0.283 92	0.166 09	0.010 09	0.140 10	0.080 15
第三段	0.346 27	0.344 07	0.259 1	0.130 44	0.014 45	0.088 03	0.063 75

对于两个 R 藤模型拟合的结果，可以发现对于同一对相关系数，估计出来

的结果几乎是一样的，这说明模型的拟合具有一定的稳健性，同时参考两个模型的拟合结果可以提供更多关于 MSCI 指数的信息。

首先考虑非条件肯德尔相关系数，由表 19.7 和表 19.8 可以看出，MSCI-巴、MSCI-俄、MSCI-印在金融危机发生之后有显著的增加，因此金砖四国中的巴西、俄罗斯、印度在金融危机发生过后受到的系统性风险冲击加重，特别是巴西，在金融危机发生后巴西与 MSCI 相关次数上升至 0.505 06。巴西是拉丁美洲最大的经济体，金融开放时间早，金融自由化程度高，受系统性风险的冲击最大。相比之下，中国金融开放程度不够，资本流通受到限制，受到的系统性风险冲击小于其他金砖国家，具有一定的金融稳定性。在建立 R 藤模型时，中国与 MSCI 指数未连在一起也从侧面反映了这一问题，这也和很多学者的研究结论相一致。第二段到第三段相关系数变小，其主要原因有以下两点：首先，金砖国家之间通过一系列协议产生的合作交流有力地抵抗了系统性风险对股市的冲击，且各国受到欧债危机的影响较小；其次，次贷危机对全球的金融市场影响逐步消退，金砖各国金融市场运行逐步正常，系统性风险的传染性也有所降低。所以国家之间应该加强合作交流，携手抵御金融危机，尽可能减少金融危机所带来的冲击。

其次考虑条件肯德尔相关系数。前面已经讨论了在金砖国家之间传染的主要是系统性风险，因为限制住系统性风险过后，金砖国家之间的相关系数应该会变小，传染性变弱。这里考虑条件相关系数的变化也就是考虑某种区域稳定性的变化，取定 MSCI 指数为条件后，相关系数变大说明区域的稳定性变差，相关系数变小则说明区域稳定性变好。分析实证结果可以发现，俄罗斯-印度、巴西-印度在给定 MSCI 指数为条件下相关系数变大，说明了这两组国家之间在发生金融危机后，联动性变强，区域稳定性变差。反而巴西-俄罗斯之间的条件相关系数变小，原因可能有以下几点：首先，巴俄双边交流合作与其他金砖国家比相对偏低，两国经贸和投资规模非常有限，金融危机发生后合作程度进一步下降，并且巴西和俄罗斯同属资本输入型国家，在金融危机时期资本选择谨慎性加强。接着考虑第二段到第三段，金砖国家会议后可以发现条件相关系数的变化是不确定的，有的国家之间上升，有的下降，在此期间发生了欧债危机，出现这一现象的原因可能是欧债危机对金砖各国的影响具有不对称性。

19.5　本 章 小 结

在全球金融市场一体化、自由化逐步加强的时期，各个国家之间的相互影响不断加强，一个国家金融市场的衰退，有可能导致全球性的金融危机。新兴市场国家和发达国家相比经济发展迅速，与此同时，风险聚集程度也比较高，金砖四国作为新兴国家的代表，金融市场的表现也具有很大的代表性，通过对金砖四国市场的表现进行研究得出的结论对其他新兴市场国家也具有参考和借鉴意义。

本章通过建立 R 藤 Copula 模型，将系统性风险因子 MSCI 指数与金砖四国主要股指收益率相联系，认为金砖四国之间的风险主要通过系统性风险来传染，并且当系统性风险可控后，各个国家的股市独立性增强，系统性冲击对金砖国家的股市具有较大影响。通过分析可以得出结论，金融危机发生过后，金砖国家受到的系统性冲击加大，同时金融危机对各个国家的传染性与稳定性也带来了不同的影响。金砖国家通过会议合作交流等传递信息可以加强抵御系统性风险冲击的能力，在一定程度上加强金融市场的稳定性。

参 考 文 献

陈向阳, 余文青. 2019. 沪市与美国、欧洲股市的联动性研究[J]. 区域金融研究, (4): 47-57.

邓超, 袁倩. 2016. 基于 VAR 模型的铁矿石国际定价权研究[J]. 统计与决策, 32(9): 162-164.

刁忠亮. 2009. 金融危机传染机制研究[J]. 知识经济, (1): 44-45.

杜林丰. 2021. 比特币市场仍然对我国汇率和股票市场产生影响吗?——基于 TVP-VAR 模型的实证研究[J]. 华北金融, (11): 20-31.

方国豪. 2016. 人民币汇率波动与股市波动在各种时期的动态分析[J]. 金融理论与教学, (6): 26-30.

方意, 荆中博, 吴姬, 等. 2020. 非核心负债、尾部依赖与中国银行业系统性风险[J]. 世界经济, 43(4): 123-144.

方意, 邵稚权, 黄昌利. 2021. 资本市场开放与跨境风险传染防控——基于沪港通的经验证据[J]. 国际金融研究, (9): 65-75.

冯宗宪, 李祥发. 2013. 风险联动视角下的利率与商业银行信用风险考察[J]. 现代财经(天津财经大学学报), 33(7): 42-50.

龚玉婷. 2013. 次贷危机在黄金、原油和外汇市场的风险传染和波动溢出[J]. 经济经纬, 30(2): 150-154.

何红霞, 武志胜, 吕洋. 2019. 黄金市场与股票市场的尾部风险相关性研究——基于 MVMQ-CAViaR 模型的实证分析[J]. 当代金融研究, (4): 89-100.

黄薇. 2001. 论金融危机传染机制及其在东南亚金融危机中的作用[J]. 外国经济与管理, 23(5): 33-36.

黄友珀, 唐振鹏, 唐勇. 2016. 基于藤 copula–已实现 GARCH 的组合收益分位数预测[J]. 系统工程学报, 31(1): 45-54.

金秀, 姜超, 孟婷婷, 等. 2015. 我国股票市场拓扑性及加权网络中行业主导性分析[J]. 东北大学学报(自然科学版), (10): 1516-1520.

雷鸣, 谭常春, 缪柏其. 2007. 运用生存分析与变点理论对上证指数的研究[J]. 中国管理科学, 15(5): 1-8.

李红梅. 2013. 马克思主义视阈中的金融危机及其启示[J]. 人民论坛(中旬刊), (4): 226-227.

李平, 尹菁华, 来娜, 等. 2016. 基于 Copula 双变量模拟的 CoCo 债券定价[J]. 系统工程学报, 31(6): 772-782.

李政. 2017. "811 汇改"提高了人民币汇率中间价的市场基准地位吗? [J]. 金融研究, (4): 1-16.

林璐, 万玉琳. 2008. 金融危机传染机制的综述[J]. 金融经济, (10): 52-53.

刘凯, 肖柏高, 王度州. 2020. 全球金融危机后汇率理论和政策的反思与新进展[J]. 中国人民大学学报, 34(1): 74-87.

刘帅男. 2020. 中美玉米期现货市场价格溢出效应研究[D]. 长春: 吉林大学.

刘晓东, 欧阳红兵. 2019. 中国金融机构的系统性风险贡献度研究[J]. 经济学(季刊), 19(4): 1239-1266.

罗艺婷. 2019. 人民币基准利率与汇率的联动关系研究[D]. 昆明: 云南师范大学.

马锋, 魏宇, 黄登仕. 2015. 基于 vine copula 方法的股市组合动态 VaR 测度及预测模型研究[J]. 系统工程理论与实践, 35(1): 26-36.

倪中新, 陈思祺. 2017. 我国小麦期货价格对现货市场价格的影响——基于修正小麦政策价格模型的实证研究[J]. 价格理论与实践, (5): 101-104.

庞磊, 李丛文. 2019. 中国股票市场国际一体化研究——基于联动性与传染性结合视角[J]. 投资研究, 38(2): 131-147.

邵颖超, 吴菡. 2012. 欧债危机下的意大利[J]. 法制与经济, (8): 93-94.

申敏. 2016. 基于正则藤 Copula 的行业系统性信用风险传染分析[J]. 工业技术经济, 35(6): 52-61.

苏海军, 欧阳红兵. 2013. 危机传染效应的识别与度量——基于改进 MIS-DCC 的分析[J]. 管理科学学报, 16(8): 20-30.

汪兴瑞. 2019. 我国原油期现价格关系的研究[D]. 延安: 延安大学.

王菲, 王书平. 2019. 非市场因素对国际黄金价格的影响[J]. 全国流通经济, (16): 34-37.

王海龙. 2016. 金砖国家股市联动性实证分析[D]. 沈阳: 辽宁大学.

王吉恒, 于东序. 2021. 中国铜期货和现货价格关联研究[J]. 价格月刊, (3): 22-29.

王璐, 黄登仕, 乔高秀, 等. 2018. 美国股市会影响金砖国家股市之间的相关性吗? ——线性和非线性条件 Granger 因果检验[J]. 系统工程, 36(5): 13-22.

王璐, 黄登仕, 魏宇. 2016. 国际多元化下投资组合优化研究: 动态 Copula 方法[J]. 数理统计与管理, 35(6): 1109-1124.

王霞, 付中昊, 洪永淼, 等. 2020. 基于非参数回归的金融传染检验[J]. 系统工程理论与实践, 40(6): 1398-1418.

王永桓, 姚宁. 2016. 韩国应对亚洲金融危机的经验及启示[J]. 吉林金融研究, (3): 31-35.

韦起, 魏云捷. 2018. 基于 Markov-vine Copula 的我国网贷平台对传统金融机构风险传染效
　　应研究[J]. 系统工程理论与实践, 38(2): 317-328.

韦艳华, 张世英. 2006. 金融市场动态相关结构的研究[J]. 系统工程学报, 21(3): 313-317.

文凤华, 杨鑫, 龚旭, 等. 2015. 金融危机背景下中美投资者情绪的传染性分析[J]. 系统工程
　　理论与实践, 35(3): 623-629.

吴筱菲, 朱淑珍, 白正午. 2020. 基于 MRS-SJC-Copula 模型对 A 股与港股的动态联动性研究
　　[J]. 运筹与管理, 29(1): 176-184.

谢赤, 余聪, 罗长青, 等. 2013. 基于 MRS Copula-GJR-Skewed-t 模型的股指期货套期保值研
　　究[J]. 系统工程学报, 28(1): 83-93.

徐飞, 唐建新, 程利敏. 2018. 国际贸易网络与股价崩盘传染:竞争性货币贬值视角[J]. 国际
　　金融研究, (12): 84-93.

徐晓光, 廖文欣, 郑尊信. 2017. 沪港通背景下行业间波动溢出效应及形成机理[J]. 数量经
　　济技术经济研究, 34(3): 112-127.

许启发, 李辉艳, 蒋翠侠. 2017. 基于 Copula-分位数回归的供应链金融多期贷款组合优化[J].
　　中国管理科学, 25(6): 50-60.

严伟祥, 张维, 牛华伟. 2017. 金融风险动态相关与风险溢出异质性研究[J]. 财贸经济,
　　38(10): 67-81.

杨光, 李力, 郝大鹏. 2017. 零利率下限、货币政策与金融稳定[J]. 财经研究, 43(1): 41-50.

叶巧凤. 2016. 中国股票市场行业间波动的动态关系分析——基于 DCC-MGARCH 模型的实
　　证研究[D]. 青岛：中国海洋大学.

叶五一, 李磊, 缪柏其. 2013. 高频连涨连跌收益率的相依结构以及 CVaR 分析[J]. 中国管理
　　科学, 21(1): 8-15.

叶五一, 缪柏其. 2009. 基于 Copula 变点检测的美国次级债金融危机传染分析[J]. 中国管理
　　科学, 17(3): 1-7.

叶五一, 孙丽萍, 缪柏其. 2020. 黄金和比特币的动态协整研究——基于半参数 MIDAS 分位
　　点回归模型[J]. 系统科学与数学, 40(7): 1270-1285.

叶五一, 韦伟, 缪柏其. 2014. 基于非参数时变 Copula 模型的美国次贷危机传染分析[J]. 管
　　理科学学报, 17(11): 151-158.

叶五一, 曾海歌, 缪柏其. 2018. VIX 指数对股票市场间联动性影响的实证研究[J]. 统计研究,
　　35(6): 68-76.

苑莹, 王海英, 庄新田. 2020. 基于非线性相依的市场间金融传染度量——测度 2015 年中国

股灾对重要经济体的传染效应[J]. 系统工程理论与实践, 40(3): 545-558.

张蕾, 曹渊, 高鹏飞. 2020. 人民币汇率波动与中国股市的风险传染效应——基于惩罚分位数回归与网络模型[J]. 宏观经济研究, (2): 43-52.

张志波, 齐中英. 2005. 基于 VAR 模型的金融危机传染效应检验方法与实证分析[J]. 管理工程学报, 19(3): 115-120.

赵进文, 张敬思. 2013. 人民币汇率、短期国际资本流动与股票价格——基于汇改后数据的再检验[J]. 金融研究, (1): 9-23.

郑国忠. 2013. 人民币汇率弹性与汇率弹性空间测度及其动态关联性分析[J]. 现代财经(天津财经大学学报), 33(8): 52-62.

钟熙维, 吴莹丽. 2020. 新冠肺炎疫情下全球股票市场的联动性研究[J]. 工业技术经济, 39(10): 29-37.

周宇. 2019. 金融危机的视角: P2P 雷潮的深层形成机理[J]. 探索与争鸣, (2): 109-116, 144.

朱鹏飞, 唐勇, 张仁坤. 2018. 国际主要股票市场联动性——基于藤 Copula-HAR-RV 模型[J]. 系统工程, 36(9): 16-29.

曾裕峰, 温湖炜, 陈学彬. 2017. 股市互联、尾部风险传染与系统重要性市场——基于多元分位数回归模型的分析[J]. 国际金融研究, (9): 86-96.

曾志坚, 岳凯文, 齐力. 2015. 基于复杂网络的新能源股票间联动性研究[J]. 财经理论与实践, 36(6): 44-49.

Aas K, Czado C, Frigessi A, et al. 2009. Pair-Copula constructions of multiple dependence[J]. Insurance: Mathematics and Economics, 44(2): 182-198.

Aboura S, Chevallier J. 2014. Cross-market spillovers with 'volatility surprise'[J]. Review of Financial Economics, 23(4): 194-207.

Adrian T, Brunnermeier M K. 2016. CoVaR[J]. American Economic Review, 106(7): 1705-1741.

Aielli G P. 2013. Dynamic conditional correlation: On properties and estimation[J]. Journal of Business & Economic Statistics, 31(3): 282-299.

Allen F, Gale D. 2000. Bubbles and crises[J]. The Economic Journal, 110(460): 236-255.

Ang A, Chen J. 2002. Asymmetric correlations of equity portfolios[J]. Journal of Financial Economics, 63(3): 443-494.

Ariu A. 2016. Crisis-proof services: Why trade in services did not suffer during the 2008-2009 collapse[J]. Journal of International Economics, 98: 138-149.

Asgharian H, Hou A J, Javed F. 2013. The importance of the macroeconomic variables in forecasting stock return variance: A GARCH-MIDAS approach[J]. Journal of Forecasting,

32(7): 600-612.

Bai J S. 1994. Least squares estimation of a shift in linear processes[J]. Journal of Time Series Analysis, 15(5): 453-472.

Bauwens L, Otranto E. 2016. Modeling the dependence of conditional correlations on market volatility[J]. Journal of Business & Economic Statistics, 34(2): 254-268.

Bedford T, Cooke R M. 2002. Vines: A new graphical model for dependent random variables[J]. The Annals of Statistics, 30(4): 1031-1068.

Blanchard O J. 1979. Speculative bubbles, crashes and rational expectations[J]. Economics Letters, 3(4): 387-389.

Bouri E, Gupta R, Tiwari A K, et al. 2017. Does Bitcoin hedge global uncertainty? Evidence from wavelet-based quantile-in-quantile regressions[J]. Finance Research Letters, 23: 87-95.

Brahmasrene T, Huang J C, Sissoko Y. 2014. Crude oil prices and exchange rates: Causality, variance decomposition and impulse response[J]. Energy Economics, 44: 407-412.

Brechmann E C, Czado C. 2013. Risk management with high-dimensional vinc copulas: An analysis of the Euro Stoxx 50 [J]. Statistics & Risk Modeling, 30(4): 307-342.

Cai Z W, Xu X P. 2008. Nonparametric quantile estimations for dynamic smooth coefficient models[J]. Journal of the American Statistical Association, 103(484): 1595-1608.

Calvo G A, Mendoza E G. 2000. Capital-markets crisis and economic collapse in emerging markets: An informational-frictions approach[J]. American Economic Review, 90(2): 59-64.

Caplin A, Leahy J. 1992. The Danger of Gradualism in Economic Policy[R]. New York: Columbia University.

Caporale G M, Spagnolo F, Spagnolo N. 2016. Macro news and stock returns in the euro area: A VAR-GARCH-in-mean analysis[J]. International Review of Financial Analysis, 45: 180-188.

Cooley J W, Tukey J W. 1965. An algorithm for the machine calculation of complex Fourier series[J]. Mathematics of Computation, 19(90): 297-301.

Corsetti G, Pericoli M, Sbracia M. 2001. Correlation analysis of financial contagion: What one should know before running a test[R]. New Haven: Yale University, Economic Growth Center.

Costinot A, Roncalli T, Teiletche J. 2000. Revisiting the dependence between financial markets with copulas[J]. SSRN Electronic Journal.

Csörgő M, Horváth L. 1997. Limit theorems in change-point analysis[M]. Chichester: Wiley.

da Costa Dias A. 2004. Copula inference for finance and insurance[D]. Zurich: ETH Zurich.

da Silva Filho O C, Ziegelmann F A, Dueker M J. 2012. Modeling dependence dynamics through copulas with regime switching[J]. Insurance: Mathematics and Economics, 50(3): 346-356.

De Gregorio J, Valdes R O. 2001. Crisis transmission: Evidence from the debt, tequila, and Asian flu crises [J]. The World Bank Economic Review, 15(2): 289-314.

De Lira Salvatierra I, Patton A J. 2015. Dynamic Copula models and high frequency data[J]. Journal of Empirical Finance, 30: 120-135.

Dias A, Embrechts P. 2009. Testing for structural changes in exchange rates' dependence beyond linear correlation[J]. The European Journal of Finance, 15(7/8): 619-637.

Dißmann J. 2010. Statistical inference for regular vines and application[D]. München: Technische Universitat München.

Dornbusch R, Fischer S. 1980. Exchange rates and the current account[J]. The American Economic Review, 70(5): 960-971.

Drazen A. 2000. Political Contagion in Currency Crises, in Currency Crises[M]. Chicago: University of Chicago Press, 47-67.

Edwards S. 1998. Interest rate volatility, contagion and convergence: An empirical investigation of the cases of Argentina, Chile and Mexico[J]. Journal of Applied Economics, 1(1): 55-86.

Ehrmann M, Fratzscher M. 2009. Global financial transmission of monetary policy shocks[J]. Oxford Bulletin of Economics and Statistics, 71(6): 739-759.

Embrechts P, Lindskog F, McNeil A. 2003. Modelling Dependence with Copulas and Applications to Risk Management[M]//Handbook of Heavy Tailed Distributions in Finance. Amsterdam: Elsevier: 329-384.

Engle R. 2002. Dynamic conditional correlation: A simple class of multivariate generalized autoregressive conditional heteroskedasticity models[J]. Journal of Business & Economic Statistics, 20(3): 339-350.

Engle R F. 1993. Statistical models for financial volatility[J]. Financial Analysts Journal, 49(1): 72-78.

Engle R F, Manganelli S. 2004. CAViaR: Conditional autoregressive value at risk by regression quantiles[J]. Journal of Business & Economic Statistics, 22(4): 367-381.

Engle R F, Granger C W J, 1987. Co-integration and error correction: Representation, estimation, and testing[J]. Econometrica, 55(2): 251-276.

Fan J, Gijbels I. 2018. Local Polynomial Modelling and Its Applications[M]. London: Routledge.

Fei F, Fuertes A M, Kalotychou E. 2017. Dependence in credit default swap and equity markets:

Dynamic Copula with Markov-switching[J]. International Journal of Forecasting, 33(3): 662-678.

Fink H, Klimova Y, Czado C, et al. 2017. Regime switching vine Copula models for global equity and volatility indices[J]. Econometrics, 5(1): 3.

Fisher I, 1933. The debt-deflation theory of great depressions[J]. Econometrica, 1(4): 337-357.

Gallant A R, Souza G. 1991. On the asymptotic normality of Fourier flexible form estimates[J]. Journal of Econometrics, 50(3): 329-353.

Ghysels E, Santa-Clara P, Valkanov R. 2005. There is a risk-return trade-off after all[J]. Journal of Financial Economics, 76(3): 509-548.

Ghysels E, Sinko A, Valkanov R. 2007. MIDAS regressions: Further results and new directions[J]. Econometric Reviews, 26(1): 53-90.

Giudici P, Abu-Hashish I. 2019. What determines Bitcoin exchange prices? A network VAR approach[J]. Finance Research Letters, 28: 309-318.

Glick R, Rose A K. 1999. Contagion and trade: Why are currency crises regional?[J]. Journal of International Money and Finance, 18(4): 603-617.

Goldstein I, Pauzner A. 2004. Contagion of self-fulfilling financial crises due to diversification of investment portfolios[J]. Journal of Economic Theory, 119(1): 151-183.

Gombay E, Horváth L. 1996. Approximations for the time of change and the power function in change-point models[J]. Journal of Statistical Planning and Inference, 52(1): 43-66.

Guo F, Chen C R, Huang Y S. 2011. Markets contagion during financial crisis: A regime-switching approach[J]. International Review of Economics & Finance, 20(1): 95-109.

Hafner C M, Reznikova O. 2010. Efficient estimation of a semiparametric dynamic Copula model[J]. Computational Statistics & Data Analysis, 54(11): 2609-2627.

Hall P. 1982. On some simple estimates of an exponent of regular variation[J]. Journal of the Royal Statistical Society Series B: Statistical Methodology, 44(1): 37-42.

Hamilton J D. 1989. A new approach to the economic analysis of nonstationary time series and the business cycle[J]. Econometrica, 57(2): 357-384.

Hamilton J D. 1994. Time Series Analysis (Vol. 2)[M]. Princeton: Princeton University Press.

Hammoudeh S, Sari R, Ewing B T. 2009. Relationships among strategic commodities and with financial variables: A new look[J]. Contemporary Economic Policy, 27(2): 251-264.

Hardy M R. 2001. A regime-switching model of long-term stock returns[J]. North American Actuarial Journal, 5(2): 41-53.

Hmida M. 2014. Financial contagion crisis effect of subprime on G7: Evidence through the adjusted correlation test and non-linear error correction models (ECM)[J]. International Journal of Econometrics and Financial Management, 2(5): 180-187.

Hill B M. 1975. A simple general approach to inference about the tail of a distribution[J]. The Annals of Statistics, 3(5): 1163-1174.

Hilliard J E. 1979. The relationship between equity indices on world exchanges[J]. The Journal of Finance, 34(1): 103-114.

Hurn A S, Silvennoinen A, Teräsvirta T. 2016. A smooth transition logit model of the effects of deregulation in the electricity market[J]. Journal of Applied Econometrics, 31(4): 707-733.

Jayech S, Ben Zina N. 2011. A Copula-based approach to financial contagion in the foreign exchange markets[J]. International Journal of Mathematics in Operational Research, 3(6): 636.

Ji Q, Liu B Y, Fan Y. 2019. Risk dependence of CoVaR and structural change between oil prices and exchange rates: A time-varying Copula model[J]. Energy Economics, 77: 80-92.

Joe H. 1996. Families of m-variate distributions with given margins and m (m-1)/2 bivariate dependence parameters[J]. Lecture Notes-Monograph Series: 120-141.

Joe H. 1997. Multivariate models and multivariate dependence concepts[M]. London: Chapman and Hall.

Joyo A S, Lin L F. 2019. Stock market integration of Pakistan with its trading partners: A multivariate DCC-GARCH model approach[J]. Sustainability, 11(2): 303.

Judge G G, Griffith W E, Hill R C, et al. 1985. The Theory and Practice of Econometrics[M]. 2nd ed. Hoboken: John Wiley.

Kaminsky G L, Reinhart C M. 2000. On crises, contagion, and confusion[J]. Journal of International Economics, 51(1): 145-168.

Kaminsky G L, Reinhart C M, Végh C A. 2003. The unholy trinity of financial contagion[J]. Journal of Economic Perspectives, 17(4): 51-74.

Karimalis E N, Nomikos N K. 2018. Measuring systemic risk in the European banking sector: A Copula CoVaR approach[J]. The European Journal of Finance, 24(11): 944-975.

Karolyi G A, Stulz R M. 1996. Why do markets move together? An investigation of U.S.-Japan stock return comovements[J]. The Journal of Finance, 51(3): 951-986.

Kayhan S, Bayat T, Ugur A. 2013. Interest rates and exchange rate relationship in BRIC-T countries[J]. Ege Academic Review, 13: 227-236.

Kenourgios D. 2014. On financial contagion and implied market volatility[J]. International Review of Financial Analysis, 34(1): 21-30.

Kim C J, Nelson C R. 1999. State-Space Models with Regime Switching: Classical and Gibbs-Sampling Approaches with Applications[M]. Cambridge: The MIT Press.

Kim M H, Sun L X. 2017. Dynamic conditional correlations between Chinese sector returns and the S&P 500 index: An interpretation based on investment shocks[J]. International Review of Economics & Finance, 48: 309-325.

Kindleberger C P. 1974. An American economic climacteric?[J]. Challenge, 16(6): 35-44.

King M A, Wadhwani S. 1990. Transmission of volatility between stock markets[J]. Review of Financial Studies, 3(1): 5-33.

Koenker R, Bassett G. 1978. Regression quantiles[J]. Econometrica, 46(1): 33-50.

Koenker R, Xiao Z J. 2004. Unit root quantile autoregression inference[J]. Journal of the American Statistical Association, 99(467): 775-787.

Krishnaiah P R, Miao B Q. 1988. Review about Estimation of Change Points[M]//Handbook of Statistics. Amsterdam: Elsevier: 375-402.

Krugman P. 1979. A model of balance-of-payments crises[J]. Journal of Money, Credit and Banking, 11(3): 311-325.

Kuan C M, Yeh J H, Hsu Y C. 2009. Assessing value at risk with CARE, the conditional autoregressive expectile models[J]. Journal of Econometrics, 150(2): 261-270.

Kumar M S, Persaud A. 2002. Pure contagion and investors' shifting risk appetite: Analytical issues and empirical evidence[J]. International Finance, 5(3): 401-436.

Lee B S, Li M Y L. 2012. Diversification and risk-adjusted performance: A quantile regression approach[J]. Journal of Banking & Finance, 36(7): 2157-2173.

Lee T H, Yang W P. 2014. Granger-causality in quantiles between financial markets: Using Copula approach[J]. International Review of Financial Analysis, 33: 70-78.

Li R S, Cheng Y, Fine J P. 2014. Quantile association regression models[J]. Journal of the American Statistical Association, 109(505): 230-242.

Liu L, Wang Y D. 2014. Cross-correlations between spot and futures markets of nonferrous metals[J]. Physica A: Statistical Mechanics and its Applications, 400: 20-30.

Lizardo R A, Mollick A V. 2010. Oil price fluctuations and U.S. dollar exchange rates[J]. Energy Economics, 32(2): 399-408.

Longin F, Solnik B. 2001. Extreme correlation of international equity markets[J]. The Journal of

Finance, 56(2): 649-676.

Lucotte Y. 2016. Co-movements between crude oil and food prices: A post-commodity boom perspective[J]. Economics Letters, 147: 142-147.

McNeil A J, Frey R, Embrechts P. 2015. Quantitative Risk Management: Concepts, Techniques and Tools: Concepts, Techniques and Tools[M]. Princeton:Princeton University Press.

Meegan A, Corbet S, Larkin C. 2018. Financial market spillovers during the quantitative easing programmes of the global financial crisis (2007–2009) and the European debt crisis[J]. Journal of International Financial Markets, Institutions and Money, 56: 128-148.

Mensi W, Hammoudeh S, Nguyen D K, et al. 2016. Global financial crisis and spillover effects among the U.S. and BRICS stock markets[J]. International Review of Economics & Finance, 42: 257-276.

Mensi W, Hammoudeh S, Shahzad S J H, et al. 2017. Modeling systemic risk and dependence structure between oil and stock markets using a variational mode decomposition-based Copula method[J]. Journal of Banking & Finance, 75: 258-279.

Miyazaki T, Hamori S. 2016. Asymmetric correlations in gold and other financial markets[J]. Applied Economics, 48(46): 4419-4425.

Morales-Nápoles O. 2008. Bayesian belief nets and vines in aviation safety and other applications [D]. Delft: Technische Universiteit Delft.

Morales-Nápoles O M, Cooke R M, Kurowicka D. 2010. About the number of vines and regular vines on n nodes[R]. Delft: Delft University of Technology.

Naoui K, Liouane N, Brahim S. 2010.A dynamic conditional correlation analysis of financial contagion: The case of the subprime credit crisis[J]. International Journal of Economics and Finance, 2(3): 85-96.

Newey W K, Powell J L. 1987. Asymmetric least squares estimation and testing[J]. Econometrica, 55(4): 819-847.

Obstfeld M, Rogoff K. 1995. Exchange rate dynamics redux[J]. Journal of Political Economy, 103(3): 624-660.

Okimoto T. 2008. New evidence of asymmetric dependence structures in international equity markets[J]. Journal of Financial and Quantitative Analysis, 43(3): 787-815.

Patton A J. 2001. Modelling time-varying exchange rate dependence using the conditional Copula[J]. SSRN Electronic Journal.

Patton A J. 2006a. Estimation of multivariate models for time series of possibly different lengths[J]. Journal of Applied Econometrics, 21(2): 147-173.

Patton A J. 2006b. Modelling asymmetric exchange rate dependence[J]. International Economic Review, 47(2): 527-556.

Pearson K. 1895. Notes on regression and inheritance in the case of two parents[J]. Proceedings of the Royal Society of London, 58: 240-242.

Pericoli M, Sbracia M. 2003. A primer on financial contagion [J]. Journal of Economic Surveys, 17(4): 571-608.

Perlin M. 2012. MS_Regress - the MATLAB package for Markov regime switching models[J]. SSRN Electronic Journal.

Portnoy S, Koenker R. 1997. The Gaussian hare and the Laplacian tortoise: Computability of squared-error versus absolute-error estimators[J]. Statistical Science, 12(4): 279-300.

Pragidis I C, Aielli G P, Chionis D, et al. 2015. Contagion effects during financial crisis: Evidence from the Greek sovereign bonds market[J]. Journal of Financial Stability, 18: 127-138.

Puzanova N, Düllmann K. 2013. Systemic risk contributions: A credit portfolio approach[J]. Journal of Banking & Finance, 37(4): 1243-1257.

Reboredo J C, Ugolini A. 2015. Systemic risk in European sovereign debt markets: A CoVaR-Copula approach[J]. Journal of International Money and Finance, 51: 214-244.

Rigobon R. 2003. On the measurement of the international propagation of shocks: Is the transmission stable?[J]. Journal of International Economics, 61(2): 261-283.

Rodriguez J C. 2007. Measuring financial contagion: A Copula approach[J]. Journal of Empirical Finance, 14(3): 401-423.

Ross S A. 1989. Information and volatility: The no-arbitrage martingale approach to timing and resolution irrelevancy[J]. The Journal of Finance, 44(1): 1-17.

Schweikert K. 2018. Are gold and silver cointegrated? New evidence from quantile cointegrating regressions[J]. Journal of Banking & Finance, 88: 44-51.

Schweizer B, Sklar A. 1983. Probabilistic metric spaces[J]. Probability Theory & Related Fields, 26(3): 235-239.

Sensoy A, Ozturk K, Hacihasanoglu E. 2014. Constructing a financial fragility index for emerging countries[J]. Finance Research Letters, 11(4): 410-419.

Sibande X, Gupta R, Wohar M E. 2019. Time-varying causal relationship between stock market and unemployment in the United Kingdom: Historical evidence from 1855 to 2017[J].

Journal of Multinational Financial Management, 49: 81-88.

Silvennoinen A, Teräsvirta T. 2015. Modeling conditional correlations of asset returns: A smooth transition approach[J]. Econometric Reviews, 34(1/2): 174-197.

Sklar M. 1959. Fonctions de répartition à n dimensions et leurs marges[J]. Annales de l'ISUP, 8(3):229-231.

Stoeber J, Czado C. 2012. Detecting regime switches in the dependence structure of high dimensional financial data[EB/OL].[2012-02-09].https://arxiv.org/abs/1202.2009v1.

Tian M Y, Li W Y, Wen F H. 2021. The dynamic impact of oil price shocks on the stock market and the USD/RMB exchange rate: Evidence from implied volatility indices[J]. The North American Journal of Economics and Finance, 55: 101310.

Wang H S, Tsai C L. 2009. Tail index regression[J]. Journal of the American Statistical Association, 104(487): 1233-1240.

Wang L, Li S W, Chen T Q. 2019. Investor behavior, information disclosure strategy and counterparty credit risk contagion[J]. Chaos, Solitons & Fractals, 119: 37-49.

Wang X, Zheng T G, Zhu Y L. 2014. Money–output Granger causal dynamics in China[J]. Economic Modelling, 43: 192-200.

White H, Kim T H, Manganelli S. 2015. VAR for VaR: Measuring tail dependence using multivariate regression quantiles[J]. Journal of Econometrics, 187(1): 169-188.

Wu C C, Chung H, Chang Y H. 2012. The economic value of co-movement between oil price and exchange rate using Copula-based GARCH models[J]. Energy Economics, 34(1): 270-282.

Xiao Z J, Phillips P C B. 2002. A CUSUM test for cointegration using regression residuals[J]. Journal of Econometrics, 108(1): 43-61.

Yang L, Cai X J, Hamori S. 2017. Does the crude oil price influence the exchange rates of oil-importing and oil-exporting countries differently? A wavelet coherence analysis[J]. International Review of Economics & Finance, 49: 536-547.

Yang S P. 2017. Exchange rate dynamics and stock prices in small open economies: Evidence from Asia-Pacific countries[J]. Pacific-Basin Finance Journal, 46: 337-354.

Yang Z H, Zhou Y G. 2017. Quantitative easing and volatility spillovers across countries and asset classes[J]. Management Science, 63(2): 333-354.

Yang Z, Tu A H, Zeng Y. 2014. Dynamic linkages between Asian stock prices and exchange rates: New evidence from causality in quantiles[J]. Applied Economics, 46(11): 1184-1201.

Yao Y C, Davis R. 1986. The asymptotic behavior of the likelihood ratio statistic for testing a shift in mean in a sequence of independent normal variates[J]. Sankhya: The Indian Journal of Statistics, Series A (1961-2002), 48(3): 339-353.

Ye W Y, Luo K B, Liu X Q. 2017. Time-varying quantile association regression model with applications to financial contagion and VaR[J]. European Journal of Operational Research, 256(3): 1015-1028.

Ye W Y, Miao B Q. 2012. Analysis of financial contagion based on dynamic quantile regression model[J]. Journal of Systems Engineering, 27(2): 214-223.

Ye W Y, Zhu Y G, Wu Y H, et al. 2016. Markov regime-switching quantile regression models and financial contagion detection[J]. Insurance: Mathematics and Economics, 67: 21-26.

Yu K M, Zhang J. 2005. A three-parameter asymmetric Laplace distribution and its extension[J]. Communications in Statistics - Theory and Methods, 34(9/10): 1867-1879.